古典文獻研究輯刊

二三編

潘美月・杜潔祥 主編

第 **8** 冊

敘事、論說與徵引
——論《左傳》《國語》的典故運用

蔡瑩瑩 著

國家圖書館出版品預行編目資料

敘事、論說與徵引──論《左傳》《國語》的典故運用／蔡瑩瑩
著 — 初版 — 新北市：花木蘭文化出版社，2016〔民105〕
目 2+260 面；19×26 公分
（古典文獻研究輯刊 二三編；第 8 冊）
ISBN 978-986-404-847-2（精裝）
1. 左傳 2. 國語 3. 研究考訂
011.08   105015203

ISBN-978-986-404-847-2

9 789864 048472

古典文獻研究輯刊
二三編 第 八 冊   ISBN：978-986-404-847-2

敘事、論說與徵引──論《左傳》《國語》的典故運用

作　　者　蔡瑩瑩
主　　編　潘美月　杜潔祥
總 編 輯　杜潔祥
副總編輯　楊嘉樂
編　　輯　許郁翎、王筑　美術編輯　陳逸婷
企劃出版　北京大學文化資源研究中心
出　　版　花木蘭文化出版社
社　　長　高小娟
聯絡地址　235 新北市中和區中安街七二號十三樓
　　　　　電話：02-2923-1455／傳真：02-2923-1452
網　　址　http://www.huamulan.tw 信箱 hml 810518@gmail.com
印　　刷　普羅文化出版廣告事業
初　　版　2016 年 9 月
全書字數　208430 字
定　　價　二三編 21 冊（精裝）新台幣 40,000 元

敘事、論說與徵引
——論《左傳》《國語》的典故運用

蔡瑩瑩　著

作者簡介

蔡瑩瑩，1986 年生。國立臺灣大學中國文學研究所碩士畢業，現為國立臺灣大學中國文學研究所博士生。研究領域：《左傳》、《國語》、先秦文史、敘事理論。發表學術論文：〈《左傳》「弒君敘事」舉隅——以趙盾、崔杼為例〉、〈《左傳》《易》例重探——兼論先秦《易》說的特色與價值〉、〈西方漢學家葛瑞漢《墨子》研究述評：以墨子十論為重心〉、〈顧隨與王國維之詞學關係蠡探——從「高致說」的幾個疑點談起〉等若干篇。

提　要

　　本文以先秦敘史文獻——《左傳》與《國語》——所載論說文辭中「徵引典故」的現象為主要探討論題，針對各類「典故」於《左》、《國》所載春秋時人論說中的徵引、應用等相關議題進行討論。

　　本文之第一章〈緒論〉先說明春秋時期之用典現象、論說風氣與敘史文獻三者的互涉及其衍伸出的各種相關學術議題，並說明本文研究之立場，乃嘗試運用先秦敘史文獻敘事詳明的體裁特色，企圖針對下述議題做出分析與詮釋：一、徵引典故的具體語境；二、典故本身在言論中的意義與效用；三、言說者徵引典故的意圖與觀念；四、敘事者的書寫觀點或立場對論說與徵引典故的影響；五、在上述基礎上，吾人應該如何看待徵引典故及其延伸出的各類學術議題。

　　本文之第二、三章以「典籍」為主，亦即論析《易》、《詩》、《書》在《左傳》、《國語》中徵引、運用的現象、特色與意義。指出春秋時人引用經典，並非墨守字句、講究訓詁，而是取合己意、應對時勢，而將自身話語與經典文句相互交融、辯證與闡發，以此達成明德、教化、尚友先賢之論述目的，並略論其對經典的態度與應用與戰國諸子可能的差異。第四、五章則討論各種「故事」、「史事」的徵引現象。分析各種徵引歷史事件的論說方式與應用情境，並比較《左傳》、《國語》二書載錄之異同，藉此釐清春秋時人對古史與近、當代史事的態度與詮釋傾向；同時也反思《左傳》、《國語》的敘事觀點、書籍性質對於史事剪裁取捨，乃至詮釋應用的異同。第六章〈結論〉則在上述對於「典」與「故」的論析基礎上，綜論其內涵與意義，並藉此進一步思索春秋戰國時期，隨著時代變遷、政局動盪，時人對於過往之典範如何接受、辯證，又如何建立、尋求切合時勢所須的新典範與新價值。最後希望呈現出《左傳》與《國語》除了作為春秋時期重要的歷史敘事文獻外，其所載錄的各種論說與語文現象，亦為吾人研究先秦學術風氣演變與各種相關延伸之文化、學術議題的重要參照。

誌　謝

　　本篇論文得以完成，首先要感謝臺大中文系眾多師長的愛護與教誨。業師李隆獻先生，儘管肩負主任之職，系務繁忙之餘，對我的論文仍一如既往地逐字批閱、多番研討，永遠比我更加認真用心；從大四開始擔任隆獻老師的研究助理至今，老師始終給予我最大的包容與鼓勵，無私地提供各種研究資源，而老師淵博的學術視野、嚴謹的治學態度與謙沖自牧的風骨，更是我最景仰的楷模。

　　在論文的寫作過程中，也要感謝李錫鎮老師的時時勉勵，雖然老師並非我的指導教授，然而在每次與老師的課餘閒聊中，我總是欣然有得，真心感謝錫鎮老師總是身教先於言教，讓我對學術研究時時充滿熱誠與樂趣。而本論文最後在質量上能進一步提昇，則要由衷感謝口試委員張高評老師與張素卿老師的指導，兩位老師學養深厚而嚴謹細膩，提供我諸多建議與幫助；尤其素卿老師，除論文口試外，也擔任博士班口試之主問，對我的論文再三審閱，細密討論，使我受惠良多。此外，還要特別感謝山東大學的鄭杰文教授與劉寧同學的熱心協助，使我能夠即時獲得重要的研究資料以完成論文。

　　研究所的四年生活中，能夠樂多於苦，要感謝家人對我的支持與理解。同時也要感謝諸位師長、親友有形或無形的幫助。銘感不盡，謹以此文為誌。

第一章　緒　論

第一節　研究材料與問題的提出

本論文以先秦敍史文獻﹝註1﹞——《左傳》與《國語》——所載論說義辭中「徵引典故」的現象爲主要探討論題，針對各類「典故」於《左》、《國》所載春秋時人論說中的徵引、應用等相關議題進行討論。

首先，關於本文之研究所運用的基礎材料，亦即《左傳》與《國語》二書，主要倚重其歷史敍事的特質以及其中所載錄的各種徵引典故的語文素材。關於《左傳》一書，其兼具經、史價值，又具備高度文學性，固不待言，其眞僞問題等爭議在近年來也逐漸消弭，而本文較注重其敍史特質，如業師李隆獻先生所論：

> 其內容以載事爲主，重在史實之記述，實先秦典籍中最具史料價值
> 之書……且因其所記屬「動態」之「歷史」，故於歷史發展、制度演
> 變亦較他書有脈絡可尋。﹝註2﹞

﹝註1﹞謹案：「敍史」一辭，指內容涉及「歷史敍事」的文獻，即相對於「虛構敍事」而言的史書。

﹝註2﹞李隆獻：《晉史蠡探：以兵制與人事爲重心》（臺北：花木蘭出版社，2011年），頁8。另外，關於《左傳》是否爲劉歆所僞、是否「傳《春秋》」，又「《左傳》、《國語》是否同一書」等議題，因與本文「徵引典故」論題不直接相關，且學界在大方向上已有共識，故於本文中不特別討論；相關論述可參考張以仁：《春秋史論集》（臺北：聯經出版事業股份有限公司，1990年）、《左傳國語論集》（臺北：東昇出版社，1980年），葉國良、李隆獻、夏長樸著：《經學通論》（臺北：大安出版社，2005年），童書業：《春秋左傳研究》（上海：人民出版

而關於《國語》，則有必要說明本文對其書籍性質的界定與運用態度。關於《國語》之性質，本文基本上將其界定為「記言體制的史書」。〔註3〕就體制而言，《國語》以「語」為主，以勸善明德為核心內容，誠如張以仁先生所論：

> 從歷史淵源探究《國語》本質，知其旨在明德，使習者因而以知修齊治平之要在明德於民，其表現方式在託於言辭；而重點在說理。……《國語》既不釋經，也不敘史，他用記言的方式，希求達到明德的目的。〔註4〕

謹案：此處張先生所謂「不敘史」者，乃就《國語》之載錄準則與大方向言，指出《國語》所錄，要以嘉言善語為主，以「言論」包羅各種道德論述與歷史掌故，而最終的言說目的指向明德、教化，這樣的內容、形式與「敘事解經」的《左傳》，乃至後世通行的史書體制頗有不同。然實際上，綜觀《國語》所載論說之「語」，其內容有頗多乃「以史為教」，亦即在言論中徵引先王之典政、事蹟，增加其言論的正當與權威，此亦正是本文所探討「徵引典故」之重要材料；同時考慮傳統上「記言」與「記事」皆為史官執掌，則或許仍將《國語》視為一種體制較為特殊的史書，蓋亦無違乎張先生之論。而考量《左傳》、《國語》的同質性，二書所載時代大至相符，且《國語》亦有言事並重的篇章，如〈晉語〉與〈吳語〉、〈越語〉等，頗有可與《左傳》互相參照、比較的事件內容，在下文對各種事例的分析上，多數例子實無法捨《國語》不論；同時，本文論述春秋時期的「論說」與「徵引典故」現象，「語」更是重要的參考資料，故實須兼采《國語》與《左傳》為論述重心。

其次，所謂「典故」，本文將其界定為二大類別：其一為「典」，即典冊、經典，內容包含現今認識的《易》、《詩》、《書》等經書，以及部分具有時代性的載書、盟辭等文獻。而所謂「用典」，即言說者在其言論中引用典冊、經典之文；至於「禮」的引用，則由於其徵引數量與性質無法確定，而暫不在

社，1983 年），沈玉成、劉寧：《春秋左傳學史稿》（南京：江蘇古籍出版社，1992 年），張素卿：《敘事與解釋──《左傳》經解研究》（臺北：書林出版社，1998 年）等經學與《左傳》學專著之論述。

〔註 3〕相關論述可參考李師隆獻：《國語概說》（國立臺灣大學中文系「《左傳》與《國語》比較研究」課程講義），其中整理、爬梳前輩學者周予同、楊寬、王樹民、來可泓、張以仁諸先生等之論述，詳明而完整的指出《國語》「兼有歷史與勸善性質」的特性。

〔註 4〕張以仁：〈從國語與左傳本質上的差異試論後人對國語的批評〉，收入《春秋史論集》，頁 106、153～154。

本文討論之列。〔註5〕其二為「故」，即歷史事件、故事／故實等過往之事，而言說者引用、稱述過往之事即是所謂「用事」。在本文所探討「典故」之外，尚有所謂諺謠、習語、「古人之言」等，這類徵引素材除部分與《詩》、《書》有並列引用的現象而將於本文第三章述及外，由於其與徵引「禮」者類似，大部分均無現存文獻可徵，似乎屬於某種民間口傳之文學，而研究重焦點又較常著重在其於後世文學層面之影響與其文體性質概述，故本文亦暫不予置論。〔註6〕

　　「徵引典故」，乃修辭技巧上常見的現象，故一般研究也以修辭學、文學面向的探討為主，即分析先秦文獻中徵引、談論「典故」者，所引用者為何，如何引用，以及呈現什麼樣的修辭效用，〔註7〕然此類中國修辭學／史的著作，內容當然以綜論為主，並不專就《左傳》或《國語》為論。除了此類技

〔註5〕關於《左傳》或《國語》所載論說之辭徵引「禮」者，前人已有部分論述，如日本學者小島祐馬：《左傳引經考證》（收入馬導源編譯：《日本漢學研究論文集》，臺北：中華叢書編審委員會，1960年）指出：「在《傳》中之禮與以上（案：指《易》、《詩》、《書》）三經大異其趣，今日之所謂三禮文句，開端即用「禮曰」，而在《左傳》中如此引用者絕無。不僅如此，《左傳》記事與典籍發生關係，而證明禮之存在之材料甚少。……然在《左傳》中，重禮之思想甚為顯著，關於禮之記事甚多……但《左傳》所云禮之意味，甚為廣泛……《左傳》中禮制之儀禮與周禮，一致之處甚少，而其不一致者則甚多。」（頁51～52）由此論述可知，前人所謂《左氏》善於禮者，雖討論甚眾，然大多研究素材乃是《左傳》中與禮有關的「敘事」而非「典籍」，如朝聘、盟會、取女等；本論文研究之「論說」中徵引「禮」者，事例亦甚少：僅有僖廿五年《左傳》提及「周禮」一詞，且非指書冊典籍；文十八年《左傳》載大史克徵引「周禮」、襄十二年晏桓子提及「先王之禮辭」，雖可能指涉著作或書冊內容，然其所引之文句已不見於今傳之三《禮》，則以文獻不足徵故，暫略而不論。另外，部分與「禮」關係較為密切的「制度論述」，則將在第四章與第五章中說明、討論。

〔註6〕關於徵引各類「諺謠」的研究主題，前人亦已有一定程度之研究，可參考周玉波：〈《左傳》引用謠諺現象略說〉（《淮陰師範學院學報》（哲學社會科學版），2003年第四期，頁534～540），張倩：《《左傳》徵引古文獻研究》第三、四章（山東大學，中國古典文獻學研究所碩士論文，鄭杰文教授、姜濤教授指導，2012年）。

〔註7〕如徐芹庭：《修辭學發微‧肆‧章句之修辭法》（臺北：中華出版社，1971年，頁141～142）論「引用」舉《左傳》昭公十三年、成公二年徵引周穆王事蹟、〈太誓〉事例；羅積勇：《用典研究》（武漢：武漢大學出版社，2005年）一書中，曾提及《左傳》之「明引」、「略引」等修辭；以及楊樹達：《中國修辭學》（上海：上海古籍出版社，2006年，頁110、122）論「舉隅」、「曲指」等修辭技巧曾引用《左傳》昭九年、襄四年文例。

術性的分析統計外，較專門針對《左傳》或《國語》之「徵引典故」的相關
論述，則往往附屬於探討二書之辭令、文學價值的研究中，如各類討論《左
傳》、《國語》所內含之論說性質與論說手法的文章，此類論文或重視《左》、
《國》對先秦諸子論說的影響，〔註8〕或引據二書探討「論」、「說」等「文體」
的起源問題，〔註9〕又或就外交辭令等修辭角度進行討論。〔註10〕

　　然而，仔細省察先秦時期的「徵引典故」現象與文例，因其徵引素材之
性質與特色之故，實可說牽涉甚廣，不僅止於文章修辭而已，傳統的經學、
史學、子學層面，皆有部分議題與「徵引典故」有關。關乎此，已有學者提
出類似論述，如清‧梁章鉅《退庵隨筆》曾言：

　　左氏身爲國史，旁羅百二十國寶書，殫見洽聞，實同倚相之能讀墳、
　　典、邱、索。故蔡墨說乾、姤、同人，子服惠伯說黃裳元吉，可以
　　證《易》；史克言十六相四凶，魏絳言有窮后羿，伍員言少康，可以
　　補《尚書》；楚莊言武有七德，成鱄言文有九德，可以說《詩》；北
　　宮文子、太叔之辨禮，季札之觀樂，可以考禮訂樂。則不但有功《春
　　秋》，直謂之有功六經可矣！〔註11〕

梁氏所論有兩點特別值得注意：第一、此處所舉「可以證《易》」、「可以補《尚
書》」、「可以說《詩》」等，事實上都是「徵引」經典的文例；第二、由梁氏
文中舉例「蔡墨說」、「史克言」、「魏絳言」、「楚莊言」等語，已可明顯見出
這些「徵引」之例，皆出於《左傳》所載錄的「論說」之辭，若將這些論說
辭章獨立摘出，可謂各是一篇論說之文，則《左傳》中的論說之辭與徵引典
故，可謂關係密切。梁氏此處雖就《左傳》爲論，然實際上已經點出了先秦

〔註8〕　如趙輝：〈先秦諸子散文的『史』體性質及淵源〉，《中南民族大學學報》（人
　　　　文社會科學版）第31卷第1期，2011年1月。林曉平：《先秦諸子與史學》，
　　　　北京：中國社會科學出版社，2009年。

〔註9〕　如李錫鎮先生：《兩漢魏晉論體之形成及演變》（臺灣大學中國文學研究所碩
　　　　士論文，齊益壽先生指導，1981年）第一章涉及先秦論說之背景討論；趙輝：
　　　　《先秦文學發生史論》（北京：中國人民出版社，2010年）；劉石泉：〈論體文
　　　　起源初探〉（《廣東教育學院學報》第29卷第6期，2009年12月）。

〔註10〕　如張高評：《左傳文章義法撢微》（臺北：文史哲出版社，1982年），李華：《左
　　　　傳修辭研究》（上海：上海古籍出版社，2010年），陳致宏：《語用學與左傳外
　　　　交辭令》（臺北市：萬卷樓圖書有限公司，2000年），沈松勤：〈試論左傳的行
　　　　人辭令〉（《杭州大學學報》1983年第1期），劉焱：〈左傳外交辭令描寫探析〉
　　　　（《安徽大學學報》1983年3月）。

〔註11〕　清‧梁章鉅：《退庵隨筆》（臺北：廣文書局，1967年），卷十五，頁5～6。

敘史文獻「徵引典故」所富含的學術意義與論說特色，而本以載錄嘉言善語為主的《國語》，其實也可採同樣的角度省視之。綜上所述，我們可說敘史文獻中「徵引典故」現象既涉及了「六經」之相關議題，又涉及了春秋時期重要的語文活動——論說。

　　另外，又如清儒汪中〈左氏春秋釋疑〉曾闡釋「史職」之所以包羅各類文獻典制之故：

> 問者曰：天道、鬼神、災祥、卜筮、夢之備書於策者，何也？
>
> 曰：此史之職也。……周之東遷，官失其守，而列國又不備官，則史皆得而治之，其見於典籍者：曰瞽史、曰祝史、曰史巫、曰宗祝巫史、曰祝宗卜史，明乎其為聯事也。……司其事而不書，則為失官，故曰：天道、鬼神、災祥、卜筮、夢之備書於策者，史之職也。〔註12〕

文中所謂《左傳》中的「天道、鬼神、災祥、卜筮、夢」五者，其內容有不少均涉及本文論題的「徵引典故」，〔註13〕而汪氏認為《左傳》保留這些記錄與典故，乃是在「周之東遷，官失其守」後，史職吸納了「司天」、「司鬼神」、「司夢」等舊官職守之故。當然，西周時期的職官劃分，未必一定如汪氏所論，但透過上述意見，仍可看出史職對於保留、傳授、詮釋各種「典」與「故」的重要性。誠如汪氏所論，在《左傳》中——實際上《國語》亦然——發表各種長篇論說且旁徵博引、善用典故者，大部分均為史官；而《左傳》、《國語》之作者，雖無法確定身分，然其載述史事，無疑也是行史官之職，則其保留大量言論與典故，以及包羅某些特殊史料與議題，將之融入敘史之文中，或許正說明了其價值取向所在，同時也可說是先秦敘史文獻值得探索的特色與議題。

　　透過上引梁、汪二學者的論述，可知《左傳》、《國語》中載錄徵引《易》、《詩》、《書》等典冊乃至前代古史的語文現象，讓《左》、《國》除了載錄史事之外，無疑也保存了廣及經、史、子學層面的研究素材。就經學而言，諸如對特定章句的解釋，或對佚《詩》、佚《書》的研究，又或對禮制的溯源考

〔註12〕清·汪中：〈左氏春秋釋疑〉，汪中著，王清信、葉純芳點校：《汪中集》（臺北：中研院文哲所籌備處，2000年）〈文集〉卷一，頁57～58。

〔註13〕如汪氏論「鬼神」舉「神降於莘」一事，此事在《左傳》、《國語》中均載相關論說，而其辭則徵引三代降神之事為論；論「卜筮」舉「晉獻嫁伯姬之占」、「南蒯將叛」，則其事均徵引《易》文；汪氏論「夢」如「衛成公夢康叔」、「魯昭公夢襄公祖」，則其內容與古史、諸侯先王、先公之歷史有關。

證，甚至《易》學的象數、義理之辨，這些議題均不乏研究者運用先秦時期徵引上述經典之文的文例作爲論證，是以如何理解、解讀這些徵引文例，在一定程度上亦影響了如何理解某些經學上的問題。就史學而言，除了上述提及的春秋史職與論說之間的關聯與特色，可謂涉及「史學史」的重要議題外，在《左》、《國》徵引的「故事」中，有很大一部分屬於「古史」，乃是我們追溯中國歷史發展的珍貴史料素材，近代的古史辨學派即針對此類徵引文例，做過不少正反討論，而這些被徵引的古史該如何適切的理解，自然也與史學息息相關。就子學而言，則徵引典故本即重要的修辭手法，可謂是諸子論說、談辯的必備技巧之一，從上述引文論述中也可見，「徵引典故」多出於論說篇章，則兩者關係之密切實不言而自明。

　　透過上文的簡單介紹，可以看出本文選定《左傳》、《國語》二部敍史文獻，探討其中論說文辭的「徵引典故」現象，可歸結爲三個關鍵概念，即典故、論說與敍事三者：「典故」範圍已見上述，其內容雖涉及不少經、史學議題，但除此研究方向之外，是否還有其他意義與可能性，此爲本文所欲探討者；「論說」則與諸子學關係密切，不過《左傳》、《國語》所載各種辭命對問、言論談辯的篇章，也都可稱爲論說，則《左傳》、《國語》中的論說之文有何特色，亦爲本文研究之焦點；「敍事」概念則較爲複雜，狹義來說，指涉的是本文研究素材——《左傳》、《國語》——的實質內容，即歷史敍事，但若以廣義的「敍事學」而言，則涉及本文對各類文本進行詮釋與理解時的切入點與基本立場，亦即諸如敍事要素的分析、文本內論說者的敍事態度，乃至《左傳》、《國語》敍事者立場的省察。此三個概念各自涉及不同的議題，但也互有重疊，彼此之間亦可衍伸出不同的研究視角，故以下第二、第三節將分別透過「論說與典故」、「敍事與論說」兩個子題，討論典故、敍事與論說三者之間的關係，同時也藉由此三個概念彼此交叉所衍伸出的學術議題，分別略述本文研究範圍之時代特色與背景，以及研究素材的性質與意義；第四節將論述與本文論題相關的不同研究層次與相關的前人研究；第五節說明本論文擬採用之研究方法；第六節則略述本論文之章節結構。

第二節　論說與典故：春秋時期語文活動背景述略

　　承上所論，本論文探討敍史文獻中的論說素材及其運用典故的現象，所

考察的文獻內容，主要爲春秋時期之史事以及各種對話、辭命、談辯、論理等語文活動；而這些春秋時期的語文活動，可說也反映著政治制度與價值觀的變遷，茲略述如下。

一、「文辭爲功」的時代

　　春秋時期，隨著平王東遷，周王室的權力在各方面都逐漸失去穩固的地位，相對的則是諸侯國勢力的崛起：霸土興起，列國並立，雖以尊王爲號召，實際上則是挾天子以令諸侯；而隨著各大國的意圖求霸，對於此一時期的記載，不論傳世文獻或出土文獻，都顯示出各諸侯國間，對於彼此敵友、親疏等「平行關係」的載述，遠多於追溯與周王室的「垂直關係」。換言之，春秋時的大國更重視與其他諸侯國間維繫平衡、對等關係，而對於自己與周王室的血親關係緊密與否，則漸漸不再能夠依賴。在各諸侯國交流頻繁的情形之下，攻伐、定盟與徵會等外交事件自然史不絕書，於是行人往來，君臣應對之辭，也在此時期蓬勃發展，並得到高度的重視。在《左傳》中，即可見到許多相關的言論，〔註14〕如襄廿五年《左傳》載趙文子對「文辭」之論：

> 趙文子爲政，令薄諸侯之幣，而重其禮。穆叔見之。謂穆叔曰：「自今以往，兵其少弭矣。齊崔、慶新得政，將求善於諸侯。武也知楚令尹。若敬行其禮，道之以文辭，以靖諸侯，兵可以弭。」（《左傳正義》，卷三十六，頁 10～11）

又如昭十三年《左傳》亦載叔向告劉獻公之言曰：

> 盟以底信，君苟有信，諸侯不貳，何患焉？告之以文辭，董之以武師，雖齊不許，君庸多矣。（《左傳正義》，卷四十六，頁 13～14）

此處之「文辭」所指涉者，應屬於精心營構的外交辭令與行人應對之辭，足證春秋時期對於「文辭」的重視。甚至我們看到襄廿五年《左傳》所載一則「孔子」的言論，將春秋前期最重要的史事「晉文定霸」，歸結於「文辭」之功：

> 仲尼曰：《志》有之：「言以足志，文以足言。」不言，誰知其志？

〔註14〕儘管《左傳》成書的時間可能晚至戰國中期，其中所載文辭亦難免摻有後世編／寫者的潤飾成分，但我們仍可相信這些內容必有所本，不會是憑空虛造；且在相當大的程度上，這些內容代表了最接近春秋時期的知識份子對此一時代的認識與詮釋。在此立場下，此類事例仍可簡單並有效的展示出春秋時期的語文活動概況。

言之無文，行而不遠。晉爲伯、鄭入陳，非文辭不爲功。愼辭也！
（《左傳正義》，卷三十六，頁 14 上）

晉文公究竟憑藉何種「文辭」，得以開啓其春秋霸主新局？若以《左傳》所載考察，應是僖廿三年至廿四年間，晉文公尙在流亡時期，以公子重耳的身分與楚成王、秦穆公兩位國君的相關應答：

及楚，楚子饗之，曰：「公子若反晉國，則何以報不穀？」

對曰：「子、女、玉、帛，則君有之；羽、毛、齒、革，則君地生焉。其波及晉國者，君之餘也；其何以報君？」

曰：「雖然，何以報我？」

對曰：「若以君之靈，得反晉國。晉、楚治兵，遇於中原，其辟君三舍；若不獲命，其左執鞭、弭，右屬櫜、鞬，以與君周旋。」

……乃送諸秦。……（秦穆）公享之。子犯曰：「吾不如衰之文也，請使衰從。」公子賦〈河水〉。公賦〈六月〉。趙衰曰：「重耳拜賜！」公子降，拜，稽首，公降一級而辭焉。衰曰：「君稱所以佐天子者命重耳，重耳敢不拜？」（《左傳正義》，卷十五，頁 12～13）

楚子直白逼人的追問與公子重耳不卑不亢的應答，形成了有趣的對比，公子重耳因這段對話獲得楚成肯定，送其入秦。入秦之後，重耳家臣中爲首的子犯，面對賦《詩》的場合時舉薦趙衰之「文」，而趙衰也確實輔助公子重耳恰當的賦《詩》，並適時應對秦穆公，造就了秦穆幫助公子返國的結果。綜上所述，在公子重耳與從臣的流亡過程中，若無這些文辭應對，其能否返國，均屬未知，遑論有日後之晉文公。透過晉文公的例子，我們可觀察到春秋時期所謂「文辭」的範圍內涵，除一般熟知的賦《詩》外，也包含了國家、君臣間相互應對的正式外交辭令，以及特別引人注目的論說事理之辭，此種具備論說性質的文字，尤有特殊並具時代性的發展。

在距離「晉文定霸」的百年之後，襄廿五年《左傳》以「仲尼曰」對此事做出評論，依據上文的簡單分析，可見「仲尼曰」言論內容與《左傳》實際載述晉文公的段落，其重視「文辭」的基本觀點是一致的。不論《左傳》成於何人／多少人之手，在這橫跨百年的歷史詮釋中，「文辭」無疑有著重要的地位。更進一步言，這則「仲尼」言論，實則包含了三方面的意義：一、不論徵引此言的《左傳》作者、或發言的「仲尼」，都代表了作爲新興知識階層，對春秋早期重大史事做出「文辭爲功」的理解與詮釋；二、本則「仲尼

曰」主要乃爲評論與孔子同時的子產——同樣以「文辭」周旋於諸侯間的鄭國執政——而發，若此眞爲孔子所發言論，則「晉爲伯、鄭入陳」的並列乃是以古映今，將當身時事與過往史事互相映照，呈現出對歷史的省察；三、本則言論，畢竟也屬於時賢君子的「文辭」論說之一，否則不會被《左傳》徵引以評論子產功過，那麼此類以評說史事或析事論理爲主要內容的「文辭」，是否正是在春秋時期此一獨特的環境中逐漸形成而蔚爲風潮，甚至能作爲戰國諸子的前導？在這樣的言說環境下，我們可以想見，人們對「文辭」的應用範圍與態度，都有了嶄新的開展。

二、「禮」與「辭」的辨證

承上所論，春秋時期既面臨舊有秩序的變革與消逝，即所謂的「禮崩樂壞」，但一方面又相當重視「文辭」之功，則大量被載錄的「文辭」與此種重視文辭的態度，在春秋時期究竟具有何種意義，亦相當值得探究。

從《左傳》、《國語》、《論語》等內容涉及春秋時期人事的相關文獻載錄中，我們可以看到當時卿士階層最爲重視的修養，大體可分爲二類：其一爲廣泛的「禮」，即熟悉各種制度、儀文、特定舉止規範（即所謂「禮容」）以及各種合宜的行爲，而恰當的「賦《詩》」與適當的論述史事也往往被視爲有「禮」，故可推測也包含對各類典籍、歷史的知識與恰當運用，此可能來自於周代典制之傳統；其二，則是如上文所論述的，在春秋時期益顯重要的「辭」，包含行人辭令、言辯論說、講論道德等語文活動。

事實上，從更早的文獻如《尚書》或各類銅器銘文中，我們可以推測，「辭」本應附屬、配合各種「禮」的活動，主要應用於祭祀、禱告、盟誓、誥命、冊封、賞賜等用途，脫離這些政治或宗教上的「禮儀」而獨立的言論相當少。然而，在《左傳》與《國語》中，我們看到大量「獨立言談」的載錄，雖談話者仍多是士大夫與諸侯王公，講話之場合、主題也仍以政治、宗教性質爲多，但雙方的言論卻不再只是配合禮儀活動而宣講的辭命或講稿，而出現各據立場的對問、攻駁、諫議，乃至各種私人的交流與某些長篇大論，換言之，春秋時代對「辭」之載錄與重視，似乎開始漸漸超過「禮」的活動紀錄，如《國語》一書載錄諸國之嘉言善語，甚至有刻意保存、珍視言辭的紀錄，即是重視言辭的証明；而《左傳》言事備載，其中所錄各種辭令之精緻、深婉，更令人驚嘆；又如《論語》中孔子稱「不學《詩》無以言」，所謂「言」，即

「使於四方」、「專對」的行人辭令，更可見《詩》、《書》等王官古典實際應用於勸說之辭的情形。尤其是《左傳》、《國語》所載各種不同類型、場合的「辭」，就其議論宏肆、邏輯精密、修辭婉轉、博物洽聞等層面，均可謂開戰國諸子談辯、論說之先河，甚至有過之而無不及。

更進一步言之，關於春秋時期語文活動的積極參與者，較之西周時期的周王室成員、諸侯與史官之外，相當明顯的多出了各諸侯國的執政大臣、行人使者，以及德望並重的「君子」之流。這些具有卿士身分的言說者，不論是否掌握實權，可以推測大多數仍來自於傳統的貴族階層，而周室王官之學則應是其學問的主要來源；換言之，春秋時期的卿士階層，既有西周傳統的學養背景，然卻不免意識到自身學問的源頭，亦即所謂的先王政典，正在自己的時代裡遭到挑戰而逐漸式微，這其中必然涉及種種價值觀的取捨，以及因應世變的選擇。從《左傳》、《國語》中，我們可以觀察到許多既強調「文辭」之功，又涉及對各種先王政典之重視的載述，如上文所舉晉文定霸之例，既有公子重耳巧妙的外交應對之辭，又有趙衰輔佐的合宜賦《詩》之舉。另外，如《國語・楚語下》「王孫圉論國之寶」章載：

> 王孫圉聘於晉，定公饗之，趙簡子鳴玉以相，問於王孫圉曰……「其為寶也幾何矣。」

> 曰：「未嘗為寶。楚之所寶者曰觀射父，能作訓辭，以行事於諸侯，使無以寡君為口實。又有左史倚相，能道訓典以敘百物，以朝夕獻善敗於寡君，使寡君無忘先王之業，又能上下說於鬼神，順道其欲惡，使神無有怨痛於楚國。……圉聞國之寶六而已。聖人能制議百物，以輔相國家，則寶之……。」（《國語》，卷十八，頁579～581）

此處將「能道訓典以敘百物」的左史倚相視為「國之寶」，因為其能「朝夕獻善敗於寡君，使寡君無忘先王之業」，這自然是重視歷史與先王典制的具體表現；而王孫圉提及的另一觀射父，其所被重視的才能乃是「能作訓辭，以行事於諸侯」，所謂「行事於諸侯」之辭，自然大部分是與外交相關的辭命與應對，此處提及的兩個人物及其才能、特質，實際上可說是相輔相成。

綜而言之，在所謂「禮崩樂壞」的時代中，「辭」似乎即將從「禮」分支而出，蔚為大國；而透過《左傳》與《國語》所載錄的春秋時期歷史，我們看見諸侯國已不能維繫、遵守傳統的「禮」，卻能接受並稱揚以「文辭為功」者，視其為「禮」，其中似乎包含新舊時代間某種價值觀的折衷。從中我們可

以思考，春秋時期被視爲有「禮」的「辭」，其體乃包含種種辭命應對、論理談辯、嘉言善語，可說是隨著春秋時期的政治社會變化而生的結果，也是論說風氣昂揚的表徵；然在其內容上，或爲求徵實合度、又或求儀節文飾，則絕大多數有徵引《詩》、《書》舊典、先王、古制、古史的現象，而這些徵引內容，實則隱隱然呼應著西周的典制與言論傳統，這可說是春秋時期言論的一大特色。這些代表過往之傳統與權威的「典」與「故」，被應用爲——此一新時代中最具代表性的語文活動——「論說」的技巧，則什麼樣的言語能夠折衷於新與舊之間？而又是何種歷史情境能夠讓徵引「典故」成爲具有說服力的論說手段？凡此皆爲透過分析論說與徵引典故時可以觀察、思索的議題。

第三節　敘事與論說：對先秦散文「子史二分」認知現象的反思

上節概述了本論文研究主題的時代特性，本節則略論本論文主要依據之文本——即《左傳》與《國語》二書——的敘史特質，及其對於研究先秦散文的意義與相關議題。

《左傳》與《國語》二書，大致成於戰國時代，內容則載錄許多春秋時期的重要史事，一般被視爲研究春秋史的重要基礎與依據。就《左傳》與《國語》的史書性質而言，「敘事」是其最主要的特質，然也正因此一特質，使得後世研究上出現某些理解的偏重，其中最須釐清的，即是子史二分的現象。

一般論述所謂先秦散文時，通常將之分類爲「敘史／歷史」與「哲理／諸子」二種類型：﹝註15﹞「敘史／歷史」散文一類又可分爲側重記事者如《左傳》，傾向記言者如《國語》，此類爲本文論述的主要素材；「論說／諸子」散文一類，則有諸子、策士之文，如《墨子》、《莊子》、《荀子》、《韓非子》、《戰國策》，﹝註16﹞等。然而這樣的分類法，只能說是因應後世研究、論述需要而

﹝註15﹞ 各類綜論性質的「中國文學史」與「文體研究」著作均可見此種分類方式，如葉慶炳：《中國文學史》（臺北：臺灣學生書局，1987 年）其中第三講「春秋戰國散文」分論「史傳散文」與「諸子散文」；劉大杰：《中國文學發展史·第三章》（香港：三聯書店，2000 年。）則分爲「歷史散文」與「哲理散文」，此其大較者，餘不繁舉。

﹝註16﹞ 前人或將《戰國策》視爲史書，《戰國策》由漢·劉向編定，體例上類似《國語》的國別史，然其篇章內容未必皆是敘述連貫的史事記錄、其論述目的亦恐非敘史，同時《國策》編排成書又在後世，劉向〈書錄〉自云：「所校中戰

設的「外部分類」，此處可借用美國學者巫鴻的一段話說明：

> 對社會現象進行分類有兩種基本途徑一種是由社會成員所做的內部分類（internal classification）或自然歸位（natural order position），另一種則是由社會外部的人──包括它文化的或後世的人──所做的「外部分類」（external classification）或人為歸位（artificial order position）。這兩種系統都反映了分類者本身的知識與文化結構，但後者卻往往被看做一個客觀體系，強加於原來的社會之上。〔註17〕

透過巫氏所論，我們可以反思的是，「子史二分」──或者更根本的「四部分類」──原是後世所加的「外部分類」，但先秦時人在言說當下，甚或《左傳》、《國語》之作者載錄史事之時，實不必以此分際自限，而應另有其言談、敘事的內在理路、邏輯或意圖，亦即所謂的「內部分類」。與此類似的議題如「經史二分」，在清代已由章學誠點出「六經皆史」，即從「內部分類」的視角省視、理解先秦經史文獻的關係，〔註18〕而此處所論的「子史二分」亦當可由此切入思考。「敘史／史傳」與「諸子／論說」的二分，固然為清楚簡明的分類與理解方式，但若過度的劃清界線，則恐產生「歷史散文」僅止「敘事」而「諸子散文」唯主「論說」的刻板印象；然事實恐非如此，在《左傳》、《國語》中載錄不少當時的論說之辭，可謂是戰國策士、諸子的先驅；〔註19〕而

國策書，中書餘卷，錯亂相揉莒。又有國別者八篇，少不足。臣向因國別者略以時次之。……臣向以為戰國時游士輔所用之國，為之策謀，宜為戰國策。」（漢·劉向編集，賀偉、侯仰軍點校：《戰國策》【濟南：齊魯書社，2005 年】，頁 1）此書篇次、篇目均為劉向所輯、錄，書名亦向所訂，而〈敘錄〉明言其原本以國別編次者少，而實為策士所用之文，故本文較為重視其內容方面，將其視為策士之文。

〔註17〕 美·巫鴻著，李清泉、鄭岩等譯：《中國古代藝術與建築中的「紀念碑性」》（上海：上海人民出版社，2008 年），頁 22。

〔註18〕 見章學誠著：《文史通義·易教上》（章學誠著，葉瑛校注：《文史通義》，北京：中華書局，2008 年，頁 1～10）。有關「六經皆史」的相關論述，可見 David S. Nivison（倪德衛）著，楊立華譯，邵東方校訂：《章學誠的生平與思想》（臺北：唐山出版社，2003 年）；鄭吉雄：〈論章學誠的「道」與經世思想〉（《臺大中文學報》5 期，頁 303～328，1992 年 6 月）；鄭吉雄：《清儒名著述評》（臺北：大安出版社，2001 年）；倉修良著：《章學誠和文史通義》（北京：中華書局，1984 年）。

〔註19〕 關於此一意見，前人學者雖並非全不重視，但多數仍僅在評點《左傳》、《國語》之「文學」時連帶提及之，較無專門著作探論，如清人王源即以為：「《左傳》自襄公以後，文字簡鍊奇奧不及前，而浩瀚流轉，波瀾橫溢過之，已開戰國西漢門戶。」（王源：《文章練要·左傳評》，臺南：莊嚴文化出版社 1997

諸子、策士的言論中，也不乏運用史事、故事爲論說方式，且敘事詳明、鋪陳嚴謹者，〔註 20〕更何況此二類散文，幾乎產生於同一時代，體制亦均爲散文，二者之間的同質性，甚至偶有互文與互涉的現象應當獲得更多的重視。

　　更進一步而言，本章之第一節已經提及，《左傳》、《國語》對於各種論說之辭與典故的保存具有重要的意義，而就研究「論說」與「徵引典故」的關係而言，《左傳》、《國語》等敘史文獻，較之諸子書更有一重要的優勢與特點，即是其完整且詳細地提供了各種語境與背景因素，供吾人判斷、理解「徵引典故」可能的內在邏輯。余嘉錫《古書通例》論「古書多造作事」時，曾指出史傳文獻的特質：

> 夫左史記動，右史記言，既是據事直書，故其立言有體。其或載筆偶疏，大抵傳聞致誤。……然必影附事跡，歷敘源流，既皆實有其人，固非絕無可考。曲折雖多，因緣終在。但詞氣之間，略存軒輊耳，未有假設甲乙，借定主賓，純構虛詞，羌無故事者也。〔註 21〕

史冊的「據事直書」，提供了完整的敘事結構，對於「徵引典故」相關之人、事、情境均有較爲清楚且相對眞實的載錄，是以吾人可說有較多資訊可判斷該則「典故」乃針對何種情況與對象而發、在何種場合下被徵引，對於其效用與意義也較能作出判斷。這正是在以講說自身理論爲主的諸子文獻中，較爲欠缺的要素。姑以一則簡單的例子說明敘史文獻與諸子文獻在鋪陳語境時的差異，《論語‧顏淵》中著名的一段話：

顏淵問仁。

年據北京師範大學圖書館藏清康熙居業堂刻本影印，卷八，頁 27）朱軾：《左繡‧序》則曰：「近《莊》、《列》詭譎之風，啓戰國縱橫之習。」（馮李驊：《左繡》，臺北：文海出版社《國學集要》二編，1967 年，頁 2〜3）等，詳細研究概況可參考張高評先生：《左傳之文韜》（高雄：麗文文化，1994 年）第一、二章之綜述；另外，近期則有美國學者 David Schaberg（史嘉柏）專書 *A patterned past: form and thought in early Chinese historiography* (Cambridge, Mass.: Harvard University Asia Center: Distributed by Harvard University Press, 2001)，其相當重視《左傳》中的論說文與論說性質，也簡要論及了《左傳》中徵引《易》、《詩》、《書》的文學、文化意義，然中、港、臺學界近期則似乎尚未見有相關類似研究方向之論述。

〔註 20〕以探討諸子學中的史料，或論諸子與先秦史官之關係者，則已有學者做出相關論述，如林曉平：《先秦諸子與史學》即以諸子學爲主，探討儒、道、墨、法諸家與史學的關係，以及諸子著作中的史料與價值等議題。

〔註 21〕余嘉錫：《古書通例》（臺北：臺灣古籍出版社，2003 年），頁 82〜83。

子曰：「克己復禮為仁。一日克己復禮，天下歸仁焉。為仁由己，而
由人乎哉？」（《論語注疏》，卷十二，頁 1）

在此段對話中，讀者所獲得的背景僅有「顏淵問仁」四字，我們不知道當時
究竟是一般的日常對話？或師生課堂之問答？抑或顏淵可能針對何種時事、
人物而發？又或者這只是記述者的簡單概括？然而，同樣是「克己復禮」四
字，也同樣出自「仲尼」之口，在昭十二年《左傳》中卻有極大的鋪陳差異：

楚子狩于州來，次于潁尾，使蕩侯、潘子、司馬督、囂尹午、陵尹
喜帥師圍徐以懼吳。楚子次于乾谿，以為之援。雨雪，王皮冠，秦
復陶，翠被，豹舄，執鞭以出。僕析父從。

右尹子革夕，王見之，去冠、被，舍鞭，與之語，曰：「昔我先王熊
繹與呂伋、王孫牟、燮父、禽父並事康王，四國皆有分，我獨無有
歟，今吾使人於周，求鼎以為分，王其與我乎？」對曰：「與君王哉！
昔我先王熊繹辟在荊山，篳路藍縷以處草莽，跋涉山林以事天子……
今周與四國服事君王，將唯命是從，豈其愛鼎？」

王曰：「昔我皇祖伯父昆吾，舊許是宅。今鄭人貪賴其田，而不我與。
我若求之，其與我乎？」對曰：「與君王哉！周不愛鼎，鄭敢愛田？」

王曰：「昔諸侯遠我而畏晉，今我大城陳、蔡、不羹，賦皆千乘，子
與有勞焉，諸侯其畏我乎！」對曰：「畏君王哉！是四國者，專足畏
也。又加之以楚，敢不畏君王哉！」工尹路請曰：「君王命剝圭以為
鏚柲，敢請命。」王入視之。

析父謂子革：「吾子，楚國之望也。今與王言如響，國其若之何？」
子革曰：「摩厲以須，王出，吾刃將斬矣。」王出，復語。左史倚相
趨過，王曰：「是良史也，子善視之！是能讀《三墳》、《五典》、《八
索》、《九丘》。」對曰：「臣嘗問焉，昔穆王欲肆其心，周行天下，
將皆必有車轍馬跡焉。祭公謀父作〈祈招〉之詩以止王心，王是以
獲沒於祇宮。臣問其詩而不知也。若問遠焉，其焉能知之？」王曰：
「子能乎？」對曰：「能。其詩曰：『祈招之愔愔，式昭德音。思我
王度，式如玉，式如金。形民之力，而無醉飽之心。』」王揖而入，
饋不食，寢不寐，數日。不能自克，以及於難。

仲尼曰：「古也有志：『克己復禮，仁也。』信善哉！楚靈王若能如

是，豈其辱於乾谿？」（《左傳正義》，卷四十五，頁 38 下）

在《左傳》的敘述中，我們可清楚看到，所謂的「克己復禮」乃是「仲尼曰」徵引「古志」之言，針對楚靈王的侈汰、驕橫而發；而《左傳》敘述楚靈王從原本的志得意滿，其後遭到右尹子革的當頭棒喝，乃至「饋不食，寢不寐」與「不能自克，以及於難」的預敘，在在皆呼應著「克己復禮」四字箴言。當然，《論語》與《左傳》中的孔子／「仲尼曰」雖皆言「克己復禮」，但應不是針對同一情境而發；而在兩者的比較中，《左傳》詳細鋪陳了言說的背景、言論針對的對象，以及敘事的主題——為國以禮——再透過「仲尼曰」表達褒貶之意，可謂寓義理於敘事之中。由此可見，在《論語》中，我們獲得的是較單純的言論與哲理，至於言論產生的背景、可能針對的對象、在甚麼樣的情景下被言說，以及言說者有無特定立場，這種種問題可說均被簡化，而要求讀者僅就言論本身進行思考；相對的，在《左傳》中，我們則擁有充足的語境背景，判斷此番言論是否恰當、用典是否合宜、言說者有何意圖或態度。此二種文獻性質與陳述方式雖無優劣之分，但至少可說，敘史文獻中詳細鋪陳語境的特質，對於研究論說而言亦有不小的幫助，更不應被忽略。

綜之，「敘史」與「論說」二分的現象，使得對《左傳》、《國語》的研究偏重於經、史學領域，而對諸子書的研究則以哲學、文學為大宗。本書之所以針對《左傳》、《國語》一類敘史文獻為主，探討其中的論說與徵引，正是希望點出敘史文獻亦有許多與諸子相近的成分，〔註 22〕以及其詳明敘事的特色，或有助我們更深刻、切實的了解春秋時期各種「文辭」相關活動與發展的情況，甚或透過某些部分，也可以觀世風之升降、見時勢之演變，而略窺先秦散文的整體發展趨勢。

第四節　本文議題層次與前人研究述略

上文之第二節一方面辯證、說明徵引典故與論說之間的關係，也一併綜述本文研究範圍的時代背景及其與本文相關之議題；第三節則透過省察、反思學界認識先秦散文慣以「敘事」與「論說」二分的現象，略述本文選定之

〔註 22〕至於諸子書中與歷史散文相近的部分如敘事性、徵引史事等議題，則當待來者。不過諸子學由於清末民初以來的蓬勃研究，已有不少學者詳細的分析其論說手法。另外近年出土文獻中，亦有不少文獻，其性質介於後世所認知的子書與史書之間，可供吾人對先秦散文的發展產生更多反思與激盪。

研究題材本身可能具有的意義與價值；本節則分析本文之研究素材的性質與不同的論述議題層面，並略述前人研究之概況。

由上二節已可概見，本文之研究對象《左傳》、《國語》具有敘史之特質，而本文以下各章將進行論析的素材，則包含論說文辭以及其中徵引所及的《易》、《詩》、《書》以及各種歷史掌故、事蹟等各具不同性質與特色的內容，則於此有必要簡述《左傳》、《國語》中載述內容的不同分析層次與意義。

關於本文將論述的內容，亦即《左》、《國》所載論說文辭中徵引各種「典」與「故」的現象，實涉及三種不同的論述層次與議題面相，分別是：

一、所徵引「典故」本身的內容，如《易》、《詩》、《書》之文句，或歷史事件之內容如鯀禹治水、武王克殷等。主要議題涉及該內容本身之眞實性與流傳問題，如所引文句是否見於現今傳本，所引史事是否眞有其事等；

二、徵引典故者的言論主題內容，及其論說之辭所歸屬的整體言說情境。主要議題牽涉論說者對所引典故進行何種詮釋，如何應用典故表達其論說主題及其反應出的論說風氣，如上引楚靈王與右尹子革之例，時楚發兵圍徐而靈王暫駐於乾谿，在此情境中二人分別徵引楚國先君與周穆王之史事相互對話；

三、《左傳》或《國語》之作者對於上述論說段落之敘事安排。主要議題包含《左》、《國》「如何」敘述此一事件，對其中內容是否有剪裁、增刪與調動事件次序等各種可能，以上例而言，《左傳》在昭十三年楚靈王被弒前，於十二年載錄楚子志得意滿的驕矜之語、右尹子革憂心忡忡的勸諫之辭，並在最後徵引「仲尼曰」之評論爲楚靈之弒張本。而透過釐清此三個不同的論述層次，我們可以對前人研究之意義與本文的論述方向進行較爲簡要的綜述與說明。

首先，若以上述三個層次觀之，我們可以發現，前人研究可說大多集中於上述的「第一層次」，亦即針對典故本身之內容進行各種精密而詳細的考證與辨析，並以其研究結果呼應、補充各種經、史學之重大議題。換言之，亦即將《左》、《國》所徵引典故之文，作爲補充論證各種經、史學議題之素材，而有時也稍擴及對春秋時期之論說風氣的綜述與探討，則涉入上述的第二層面。正因如此，對這些徵引文例的論述與探討，往往分散在各類專書研究與歷史斷代研究之中：如徵引《易》者，通常見於討論先秦卜筮議題的專書論文中，如屈萬里先生《先秦漢魏易例述評》即整理、詮解多則先秦引《易》

之文，並據以討論《易》學史上重要的「象數、義理」議題；〔註23〕徵引《詩》者，則除了收錄於「《詩》經學史」或「文學史」著作外，尚有較多專書研究，如張素卿先生《左傳稱詩研究》，該書針對《左傳》稱引《詩》文做出深入的探討，並據以回應各類經學史／《詩》經學史上的重要議題；〔註24〕討論徵引《書》經的事例則收錄於各種「尚書學史」或通論性質之研究中，如程元敏《尚書學史》〔註25〕即運用此類徵引《書》文之材料進行極為詳密的考證；徵引古史傳說與歷史故事者，則可散見於古史辨學者的討論，或各類上古史研究中。〔註26〕另外，較為全面的研究與蒐羅則可以清代學者顧棟高《春秋大事表》為代表，〔註27〕其初步整理出各種《左傳》徵引典籍之目，近代學者如日人小島佑馬的《左傳引經考證》，則在顧氏基礎上，就《左傳》所引《詩》、《書》、《易》及《禮》進行統整與簡要的綜論，二者研究之精粗有別，但其核心議題可說皆環繞傳統經學之範疇，將《左傳》所引經典之段落用為研究素材；另外，近人羅根澤撰有〈戰國前無私家著述說〉一文，〔註28〕其中也對《左傳》、《國語》之徵引經籍進行初略的統計，不過其主要為證明戰國以前唯有周室典章而無私家著述，並綜述先秦之學風，大抵屬於史學層面的研究，對於徵引典故之細部考證或意義闡發，並非該文之主旨。當然，對於上舉的經學、史學各種複雜而多樣的議題，本論文自無法一一深入探討與列舉，故以下各章將就論述之不同素材，再略舉較具代表性的議題與研究成果，或隨文連帶論及，或作為觸發問題意識之契機，以呼應前人研究之碩果並加以補充。

其次，關於上述「第二層次」，可說涉及更廣泛的《左傳》或《國語》之辭令、文學價值之研究，而「徵引典故」的相關內容，則多附屬於其中以數

〔註23〕屈萬里：《先秦漢魏易例述評》（臺北：臺灣學生書局，1969年），詳細研究概況述略請參本文第二章第一節。

〔註24〕張素卿：《左傳稱詩研究》（臺北：臺大出版委員會《文史叢刊》之八十九，1991年）。詳細研究概況述略，請參本文第三章第一節與張素卿：《左傳稱詩研究》第四章。

〔註25〕程元敏：《尚書學史》（臺北：五南圖書出版，2008年）。

〔註26〕詳細研究概況述略，請參本文第四章第一節與第二節。

〔註27〕清・顧棟高：《春秋大事表》（臺北：廣學社印書館，1975年景清同治癸酉（1873年）重雕山東尚志堂本；北京：中華書局，1993年排印初版）。

〔註28〕羅根澤：〈戰國前無私家著述說〉，收入羅根澤編：《古史辨》第四冊（臺北：明倫出版社，1970年），頁8～68。

量統計或概論的方式提及。關於《左傳》或《國語》之中的辭令與議論，其文章價值歷來皆爲學者所稱道；其中《國語》因其書性質之故，本多有此面向之討論，〔註29〕而對《左傳》之論說辭令的研究，則見於各種文藝評點類作品，如馮李驊〈讀左卮言〉論《左傳》之議論與敘事曰：

> 傳中議論之精，辭令之雋，都經妙手刪潤，然稍有底本；至敘事，全由自己剪裁。〔註30〕

認爲《左傳》之議論辭令大抵經過「刪潤」，然亦皆有所本。又其亦論及《左傳》徵引經典之議：

> 左氏極精於易⋯⋯左氏極長於詩⋯⋯至於引書引禮，種種博雅；引謠引諺，種種風趣，無妙不臻，誠哉獨有千古。〔註31〕

此類研究論述，相較於第一層次之經史考證研究，顯然偏向文藝之賞析與文學之感發，然也因此相對而言屬傳統《左傳》學之小宗。近人錢鍾書《管錐編》亦探討《左傳》之記言，認爲：

> 吾國史籍工於記言者，莫先乎《左傳》，公言私語，蓋無不有。〔註32〕

又曰：

> 史家追敘眞人實事，每須遙體人情，懸想事勢，涉身局中，潛心腔內，忖之度之，以揣以摩，庶幾入情合理。蓋與小說、院本之臆造人物、虛構境地，不盡同而可相通；記言特其一端。〔註33〕

此由「記言」一端，論史傳與小說之會通，大體亦偏向文藝評論。另外，如沈玉成《春秋左傳學史稿》所論：

> 《左傳》中的辭令尤其是外交辭令，歷來的評論家都一致肯定，但這種肯定大多屬於直觀地感受，只有在現代的研究論文裡才能見到

〔註29〕學者針對《國語》之文章、辭令之評價與論述，從古至今皆有持續的正反辯證與討論，可說一直是《國語》研究之重要焦點。可參考李師隆獻《國語概說》之〈肆、《國語》的文章〉，其中爬梳整理自唐之柳宗元至宋代之劉恕、晁公武、黃震、司馬光、朱熹等，乃至明代之戴仔、黃省曾、王世貞、清之崔述等學對《國語》文采辭章的正反意見；並援引近代學者張須、張以仁先生之說，指出《國語》具有不同於《左傳》或一般認定之史書體制，乃有重視言辭、以「語」爲教的特色。
〔註30〕馮李驊：《左繡・讀左卮言》，頁3～4。
〔註31〕同上注，頁7。
〔註32〕錢鍾書：《管錐編》（臺北：書林出版有限公司，1990年），第一冊，頁164。
〔註33〕同上注，頁166。

深入細緻的分析。〔註34〕

所謂「直觀地感受」，概指各種傳統評點式的論著；不過，就其所舉「現代的研究論文」論《左傳》記言者，亦僅有郭預衡、〔註35〕沈松勤、劉焱、朱宏達〔註36〕四位學者，且其中二篇是僅就外交辭令爲研究對象的單篇論文，實不能算多。臺灣學者則有張高評先生《左傳文章義法撢微》、《左傳之文韜》等專著，專就《左傳》之文學價值與所載辭令內容進行分析，堪稱目前研究《左傳》之「論說」最爲專精之作，其文中也曾特別提及各種辭令「繁稱博引」的論說技巧：

> 《左傳》之載言，除詞令議論之縱橫煒燁，最饒「浮誇」之風外，《左氏》之好繁稱博引，亦頗助長「浮誇」之姿致。……引用，爲訴諸權威或大眾之修辭法，《左氏》於辭令或議論中，廣於使用此種「所以已言」之「重言」，於詞令之說服力與議論之卓越性，自有裨益，於《左氏》「浮誇」之風，亦自有助長也。〔註37〕

張先生書中也簡要統計了《左傳》引用《易》、《詩》、《書》乃至古聖先賢之語者各有若干則，並綜論「引用」的修辭意義；最後以「繁稱博引」爲助長「浮誇之風」，補充論述傳統上所謂「《左氏》浮誇」之議。不過，其中須進一步辨析的是，所謂「《左氏》之好繁稱博引」，究竟是指「《左傳》之作者」，抑《左傳》所載之「春秋時人」的論說特色，換言之，亦即這些「繁稱博引」的言論，該視爲「實錄」，抑或如上述馮李驊之說以爲《左氏》之潤改？其實，張先生同書之中已有相當中肯的辨析與論述：

> 清陳震《左傳日知錄》所謂：「左氏述語，有刪潤而無徑造，爲人言近說士，故述之爲文，遂相似耳。此可以觀世風之升降，不關左文也。」《左氏》據百國史書以爲傳，雖有討論潤飾，而質者徵其質，文者見其文，時中而已，直書而已，實錄而已，終不失梗概矣！〔註38〕

此段論述實際上與本章第一節所引梁章鉅與汪中之論可謂若合符節，指出各

〔註34〕沈玉成、劉寧：《春秋左傳學史稿》，頁 405。

〔註35〕郭預衡：〈左傳的思想傾向和文學成就〉（《語言文學》，1982 年第 3、4 期）。沈松勤、劉焱之相關論文已見注 10。

〔註36〕朱宏達：〈論左傳的語言藝術〉（《杭州大學學報》，1982 年 1 月）。

〔註37〕張高評：《左傳之文韜》（高雄：麗文文化，1994 年），頁 67。

〔註38〕同上注，頁 67。

種言論雖經《左氏》之手，然其載筆之志，大抵以實錄為依歸，乃無放逸誇謬之弊，而能不失梗概爾。其實若以現代敘事學的觀點觀之，我們也可說，《左傳》、《國語》之作者對於各種言論的採取，不論其潤色程度如何，對種種長篇言論既載而錄之，且為之鋪陳前因後果，即可說是一種肯定的表現，一定程度上也透露了《左》、《國》的敘述傾向與認同的價值觀；而其所採擇、載錄之言論，多有徵引經典之言、先王舊法與先賢事蹟的現象，也可說表現出了《左》、《國》作者所肯定、欣賞的論說方式。透過上述辯證，我們可說，《左傳》、《國語》所載錄的論說之辭，一方面可說一定程度展現了春秋時期的論說風氣，一方面也表現出《左》、《國》記事之傾向與認同的價值觀，此則已涉及上述與《左》、《國》之「敘事」方式相關的第三層面。

　　除上述綜論《左傳》、《國語》之論說特色的研究外，較為專門針對「徵引典故」之現象與特色的論著相對較少，目前就筆者所見，主要有 2012 年山東大學碩士生張倩之《《左傳》徵引古文獻研究》碩士論文，較為全面地論述了《左傳》徵引「典籍」、「言談習語」與「謠諺」三種「古文獻」的語文現象，並討論其特色與價值。其綜論春秋時期徵引風氣頗為有見，然在研究主題上仍多傾向於「典籍考辨」、「典籍文獻之流傳與發展」與「相關人物考」等上述第一層面的議題；而其探討「謠諺」等「民間文獻」的特質與其對後世史學創作、文學創作之影響，則可說屬於上述第二層面之議題，並似乎較為偏重於考證「民間口傳文學」。另外潘萬木〈《左傳》徵引敘述模式的形成及其影響〉一文，〔註 39〕則以綜述《左傳》中「徵引」的形成原因與影響為主，一方面討論春秋時期的徵引風氣，另一方面則論《左傳》多「徵引」的敘述模式對後世經學或哲學敘述方式的各種影響與意義，〔註 40〕可說是以上述第二層面為主而部份涉及第三層面的研究方式。

　　透過上述可見，《左傳》、《國語》所載論說言辭中「徵引典故」的現象，除表現出《左傳》、《國語》所載春秋時人言談的一大特色外，也廣泛涉及經、

〔註39〕潘萬木：〈《左傳》徵引敘述模式的形成及其影響〉（《荊門職業技術學院學報》第 18 卷第 5 期，2003 年 9 月，頁 43～49）。

〔註40〕然而潘氏並無意就上述張高評先生論及的相關議題進行辯證，其自道論述議題為：「《左傳》作者是對當時引《詩》盛況的真實紀錄嗎？抑或僅僅是對《詩》的偏愛有加呢？這當然不是我們追究的問題，我們要討論的是《左傳》徵引模式造成了經學意義上，乃至哲學意義上『宗經』、『徵聖』的確立和延續不已。」（同上注，頁 46）則其實潘氏亦有回歸於經學議題，而以《左傳》徵引內容特色為引證素材的傾向。

史學之重要議題；然而相對的，這也造成學者在論述與詮釋時，反而較少由其原本在《左傳》、《國語》中的語境進行理解與考察。這樣的現象，或許正是上文所謂「外部分類」概念影響下所形成的研究方向，換言之，在面對各種「徵引典故」的素材、文例時，學者的問題意識往往率先集中於典故的源頭，如《詩》學、《易》學、古史傳說等傳統議題上，而非這些典故在其當下語境中究竟如何被徵引，又發揮何種效用、價值與意義。再者，《左》、《國》所載文辭及其論說特色，也是我們認識其他先秦論說文類，如諸子策士論說之辭的重要參照。但又因為傳統對「論說」與「敘事」文的二分觀念，對於先秦「敘史文獻」中收錄徵引典故作為論說用途的篇章，學界的討論與研究，實遠較諸子學為少，也並非《左傳》學或《國語》學研究之大宗。

事實上，這些被徵引的典故，就算暫不回應後世或「外部」的經學、史學等議題，而是在其被運用的語境與文獻「內部」或當下，也必定具有其自身的意義，同時反映著言說者的論述邏輯；而欲達到所謂「內部分類」或內在邏輯的理解與詮釋，其基礎正是必須對徵引典故之整體對話語境——包含言說雙方的身分與價值觀、具體歷史情境、論說主題與內容，甚至文獻敘事者本身的意圖——進行分析與理解。

以下略述本論文擬採用之研究方法與冀望達成之研究目的。

第五節　研究方法

透過上述對於《左傳》、《國語》之「徵引典故」可能開展的各種研究層次、議題面相之概述可知，前人研究雖廣泛而多樣，然仍有幾項偏重：一、各類研究可說多數集中於《左傳》，而對《國語》較少提及，或僅附屬於《左傳》相關研究中；二、研究議題之面向，以上述第一層次為最多，然亦多數將《左》、《國》之「徵引典故」用為研究素材而非研究主題；三、上述第二層次的研究，其研究成果亦頗豐碩，約僅稍次於第一類研究，然如上節所論，多數研究偏重在文學修辭技巧，其形式又以評點為多而析論者少，能針對論說文辭的整體語境進行論述，並舉實例分析探討者，亦較少見；四、敘事層次，亦即上節所論第三層次可說最少，這顯示出《左》、《國》之「徵引典故」研究的相關議題，在深廣度與質量上並不均衡。而本文乘此一間，在前人研究基礎上，概有三個研究內容、進徑上的補充與論述：

　　首先，本論文將補充對《國語》的分析論述。《左傳》、《國語》二書關係密切、內容亦頗能相互印證、比較，然又具有不同的性質與體制，則二書中所載言論與「徵引典故」的現象，或可加以比較其在敍事特質或修辭〔註 41〕層面之異同，而使各自之特色更加凸顯。

　　其次，對於徵引典故的各種論說义辭，本論文將更加著重語境〔註 42〕的分析，探討徵引典故的論說者，對於典故及其背後具有的文化、歷史背景有何種認識與詮釋。此一研究進徑，看似與針對《左傳》、《國語》的專書研究有所重疊，事實上，歷代《左傳》研究中，確實有一些學者已特意羅列、摘錄其中「徵引典故」的段落加以研究與論述，如本文第一節所引述的梁章鉅之論，或如汪中〈左氏春秋釋疑〉所言：

> 《左氏春秋》，典策之遺，本乎周公；筆削之意，依乎孔子。聖人之道，莫備於周公、孔子；明周公、孔子之道，莫若《左氏春秋》，學者其何疑焉？然古者左史記事，動則書之，是爲《春秋》，而《左氏》所書不專人事，其別有五：曰天道、曰鬼神、曰災祥、曰卜筮、曰夢。「其失也巫」，斯之謂與？
>
> 吾就其書求之……隨矦以牲牷肥腯，粢盛豐備，謂可信於神，季良以爲「民，神之主也，聖王先成民而後致力於神，民和而神降之福」……。由是言之，《左氏》之言鬼神，未嘗廢人事也

〔註41〕關於「修辭」此一術語的界定，歷來廣狹不一，筆者參考陳望道先生：《修辭學發凡》中所論：「狹義，以爲修當作修飾解，辭當作文辭解，修辭就是修飾文辭：廣義，以爲修當作調整或適用解，辭當作語詞解，修辭就是調整或是用語辭。」（臺北：文史哲出版社，1989 年，頁 3）本文以下取其廣義，同時各種實際的修辭方法如引用、排比、婉曲等等，由於類型繁多，因應個別行文或標題簡潔所需，亦偶以「修辭」概括之。

〔註42〕關於「語境」此一術語之概念與義界，最早由英國人類學家馬林諾夫斯基（Bronislaw Malinowski）提出，大致分爲「情景語境」（Context of Situation），與「文化語境」，前者指涉在語言說出前後的各種實際事件，亦即語言發生的情境：後者則指涉言說者的社會、文化背景。見氏著：*Coral gardens and their magic* (Bloomington: Indiana University Press, 1965)、*The problem of meaning in primitive languages*，收入 C.K. Ogden and I.A. Richards: *The meaning of meaning: a study of the influence of language upon thought and of the science of symbolism* (London : K. Paul Trench, Trubner & Co., 1927)。其後則據不同學者界定又各有分類。原則上，本文對「語境」之界定，指涉的是言談交際的上下文、時空情景與談話雙方身分、立場、目的、相關行爲等因素，亦即較爲接近上述「情景語境」。

　　……南蒯將叛，筮之，得坤之比，子服惠伯以為「忠信之事則可，
　　不然必敗。易不可以占險」，由是言之，《左氏》之言卜筮，未嘗廢
　　人事也。

　　衛成公遷於帝邱，夢康叔曰：「相奪子言」，公命祀相，甯武子以為
　　相之不言，於此久矣非，衛之辠不可以聞……。由是言之，《左氏》
　　之言夢，未嘗廢人事也。〔註43〕

汪氏所述《左傳》段落如「南蒯將叛，筮之」者即是引《易》事例、「衛成公
夢康叔」則既徵引歷史又與《尚書》有重疊之處，確實皆為本文研究對象，
且有不少段落汪氏亦相當細膩的就其語境加以分析、闡釋；然而須注意的是
汪氏此處仍屬「主題式」研究，亦即在欲「釋」《左傳》之「疑」而強調《左
傳》「未嘗離人事」、「廣記而備言」的概念下引述、分析這些徵引文例。又如
羅泌《路史》、馬驌《繹史》、李錯《尚史》、顧棟高《春秋大事表》等專著，
基本上也是在各自的主題、方向之下，蒐羅敘史文獻中各種徵引典故的文例，
但也正因已存有既定主題或分類，故多以整理資料、綜論大要為主，對個別
典故及其語境的詳細分析，仍顯得較欠全面。

　　復次，本文希望盡量就上述較少論及的第三個「敘事」〔註44〕層次進行論
析，亦即由敘事學的角度切入，更仔細地考量「敘事者」的立場與意向。「敘
事學」一般而言，最初多應用於小說領域，近年來中外學者亦開始採用此一觀
點進行史學與中國傳統文獻的研究，如王靖宇《中國早期敘事文研究》，即採
用敘事學理論對《左傳》進行分析，〔註45〕張素卿先生《敘事與解釋——左傳
經解研究》一書即詳明、細緻地探討《左傳》之敘事意涵與解經的密切關係與
意義，實際上也揭示了敘事學對於傳統經學研究的助益與可能性，〔註46〕業師

〔註43〕 汪中：《汪中集》，頁55～57。
〔註44〕 關於「敘事」一詞之義涵，可參考張素卿先生：《敘事與解釋——左傳經解研究》
　　　　 所概括：「敘述事蹟之終始本末以表現其發展脈絡的一種文體。這種文體可以自
　　　　 由發揮想像，造事傳奇；也可以依據實錄，撰述歷史人物之行事。」（頁29）張
　　　　 先生並詳細爬梳了啖助、劉知幾、真德秀、劉熙載等中國學術傳統上對「敘事」
　　　　 一詞的論述，指出「古代學者論及『敘事』，通常與歷史撰述有比較密切的關係」
　　　　 （頁29～30）並將其與西方之narrative、fiction等詞彙進行比較論述。
〔註45〕 王靖宇：《中國早期敘事文研究》（臺北：中央研究院《中國文哲專刊》之15，
　　　　 1999年）。
〔註46〕 另可參考氏著：〈從《左傳》敘事論中國史傳研究的一個發展方向〉（《全球化
　　　　 下中華文化的發展研討會論文集》，頁155～183，香港：香港中文大學，2003

李隆獻先生近年來亦致力於《左傳》、《國語》乃至出土文獻的各種敘事分析，
〔註47〕另外如過常寶、〔註48〕傅修延、〔註49〕潘萬木〔註50〕等學者，亦就不
同的角度探討先秦歷史散文的敘事特質。西方學界則有美國學者李惠儀從敘
事角度詮解《左傳》，〔註51〕諸家可說均有豐碩而發人深省的成果。進一步來
說，敘事學除了是能夠應用於史學或小說分析的一種理論外，實際上也同時
是一種面對文本的詮釋態度與觀點，亦即揭示出每種話語、各個文獻背後的
敘事立場，進而論析其爲何有此表現、闡明其意義，而能不囿於其表面的陳
述，或過度執著於孰是孰非：而當吾人必須處理多種不同背景、型態之文本，
並進行理解與詮釋時，敘事學的態度與觀點當爲必要的研究方法之一。就敘
事學的觀點——尤其是近代後設史學——而言，即使是看似客觀的歷史書
寫，背後仍具有作者的主觀運作，換言之，我們所見的歷史文獻如《左傳》、
《國語》等書，並不是單純地保存各種資料的倉庫，而是經過書寫者的主觀
／史觀進行選擇、篩汰、營構、鋪排而後形成的敘事作品。〔註52〕以此立場

年 5 月）。

〔註47〕 可參考李隆獻、蔡瑩瑩：〈《左傳》弒君人物敘事舉隅—以趙盾、崔杼爲例〉（《國
文學報》第 48 期，頁 1～34，2010 年 12 月）；李隆獻：〈先秦傳本／簡本敘
事舉隅——以「三郤之亡」爲例〉（《臺大中文學報》第 32 期，頁 147～196，
2010 年 6 月）、〈敘事理論與實踐——以《左傳》爲對象・敘論〉（2008 年 4
月 12 日「經典詮釋教學與研究方法座談會」宣讀）、〈《左傳》「仲尼曰」敘事
芻論〉（《臺大中文學報》，33 期，頁 91～138，2010 年 12 月）、〈從《左傳》
的「神怪敘事」論其人文精神〉（北京大學中國古文獻研究中心編：《北京大
學中國古文獻研究中心集刊・第九輯・中國經典文獻詮釋藝術學術討論會論
文集》，頁 155～176，2010 年 6 月）、〈《左傳》的「隱語」與隱語敘事〉（「經
學與文學國際學術研討會」，國立臺灣大學中國文學系主辦，2012 年 3 月 16~18
日）、〈先秦敘史文獻「敘事」與「體式」隅論：以晉欒氏之滅爲例〉（宣讀於
「先秦兩漢出土文獻與學術新視野國際研討會」，國立臺灣大學中國文學系主
辦，2013 年 6 月 25～26 日，《會議論文集》，頁 7～38。）諸文。

〔註48〕 過常寶著有《原史文化及其文獻研究》（北京：北京大學出版社，2007 年）與
《先秦散文研究——早期文體及話語方式的生成》（北京：人民出版社，2009
年）二書，乃結合社會文化、宗教信仰等層面爲切入，論析《左傳》與《國
語》的敘事特質與形成背景。

〔註49〕 傅修延：《先秦敘事研究——關於中國敘事傳統的形成》（北京：東方出版社，
1999 年）。

〔註50〕 潘萬木：《左傳敘述模式論》（武漢：華中師範大學出版社，2004 年）。

〔註51〕 李惠儀：*The Readability of the Past in Early Chinese Historiography* (Cambridge:
Harvard University Press, 2007)。

〔註52〕 對於西方敘事理論之介紹，以及吾人如何引介、運用敘事學之觀點分析、詮

觀之，則在分析文本中的論說者如何徵引典故、針對何種情境與人士發言、又該典故發揮效用與意義之外，我們尚須留意的是，《左傳》、《國語》等史冊的敘事者／作者，保留、紀錄、甚至有可能增刪、剪裁這些論說及其徵引典故的篇章，將會達到何種敘事上的意圖或傾向。

綜而言之，本文所欲在各種前賢研究基礎上進行補充的，正是運用先秦敘史文獻敘事詳明的體裁特色，企圖針對下述內容做出分析與詮釋：一、徵引典故的具體語境；二、典故本身在言論中的意義與效用；三、言說者徵引典故的意圖與觀念；四、敘事者的書寫觀點或立場對論說與徵引典故的影響；五、在上述基礎上，吾人應如何看待徵引典故及其延伸出的各類學術議題。以下略述本論文之章節結構與概要的研究內容。

第六節　章節述略

以下章節安排，係依據本文界定之「典」與「故」，分別探論《左傳》與《國語》中徵引《易》、《詩》、《書》與各種歷史事件的論說文例。由於《易》、《詩》、《書》與歷史事件，在《左傳》、《國語》中的數量、意義、性質上均有不一；又承上所述，由於徵引典故往往涉及個別經典研究、史學研究等方面的議題，故對於《易》、《詩》、《書》、史事涉及其書、其事本身之前人研究成果，〔註53〕也有數量多寡、領域議題之別，故每一章節之切入議題角度或有小異，對前人研究的回應亦將依據各種文獻性質與學術史背景而有所不同，然要皆以《左傳》、《國語》徵引「典」、「故」之語境與敘事意義的論析為基礎，並以其中所呈現的論說風氣、趨勢為焦點。茲略述各章之主題與論述方式如下：

本文第二、三章先討論「典籍」，亦即《易》、《詩》、《書》在《左傳》、《國語》中徵引、運用的現象、特色與意義。第二章〈尚辭與尚占：《左傳》、《國語》引《易》論析〉討論《左傳》、《國語》中徵引《易》例的類型、特色與價值。第一節綜述歷代對《左》、《國》之《易》例的評價、運用與討論。第二、第三節則分別針對《左傳》、《國語》中「徵引《易》文為論據」與「易

解中國傳統敘史文獻，可參考李師隆獻：《敘事理論與實踐——以《左傳》為對象‧緒論》一文。
〔註53〕如前文所述《易》學上的象數、義理之辯，《詩》學上之賦《詩》引《詩》特色，史學上的古史辨研究等議題，均於其個別章節中討論。

占與卜預敘事」二大不同的徵引方式進行討論，並在此基礎上，進一步回應前賢對於先秦《易》例之「卜筮」與詮釋等相關議題，指出：第一、徵引者以《易》文爲論據，故重在論述道德，故對《易》之解釋往往斷章取義，而非探求「本義」；第二、占筮者雖或用於預言吉凶，但仍緊扣道德人事爲言，故占筮結果亦存在彈性、自由的詮釋空間，並非迷信神異。第四節則進一步援引其他先秦《易》說，佐證《左傳》、《國語》所引《易》例之特色並非孤立現象，而是在逐漸興起的談辯論説風氣下，對經典產生出自由、涵容的詮釋風格。第五節則略述《左》、《國》引《易》的風格特色在後世逐漸式微的可能原因。

由於《詩》、《書》之研究，前賢已有甚爲豐富的成果，又二者時常並稱，故本文之第三章〈徵史與明德：《左傳》、《國語》稱引《詩》、《書》論析〉將合併討論《詩》、《書》二部經典，在第二章的基礎上，進一步考察在《左》、《國》所載春秋時期《詩》、《書》在各種言論與語文活動中的作用，又發揮何種可能的敘事效用。第一節論述關於《左傳》、《國語》稱引《詩》、《書》的不同研究概況與偏重。第二節在統整前賢對《左》、《國》稱《詩》研究的基礎上，補充論述《國語》之引《詩》常有結合其相關歷史背景爲說，而不僅取其文字表面意義的「論《詩》」特色，並討論《左傳》中各種稱《詩》的形式與意義，指出《左》、《國》二書因性質不同，所載錄之稱《詩》在論述內容與形式上，均有不同的意義。第三節則討論《左傳》、《國語》中徵引《書》文的事例，首先比較稱引《詩》、《書》有何異同之處，進而指出引《書》往往也有與相關史事相互配合、闡發的論述特色，並討論《書》在春秋時期的性質與意義。第四節則就前二節進行比較與論述，先總結《左傳》、《國語》稱引《詩》、《書》的言論風格特色與意義；再結合上章對引《易》的討論，綜述《易》、《詩》、《書》三部經典，在《左傳》、《國語》所載之語用情境中，其效用與意義有何異同。第五節則透過上述觀察與論述基礎，進一步嘗試討論其他先秦諸子文獻中稱引、論述《詩》、《書》的特色，並與《左傳》、《國語》所載相互參證、比較，嘗試推論先秦徵引《詩》、《書》此一語文現象可能的風尚流變趨勢。

第四、五章則討論各種「故事」、「史事」的徵引現象，因其篇幅、文例均長篇而多樣，故以「古史」與「近、當代史」爲判，別爲二章論述。第四章〈《左傳》、《國語》徵引史事論析：古史篇〉以《左傳》、《國語》「徵引古

史」的論說現象、方式爲主要論述主題。第一節首先略述春秋時人重視歷史的態度與特色，次則界定「古史」與「近當代史」的時代分界，並略論其所涉及相關學術議題與面向。第二節則說明《左傳》、《國語》中的「古史」素材與近代「古史辨」學派所論的上古史議題有所相關處，並略述「古史辨」學派觀點研究此類古史的得失。第三節就《左傳》、《國語》徵引單一古史的特色進行論述，分爲三類：古史內容之詳略異同與意義、講論古制之特色、特殊事例之分析。第四節則討論《左》、《國》鋪排多則古史的論說意義，先比較論述二書鋪陳多起古史之異同與論說效用，並透過比對《尚書》、《逸周書》等文獻，推論「鋪陳史事」之論說方式可能具有的傳統言說背景，進而探論《左傳》、《國語》的敘事或體制之特色差異，對其徵引古史內容產生之影響。第五節則在前文論析基礎上，綜述《左傳》、《國語》徵引古史的特色與意義，並闡明《左》、《國》所載之古史，除承載歷史之外，亦作爲吾人研究先秦歷史觀念與論說風氣，乃至《左》、《國》之敘事與體制異同等不同學術議題的重要參照。

第五章〈《左傳》、《國語》徵引史事論析：近、當代史篇〉則討論《左傳》、《國語》所載時人言論中徵引其近、當代史事的現象，一方面承繼前章對「徵引古史」的討論，比較二者的差異；一方面也嘗試探討《左》、《國》所呈現出春秋時人文辭的特色與意義。第一節說明徵引「近當代史」的細部區分，徵引內容以「本國歷史」爲主的特色，同時也指出近、當代史事在春秋時人文辭中的應用層次，與古史有所不同。第二節討論《左傳》、《國語》所載時人言論中徵引近代史的現象，舉出典型的周文王、武王等事例，說明「近代史」在文辭中三種主要應用的類型：講論事理、論說制度與外交辭令，並論析歷史事件在不同論述目的中發揮的意義與特色。第三節則討論《左傳》、《國語》所載時人言論中徵引當代史的現象，透過晉文公流亡與復國、呂相絕秦等事例，說明「近代史」在春秋時人的運用與認知中，較之「當代史」或「古史」，較難運用於論說制度，卻在外交辭令中大放異彩的特色。第四節則討論某些特殊事例，指出這些事例在《左傳》、《國語》中雖屬孤例，卻或可與諸子論說有所呼應。第五節則綜合徵引「古史」與徵引「近、當代史」，比較並論述其特色與意義。

第六章〈結論〉，綰合上述各章之重點與研究成果，進一步綜述徵引各種「典故」對春秋時人之論說文辭具有何種意義，又發揮何種效用；以及透過

春秋時人對「典故」之詮釋與態度為切入，由此觀察《左傳》、《國語》所載春秋時期論說風氣的發展傾向與可能的時代特色。

透過上述的研究議題，本文冀望達到兩個面向的研究結果與目的：首先，就較為積極之面向而言，透過分析《左傳》、《國語》徵引各種「典」與「故」的言論，希望能歸納出春秋時期的論說風氣與傾向，以及春秋時人對於前代典範如何看待、運用，乃至與戰國時期有何異同。其次，就較為消極之面向來說，本文蒐羅並討論《左傳》、《國語》中徵引《易》、《詩》、《書》，以及各種歷史事件的文例資料，一方面可供未來進一步研究做為檢索之用，另方面對於引《易》、《詩》、《書》例的討論與語境分析，也可呈現出《左傳》、《國語》徵引這些經典的特色與概況，或也可供日後《易》、《詩》、《書》之研究時參考，使學人欲採用《左傳》、《國語》中之《易》例、《詩》說與《書》文時，或可稍免於以偏概全或者斷章取義之虞。

本文所引用之《左傳》、《國語》與《易》、《詩》、《書》等版本方面，凡引用《左傳》、《易》、《詩》、《書》等十三經處，皆據臺北藝文印書館，1976年景清・嘉慶 20 年（1815）阮元江西南昌府學之《十三經注疏》刻本；《國語》則據上海古籍出版社，1998 年點校三國・吳・韋昭《國語解》，其篇名、分章亦以韋昭注為主。另外，因引文數量眾多，為免繁瑣，故引及上述書目，僅於引文末註明卷數與頁碼，不另出注，讀者幸識之。

第二章　尚辭與尚占：《左傳》、《國語》引《易》論析〔註1〕

第一節　《左傳》、《國語》引《易》之學術意義與概況

　　《易》為群經之首，歷來討論、研究者甚眾，而就《左傳》、《國語》中載錄之引《易》素材而言，主要可開展出兩個層面的討論：其一為《易》學史上各種相關議題，其二則為涉及《左傳》、《國語》本身之評價及其載錄《易》文之評論與詮釋。以下分別論述議題概況，並略述前賢研究。

一、《易》學史研究之應用

　　《左傳》、《國語》中徵引《易》文的事例，實涉及許多《易》學史上的重要議題，諸如：《易》傳之源流與創作問題，《易》占筮儀如何實行，先秦《易》說較接近「象數易」或「義理易」等議題。面對這些議題，學者幾無不援引《左傳》、《國語》中引《易》的段落進行論述或說明。此種研究方法，可稱作「《周易》本位」的研究，即將《左傳》、《國語》中的《易》例當作可徵的史料，運用這些資料論述《易》學相關議題。以下略舉具代表性之研究。

　　首先，運用文例探究實際占筮方式、原則者，自朱熹《易學啟蒙》據《左》、

〔註 1〕 本章原名〈《左傳》《易》例重探——兼論先秦《易》說的特色與價值〉，發表於《中國文學研究》第 35 期，2013 年 1 月。本文據原文進行增補並重新編排章節。

《國》之《易》例以推定「筮儀」與變卦諸說時,即已採用此,此自然以《周易》為研究重心,將《左氏》易例作為佐證與參考資料之一。現代學者亦有類似的研究,多數仍為延續討論朱熹的變卦說,如何澤恆先生〈略論周易古占〉〔註2〕梳理《左傳》、《國語》易例,論證:《左傳》易占全引《周易》、朱熹卦變/爻變說有其根據、一爻變的現象有其數理根據等論題;朱伯崑《易學哲學史》第一章論及「《周易》中的占筮體例」時,也引述了《左傳》、《國語》中引《易》的段落。反對的意見則如夏含夷〈周易筮法原無「之卦」考〉,〔註3〕同樣舉證《左傳》,認為春秋尚無卦變之例,「本卦之卦」之說應起於戰國時代。

其次,討論《易》傳之源流與創作問題者,見諸各類《易》學史著作,學者也常提及《左》、《國》中涉及解《易》的言論,並用以對比《易》傳的內容。尤其關於《文言》傳,因襄九年《左傳》載穆姜對〈隨〉卦的論說與乾《文言》相似度極高,歷來頗受學者矚目,如朱伯崑《易學哲學史》第二章〈《易》傳及其哲學〉專章討論各《易》傳之形成年代,朱氏論及乾《文言》時,即認為乃由《左傳》「抄錄」而出。〔註4〕另外,除實際的文字內容外,也有學者進行思想層次的比對,如高亨〈左傳國語的周易說通解〉逐例述評《左》、《國》易例,認為其解釋牽強、迷信神權;然亦認為春秋時已開始為《周易》增添哲理因素,乃為十翼之先驅。〔註5〕

復次,則是運用《左》、《國》之《易》例回應《易》學史上重要的「象數義理之辨」議題。最具代表性的著作為屈萬里先生《先秦漢魏易例述評》一書,該書以時代為序,細密整理、分析先秦至漢魏各種《易》例,並明其源流衍變。論及《左傳》、《國語》引《易》處,屈先生以「據象數」、「據義理」之詮《易》原則為判,指出就「辭義」推說者,大體不離〈彖〉〈象〉、〈文言〉,就「象」說者,則「實開漢人以象數說易之先河」,然大體上,屈先生仍以為先秦《易》例,多重視「見諸行事」的實際政教效用,而沒有漢魏以降象數詮解愈多、變幻愈繁之弊。

〔註2〕 文載《國立編譯館館刊》12卷1期(1983年6月),頁51~63。收入氏著:《先秦儒道舊義新知錄》(臺北:大安出版社,2004年)。
〔註3〕 收錄夏含夷:《古史異觀》(上海:上海古籍出版社,2005年),頁279~286。
〔註4〕 朱伯崑:《易學哲學史》(北京:華夏出版社,1995年)。
〔註5〕 高亨:〈左傳國語的周易說通解〉,收錄於黃沛榮編:《易學論著選集》(臺北:長安出版社,1985年),頁389~424。

　　綜而言之，上述研究方向與成果，不論是討論占筮原則，分析哲理思想之演變、或關於象數與義理之辯論，又不論其意見之正反，乃皆以《周易》／《易》學爲論述本位，《左傳》、《國語》僅爲佐證之「史料」而已，而其侷限正在於：既以討論《易》學問題爲主，則再無足夠篇幅仔細討論《左》、《國》之《易》例在其敍事語境中的效用、詮釋與意義。

二、《左傳》、《國語》引《易》內容之評價與學術議題

　　上文略述幾項以《周易》爲本位的研究，本小節則續論各類論述《左傳》、《國語》之性質特色與其引《易》相關的論點，亦即「《左傳》、《國語》本位」的研究。實際上，此類研究通常不僅針對《易》占，而是廣泛的分析《左傳》、《國語》中各種夢、災異、星象等帶有神祕色彩的素材。此則選取一二較具代表性，或與引《易》內容較爲相關的前人研究成果述論之。

　　歷來學者對於《左》、《國》中涉及《易》占或卜筮者，意見可說正反不一，不過大部分集中在對《左傳》的評論上，故此處暫以《左傳》爲主進行說明。其中，最著名也最爲人所熟知的評論，應爲晉・范寧《穀梁傳・序》提出的論述：

　　　　《左氏》豔而富，其失也巫；《穀梁》清而婉，其失也短；《公羊》辯而裁，其失也俗。〔註6〕

所謂「巫」，楊士勛《疏》云：

　　　　「其失也巫」者，謂多敍鬼神之事，預言禍福之期，申生之託狐突、苟偃死不受含、伯有之屬、彭生之妖是也。〔註7〕

「巫」可廣泛的指涉先秦時期各種「敍鬼神之事，預言禍福之期」的內涵與活動，則卜筮、《易》占可說包含在內。從范寧此論延伸，則宋・歐陽脩與近人錢鍾書《管錐編》也對此多有議論、批評。另外，學者也頗有以《左傳》易例多有爭議而論證其「失之巫」的缺點，如宋代學者戴埴《戴氏鼠璞・左氏筮易》云：

　　　　易說變卦起於《左氏》……此十事更無重爻以上變者……豈一卦與一爻、變與不變者，其象純一，可以立論。姑假是致附會之言，不

〔註6〕楊士勛：《穀梁傳注疏》，頁9下。
〔註7〕同上注，頁10上。《後漢書》（臺北：鼎文書局，1981年）〈郎顗、襄楷傳・論〉「然而其蔽好巫」，章懷太子李賢《注》：「好巫謂好鬼神之事也。范寧〈穀梁序〉曰『《左氏》豔而富，其敝也巫』也。」（頁1085）

然，春秋二百四十二年之間，筮占之應，何無兩爻以上變者可書耶？

《左氏》失之誣，予於此得之。〔註8〕

戴氏並舉出十個《左傳》引《易》而僅「一爻變」的例子，其實已佔《左傳》易例的大多數，並質疑二百多年間怎可能所獲占例都僅有一爻之變，並因此批評《左傳》所記之「誣」。由此可見，《左傳》中的《易》筮確爲其遭受攻訐的眾矢之的，而引《周易》所產生的問題更容易爲學人注目。其實，此處涉及所謂的「占筮易」議題，在整個《周易》研究史中，「占筮易」有時很難歸入「易學」或「經學」的範疇，而既然不屬這些範疇，那麼也就須用另外的標準、思維模式看待、理解這些先秦占筮易例。就筆者觀察《左傳》、《國語》、《戰國策》所記諸占，仍應有其意義與文化內涵，本文即擬針對此點切入討論。

當然，對於所謂「左氏失也巫」，也有學者持相反的意見，認爲《左傳》仍以人事爲重，事涉神祕的卜筮預言等只是其論述道理的手段，而未輕易貶其爲「迷信」或「怪力亂神」。現代學者如李師隆獻〈從《左傳》的神怪敘事論其人文精神〉一文，〔註9〕亦秉此觀點，先梳理汪中、徐復觀、張端穗對《左傳》神怪敘事的不同觀點，進而暢論《左傳》雖敘鬼神，卻富蘊人文意涵；蔡妙眞《《左傳》中有關神異記事之研究》〔註10〕亦持此論。此一研究進徑，顯示出學者有意識地對先秦的占筮文化做出「同情的理解」，並且注意到敘事者——《左傳》作者——的意志也影響其《易》例的引用、敘述方式。然而，就筆者粗略觀察，此一研究目前爲止，未見結合《周易》文獻性質與《左傳》敘事意義而論述先秦卜筮文化的著作，美國學者 Kidder Smith 有〈《左傳》易例詮釋〉（*Zhouyi Interpretation from Accounts in the Zuozhuan*）一文逐例分析、歸納《左傳》中《易》例的特色，以及《左傳》徵引、運用《易》文之效用，〔註11〕可算是初步的研究，也有其獨到的觀察，然其文以討論《易》在士大

〔註8〕 宋·戴埴：《戴氏鼠璞》，收錄於王雲五主編：《叢書集成初編》（臺北：臺灣商務印書館，1935年，據宋·咸淳《百川學海》本排印），卷上，頁5。

〔註9〕 見本文第一章注49。

〔註10〕 蔡妙眞：《左傳中有關神異記事之研究》（臺北：政治大學中國文學研究所碩士論文，簡宗梧教授指導，1992年）。

〔註11〕 Kidder Smith: *Zhouyi Interpretation from Accounts in the Zhozhuan*, Harvard Journal of Asiatic Studies, Vol. 49, No. 2 (Dec., 1989), pp.421～463。（以下簡稱〈《左傳》易例詮釋〉）謹案：此文尚無中文翻譯，爲論述方便，凡徵引此文篇名與部分內容處，爲筆者暫時簡譯，請勿轉引。

夫辭令言談中的應用為主，對於《左傳》引《易》敘事上的分析仍嫌不足。是故章乃希望在這些研究成果的基礎上，進一步對《左傳》、《國語》引《易》做出較深入的分析與討論。

三、《左傳》、《國語》之《易》例統計與概況

　　先秦典籍論及《易》說者，以《左傳》所載最多、爭議亦最大。《左傳》引及《易》文者，共計十九則，〔註12〕學者論述這些《易》例時，通常以其徵引《易》文內容見於／不見於《周易》經、傳為出發點，然而，如同高亨與 Smith 氏曾經提及，〔註13〕就《左傳》記載中對《易》的運用而言，蓋有兩種情況：一類為實際進行占筮活動而得到某一爻辭，嚴格來說，此類方能真正被視為古人運用《周易》進行占筮的可信史料，《左傳》中共計十三則，而因為這類占筮事例中，卜筮者或問卜者仍有針對所獲《易》文之內容進行詮釋、分析、甚至預言等論說活動，可視為較特殊的徵引情境；另一類，則並無明確的占筮行為，而是單純在人物的談辯、勸說、評論中徵引《易》文做為言論的佐證，此類則與一般認知的徵引典故較無差異，而與卜筮活動不直接相關，《左傳》中計六則。此二類《左傳》引《易》的模式，在數量上約為2：1，直接徵引者雖較少，但相差也並未太過懸殊，同時我們也皆可從中察照先秦人對《易》的認知與看法。

　　另外，《國語》之內容，雖與《左傳》多有可互相參照之處，但其中《易》例僅有三則，且有二則涉及目前尚無法解釋的「皆八」、「之八」筮法，有其理解與詮釋上的困難，故本文不擬就此多做探討，僅在可供參考、比較時提出，不特立專節討論，故下文將以《左傳》為主要論述焦點，讀者幸識之。〔註14〕

〔註12〕此依何澤恆先生統計，見前揭文頁 53～57。Smith 氏計為二十二則，然其中二則僅出現「筮」字，顯示卜筮活動之進行，未引及《周易》；餘一例則為著名的韓宣子訪魯觀書，「見易象與魯春秋」事，去除此三例，與何氏統計完全相同。詳見本文〈附錄一〉。

〔註13〕高亨〈左傳國語的周易說通解〉以「用周易占筮人事」、「引周易論證人事」為兩類，並以占筮者為多，論述春秋時人「基本是從占筮的角度來利用周易，但已經開始從哲理角度來理解周易了。」（《易學論著選集》，頁 422）然高氏對「徵引周易」一類的資料並未多加著墨。Kidder Smith 則舉出六例「占筮」《易》例與四例「修辭」《易》例。

〔註14〕另可參考唐玉珍：《左傳國語引易考釋》（臺北：臺灣師範大學國文研究所碩士論文，賴貴三教授指導，1990 年），該書對「之八」之歷來詮解有較仔細之梳理與統整，該書取材範圍與本文類似而研究方向稍有不同，讀者可自行參

　　承上所述，本章之第二節與第三節將依據上述分類，分別論述《左傳》中「論說引《易》」與「占筮論《易》」兩種涉及引《易》的事例及其特色；同時也將析論《左傳》之敘事意圖，探討兩種引《易》模式在《左傳》鋪敘史事時產生的效用與意義。第四節則在對《左傳》諸《易》例分析的基礎上，進一步查考其他先秦典籍中引《易》的相關論述，略論先秦易說的特色與意義。

第二節　《左傳》論說引《易》事例論析

　　《左傳》中徵引《易》文的六條資料，分別在宣六年、宣十二年、襄廿八年、昭元年、昭廿九年、昭卅二年。這六條徵引《易》文資料的特色有三：

　　第一、如同 Smith 氏觀察，六條徵引《易》例時代均較晚，其應用、談論之主題也較廣泛，此可能反映出春秋末、戰國初談辯之風興盛的現象。〔註15〕然因資料有限，且各種資料都可能經過《左傳》作者之篩汰、潤色；且《左傳》文風在後六公固有較繁複、詳細之傾向，故是否可說徵引《易》文的情形在春秋早期便完全沒有，此筆者不敢遽論。

　　第二、《左傳》徵引《易》文的行文體例與實際卜筮載述判然不雜，對於《周易》之卦名、卦辭、爻辭，凡徵引者均稱「在」，凡卜筮者皆稱「遇」。〔註16〕徵引者如下：

　　1. 伯廖告人曰：「無德而貪，其在《周易》〈豐〉之〈離〉，弗過之矣。」（宣六年《左傳正義》，卷二十二，頁3～4）

　　2. 知莊子曰：「此師殆哉！《周易》有之，在〈師〉之〈臨〉，曰：『師出以律，否臧，凶。』」（宣十二年《左傳正義》，卷二十三，頁

讀。

〔註15〕Kidder Smith〈《左傳》易例詮釋〉一文中，將此類稱爲「修辭的」（rhetorical）《易》例，認爲：「《左傳》「修辭的」《易》例最早出現在宣公六年，距離穆姜與南蒯將近有一世代……《周易》的用途在春秋時期內有了快速的轉變：早期，《周易》占筮用以預測戰爭結果、婚姻、子嗣等重要事件；而在春秋末期，《周易》用於論述推斷病症，闡述龍的傳說，勸說上位者，以及評斷貪婪的公子，同樣也適用於道德論辯。這些例子代表讀者對文本有了嶄新的關係。」（頁441～449。）

〔註16〕《左傳》中引《易》卜筮者數量較多，不能一一列舉原文，請參考本文〈附錄〉以及本章第三節所論部分事例。

8～9）

3.《周易》有之，在〈復〉之〈頤〉，曰：『迷復，凶』，其楚子之謂乎！（襄廿八年《左傳正義》，卷三十八，頁22～23）

4. 在《周易》，女惑男、風落山謂之〈蠱〉。（昭元年《左傳正義》，卷四十一，頁28～29）

5. 不然，《周易》有之：在〈乾〉之〈姤〉，曰『潛龍勿用』；其〈同人〉曰，『見龍在田』；其〈大有〉曰，『飛龍在天』；其〈夬〉曰，『亢龍有悔』，其〈坤〉曰，『見群龍無首，吉』；〈坤〉之〈剝〉曰，『龍戰于野』。若不朝夕見，誰能物之？（昭廿九年《左傳正義》，卷五十三，頁7～9）

6. 在《易》卦，雷乘〈乾〉曰〈大壯〉，天之道也。（昭卅二年《左傳正義》，卷五十三，頁26～27）

凡稱「在《周易》／易卦」或「在某卦之某卦」者，觀其上下文義，均爲在言論中援引《易》文。此一文例至漢代猶然，董仲舒《春秋繁露》援引《周易》稱「其在《易》曰：『鼎折足，覆公餗』。夫鼎折足者，任非其人也，覆公餗者，國家傾也」，〔註17〕依舊如此行文。

　　第三、徵引《易》文者，乃以《易》爲其言論的「論據」，而非言論的「主題」，故往往未詳釋《易》文，反而應該說以《易》爲其註腳，此爲論辯話語中常見的情形，如上引第一則「其在《周易》豐之離」，指的是〈豐〉卦上爻：

豐其屋，蔀其家，窺其戶，闃其無人，三歲不見，凶。（《周易正義》，卷二十二，頁3～4）

言說者伯廖只是藉此說明「無德而貪」之「凶」，暗引《周易》而未將爻辭說出，如同先秦賦《詩》時偶稱「某篇之某章」，不需將全文引出，熟稔經典者自可會意。由此可見，至少在某些士大夫階層中，《周易》是其熟悉並可運用／援引於言談論辯，而可供話者與聽者意義溝通的典籍。上引第2、3則亦爲談論人物作爲的吉凶並援《易》文爲論據，較明確地將爻辭引出。

　　另外，上引第4與6兩則談論卦象，未引《易》文，但皆稱「在周易」、「在易卦」，可知其辭仍本於《易》，只是不以《易》爲主要論述對象，而另

〔註17〕漢・董仲舒：《春秋繁露》，收錄於嚴一萍輯選：《原刻景印百部叢刊集成》（臺北：藝文印書館，1966年），卷三，頁14。

有言論主旨。其中第 4 則「晉侯有疾」一事的言談方式尤可明顯見之，茲逐錄如下：

> 晉侯求醫於秦，秦伯使醫和視之，曰：「疾不可為也，是謂近女室，疾如蠱。非鬼非食，惑以喪志。良臣將死，天命不祐。」……（醫和）出，告趙孟。趙孟曰：「誰當良臣？」對曰：「主是謂矣。主相晉國，於今八年，晉國無亂，諸侯無闕，可謂良矣。和聞之，國之大臣，榮其寵祿，任其大節。有菑禍興，而無改焉，必受其咎。今君至於淫以生疾，將不能圖恤社稷，禍孰大焉？主不能禦，吾是以云也。」
>
> 趙孟曰：「何謂蠱？」對曰：「淫溺惑亂之所生也。於文，皿蟲為蠱。穀之飛亦為蠱。在《周易》，女惑男、風落山謂之〈蠱〉。皆同物也。」
>
> 趙孟曰：「良醫也。」厚其禮而歸之。（《左傳正義》，卷四十一，頁25～29）

醫和為晉侯診斷，自己說出一段判斷病情之韻語，[註18] 據此預告晉侯將死。晉國執政趙孟則進一步向醫和詢問「誰當良臣」、「何謂蠱」，希望知道此一「判詞」的細節如何解釋；醫和一一回答，援引《易》卦象的段落，即說明「蠱」的意義，〈蠱〉䷑卦〈巽〉☴下〈艮〉☶上，又六子卦中〈艮〉為長男，〈巽〉為長女，故稱「女惑男、風落山」。然而細察此段論述，此一卦象的說解，實際上僅是醫和診斷晉侯過度放縱女色乃致疾病的解釋之一而已，此前醫和已有「皿蟲為蠱」與「穀之飛亦為蠱」兩個解釋。若進一步觀察《左傳》對此事的敘述，在醫和之前，已有鄭子產對晉侯說明「男女辨姓，禮之大司也。今君內實有四姬焉，其無乃是也乎」，[註19] 指出晉侯內室方面，有娶同姓女的失禮、不節之處而導致疾病。就全段敘事言，先述時賢君子子產之語，再錄醫和診斷之詞，兩者言論有志一同、相互呼應。換言之，此事件可說分別

〔註18〕此段言語目前並無文獻可徵，應是醫和自為之詞。

〔註19〕見昭元年《左傳》：「晉侯有疾，鄭伯使公孫僑如晉聘，且問疾。叔向問焉……子產曰：『……僑聞之，君子有四時，朝以聽政，晝以訪問，夕以脩令，夜以安身。於是乎節宣其氣，勿使有所壅閉湫底以露其體，茲心不爽，而昏亂百度。今無乃壹之，則生疾矣。僑又聞之，內官不及同姓，其生不殖。美先盡矣，則相生疾，君子是以惡之。故《志》曰：「買妾不知其姓，則卜之。」違此二者，古之所慎也。男女辨姓，禮之大司也。今君內實有四姬焉，其無乃是也乎？若由是二者，弗可為也已。四姬有省猶可，無則必生疾矣。』」（《左傳正義》，卷四十一，頁20～25），關於此事例之詳細論述可見本文之第四章。

由子產與醫和爲主的兩大段言論／討論構成，而涉及《易》的部份只佔醫和言詞中的次要部份。

　　另一較著名的《左傳》引《易》之例，爲上引第五則蔡（史）墨論龍一事：

> 秋，龍見于絳郊。魏獻子問於蔡墨曰：「吾聞之，蟲莫知於龍，以其不生得也，謂之知，信乎？」對曰：「人實不知，非龍實知。古者畜龍，故國有蓑龍氏，有御龍氏。」獻子曰：「是二氏者，吾亦聞之，而知其故，是何謂也？」（《左傳正義》，卷五十三，頁3）

晉國執政魏獻子向史墨詢問關於龍的故實，並好奇是否因爲龍太有智慧故凡人不容易見到；史墨則援引歷史反駁「蟲莫知於龍」，認爲古人可以畜龍。獻子進一步詢問畜龍的二氏又是如何？史墨則講述一段古史：

> 對曰：「昔有飂叔安，有裔子曰董父，實甚好龍，能求其耆欲以飲食之，龍多歸之，乃擾畜龍，以服事帝舜，帝賜之姓曰董，氏曰蓑龍，封諸鬷川，鬷夷氏其後也。故帝舜氏世有畜龍。
>
> ……有陶唐氏既衰，其後有劉累，學擾龍于蓑龍氏，以事孔甲，能飲食之。夏后嘉之，賜氏曰御龍。……范氏其後也。」（《左傳正義》，卷五十三，頁3～4）

獻子則進而追問當世爲何無人畜龍，史墨答曰：

> 夫物，物有其官，官修其方，朝夕思之。一日失職，則死及之。失官不食。官宿其業，其物乃至。若泯棄之，物乃坁伏，鬱湮不育。故有五行之官……龍，水物也，水官棄矣，故龍不生得。（《左傳正義》，卷五十三，頁5～7）

指出乃因官職荒廢，而使與其職守相應之物也「鬱湮不育」；語末蔡墨再次強調古人曾得親見活生生的龍，遂引《周易》爲證：

> 不然，《周易》有之：在〈乾〉之〈姤〉，曰『潛龍勿用』；其〈同人〉曰，『見龍在田』；其〈大有〉曰，『飛龍在天』；其〈夬〉曰，『亢龍有悔』，其〈坤〉曰，『見羣龍無首，吉』；〈坤〉之〈剝〉曰，『龍戰于野』。若不朝夕見，誰能物之？（《左傳正義》，卷五十三，頁7～9）

此段徵引《易》爻辭的言語有幾個行文上的特點，第一爲徵引稱「在」，已如上文論述；第二則爲連續徵引一卦中各爻時稱「其」，如引〈乾〉卦九二稱「其

同人」，〈同人〉☰與〈乾〉☰只有第二爻陰陽相反，故稱〈同人〉可知指涉〈乾〉卦二爻。

史墨論龍此一事例，在《左傳》中可說相當特別，不僅說《易》，同時也產述古代之職官、歷史；同時，由於其多次稱引《易》文，美國學者夏含夷曾舉此事例，論證《周易》筮法原無「之卦」，其指出：

> 「其」所代替的「乾之」，非釋爲「乾的」不可。〔註20〕

夏氏並據此論證「之」字應視爲「普通的虛辭，即等於白話的『的』字」〔註21〕，並認爲這樣的用字現象是由於：

> 在《左傳》作成時代，因爲「初九」、「六二」等指定一個卦之某爻
> 的用語恐怕仍未開始使用，所以就用「卦（1）之卦（2）」這樣專用的
> 用語以指定一個卦的某一爻。〔註22〕

夏氏此論看似符合文句之釋讀，然仍有一些不能解釋之處：首先，對此一文例中「其坤曰」，即不能以白話釋爲「乾卦的坤」，因〈乾〉、〈坤〉二卦六爻完全不同，而其稱引者爲〈乾〉之用九，除用朱熹歸納出之卦變原則：「六爻變，則乾坤占二用」〔註23〕此解外，目前亦未見更圓滿的解釋。其次，夏氏認爲在春秋時期，「之」只是所有詞，而「往」義／動詞的「之」（即卦變時的之卦）乃戰國中晚期後起，其提出《左傳》中「某卦之某卦」乃指稱卦中之爻的用語，不涉及筮法，故其論證也多據徵引《易》者爲說；〔註24〕但如

〔註20〕見夏含夷：《古史異觀》，頁284。

〔註21〕同上注，頁280。

〔註22〕同上注，頁282。

〔註23〕朱熹著、王鐵校點：《易學啓蒙》（上海：上海古籍出版社，2002年），卷四，頁259。

〔註24〕夏氏文中以列表方式統計《左傳》的「占筮《易》例」，而其行文論述時主要則皆舉「徵引《易》」者爲說，得出上述結論後，方引用一則「占筮《易》例」。但徵引《易》者並未進行卜筮，「不涉及到任何筮法」（夏氏前揭文，頁282）或可說通，然夏氏並未詳論在《左傳》中佔多數的占筮《易》例既已進行卜筮，爲何也使用其所謂「與筮法無涉」的表述法；同時夏氏依然承認存在《周易》「原有的筮法」（只是堅稱並不包含今日所傳之卦變，見夏氏前揭文頁284、286），則夏氏論證「指稱卦中之爻」的「卦（1）之卦（2）」用語與其所謂「《周易》原有的筮法」是否有關，也尚待論證；若無卦變，則卜筮之人以何種其他方法獲致卦中之特定一爻，夏氏也並未提出自己的說法。又，本文投稿《中國文學研究》時，經不具名之審查委員提供寶貴意見指出：出土文獻中，與《左傳》年代相近的上博《易》簡，其中已見爻題。雖然上博《易》並非本文所論「言論之徵引《易》例」，但也可證爻題之出現並不非常晚，此亦可有

本小節所論，《左傳》中徵引與占筮《易》例皆稱「某卦之某」，不同處爲稱「在」表徵引，稱「遇」表占筮，而徵引《易》例者時代均較後，但卜筮行爲卻非常古老，則與筮法相關的「往」義之「之」未必後起。復次，稱引一卦之爻，自以「初九」、「六二」等較爲直觀的用語最爲便利，則古人爲何捨易即難？夏氏亦並未解釋。換言之，徵引《易》者，雖未進行實際的卜筮，但在卜筮活動相對盛行的先秦時期，我們可以想見，徵引《易》文爲論說者，除直接引用卦、爻文字外，仍可能沿用卜筮行爲產生的某些術語爲說，故吾人或也可反過來推論：古人已有將二卦相連指稱一卦中某爻的行文／言說成例──雖不能肯定是否完全切合今日推測出的卦變之法，但至少極爲類似──從《左傳》不論徵引或占筮《易》例中「某卦之某卦」的稱引方式可見，古人很早就開始思索、聯繫不同《易》卦間的關係，並以之形成一種表述、徵引的語言模式。進一步說，不同的兩卦之間，之所以產生關聯，最自然、也最可能的來源就是古老占筮行爲中的實際經驗；從卜筮中的實際演卦、得爻的稱述方法──即可能就是卦變說的「某卦之某」──進而形成了言論引述時的語言成例，這未嘗不是一種可能的現象。考訂筮法並非本文主題所在，此不擬深論，然透過前賢研究之相關討論，則可見先秦《易》例之「卜筮」與「論說徵引」間的關係相當值得探索，換言之，透過這些徵引《易》例可見，春秋時人論說中指稱卦爻的方式，或許正與卜筮行爲有較密切的關係，這可能說明了《周易》在春秋時期的實用性質與文用性質並存：春秋時人引《易》，一方面以「在」字區別、標明其爲徵引而非卜筮，然其指稱卦爻時又可能沿用卜筮術語。這與一般我們在《左傳》或《國語》中所見引用其他典籍時逕稱「詩曰」、「書曰」、「志曰」而不言「在」、「遇」頗有不同，或許表現了《周易》既是具有強烈實用性質的「卜筮之書」，同時又漸漸成爲士人研習閱讀、發揮義理的案頭文獻。

第三節　《左傳》、《國語》占筮引《易》及其卜預敘事策略論析

　　《左傳》中實際進行占卜──文中出現「筮」、「占」等動詞──並引及《周易》者共十三則。〔註25〕這十三則涉及《易》占的記載，亦有幾個值得

　　　效反駁夏氏之推論，特此致謝。
〔註25〕爲免繁瑣，此不一一詳列，可參本文〈附錄〉之 1.2.3.4.5.6.9.10.11.14.15.19.

注意的共同性：第一、除涉及戰爭、立嗣時的卜筮外，絕大部分屬於「補述」，亦即占筮記錄出現於所涉及事件「之後」，以「初」、「始」等補述之詞，帶出事件之前曾有過的卜筮紀錄；〔註26〕第二、占筮之巫史人員往往先自行講說一段帶有預言性質的話語（通常爲韻語），將《易》文融入實際情境、狀態之中，而並非以講解《周易》爲主；第三、承前述，占筮之人或解易之人對《易》文內容的詮釋，傾向於配合其預言情境，風格較爲自由彈性，並非如現代治經學者字句本於經典，講究「原意」。

　　上述特性，可以推衍出三方面的觀察：首先，就歷史文化的考查言，可大略地說，在《左傳》的時代，人們對於卜筮確實重視、並經常使用，但僅以此十三則作爲可資之史料──或者加入上述六則徵引事例爲十九則──並不夠多，亦非本文論題，暫且不表；其次，就《左傳》本身的敘事策略言，則必須仔細分析其「如何」敘寫這些占筮紀錄，如上文提及的「補述」爲何經常在敘述卜筮事件時出現？卜筮對於事件的作用爲何？《左氏》又希望藉此傳達何種意義？此則爲本節重點；復次，就《周易》本身的性質而言，是否在《左傳》的時代，如朱熹所言「只是作卜筮之書」，又或者從這些春秋人物談論、應用的《易》例中，也已能夠「說道理」？〔註27〕此則爲本章第三節所欲管窺者。以下先略舉三例說明《左傳》易占與卜預的敘事策略：

一、懿氏卜妻陳公子敬仲，預言陳將有齊

　　莊廿二年《左傳》載陳公子敬仲因國內動亂而奔齊，齊侯對其禮遇有加，然公子敬仲則相當謙讓：

> 齊侯使敬仲爲卿。辭曰：「羈旅之臣幸若獲宥，及於寬政，赦其不閑於教訓，而免於罪戾，弛於負擔，君之惠也。所獲多矣，敢辱高位以速官謗？請以死告。詩云『翹翹車乘，招我以弓。豈不欲往？畏

條。

〔註26〕見本文〈附錄〉，其中第 4.6.9.19.與戰爭攻伐有關，爲即時的卜筮；第 15 爲卜立國君；約有八則明顯屬於事後補述。

〔註27〕宋‧朱熹：《朱子語類》：「據某解，一部易只是作卜筮之書，……若曉得某一人說，則曉得伏羲文王之易本是作如此用，元未有許多道理在，方不失易之本意。今未曉得聖人作易之本意，便先要說道理，縱饒說得好，池錄云「只是無情理」──只是與易元不相干。」（臺北：中文出版社，1984 年，景國立中央圖書館藏明成化九年江西藩司覆刻宋咸淳六年導江黎氏本），卷六十六〈易二〉，頁 8～9。）

我友朋。』」使爲工正。

飮桓公酒，樂。公曰：「以火繼之。」辭曰：「臣卜其晝，未卜其夜，不敢。」

君子曰：「酒以成禮，不繼以淫，義也；以君成禮，弗納於淫，仁也。」（《左傳正義》，卷九，頁22～23）

《左傳》刻意敘述陳公子辭卿位、拒夜宴二事，透過特殊事件與人物間的互動、對話，刻畫出陳公子的敬愼與知所進退，並以「君子曰」讚其「仁」、「義」。敘述至此，敬仲的戒愼與恭謹如在讀者目前，實不需再置一辭，然而《左傳》又補述一卜筮紀錄：

初，懿氏卜妻敬仲。其妻占之，曰：「吉。是謂『鳳皇于飛，和鳴鏘鏘』。有嬀之後，將育于姜。五世其昌，並于正卿。八世之後，莫之與京。」

陳厲公，蔡出也，故蔡人殺五父而立之，生敬仲；其少也，周史有以《周易》見陳侯者，陳侯使筮之，遇〈觀〉之〈否〉，曰：「是謂『觀國之光，利用賓于王』。此其代陳有國乎？不在此，其在異國，非此其身，在其子孫。光，遠而自他有耀者也。〈坤〉，土也；〈巽〉，風也；〈乾〉，天也。風爲天於土上，山也。有山之材，而照之以天光，於是乎居土上，故曰『觀國之光，利用賓于王』。庭實旅百，奉之以玉帛，天地之美具焉，故曰『利用賓于王。』猶有觀焉，故曰其在後乎！風行而著於土，故曰其在異國乎！若在異國，必姜姓也。姜，大嶽之後也。山嶽則配天。物莫能兩大。陳衰，此其昌乎！」

及陳之初亡也，陳桓子始大於齊；其後亡也，成子得政。（《左傳正義》，卷九，頁23～27）

本段涉及的卜筮紀錄分兩部份，第一部分是「懿氏卜妻敬仲」，沒有明顯運用《周易》爲占的跡象，卻有一段卜人自爲之詞，即「鳳皇于飛，和鳴鏘鏘」云云一段韻語，說明敬仲的後世將昌盛，妻之極佳；第二部分則述及厲公在位、敬仲年少時，周史筮得吉占及其解釋之辭，此處明確涉及《周易》占筮。另外值得注意的是，本段有三個時間點：一是「懿氏卜妻敬仲」，應在敬仲出奔前，二是其年少時；前二者爲追述之詞，並出現占卜。第三則探下預敘陳國之滅亡，時間在魯昭、哀年間。

承上所論，此年之後即不再有對陳公子敬仲的敘述，故至《莊廿二年・左傳》為止對敬仲的描寫，就是讀者判斷其形象的全部依據。若將《左傳》對敬仲的描寫，與其後補充的卜筮紀錄依時間排序，其順序應為：「敬仲少時之占筮→懿氏卜妻敬仲之預言→陳國內亂、敬仲奔齊→與齊侯應對諸事→五世後陳亡，敬仲子孫在齊得政，符應預言」，然而《左傳》卻變動了時間的順序，將涉及卜筮與預言的部份挪移在諸事件之後，換言之，即先將敬仲實際的經歷、行為敘寫完畢，才寫關於卜筮、預言徵驗之事。這一次序變動的意義，可從兩方面詮解：首先，就敘述重心言，敬仲遭遇內亂、奔齊後的作為乃是敘事聚焦所在，「君子曰」則是對敬仲的總體評價，至此可謂敘述完整，而後再寫卜筮相關的部份，毋寧近似一種補充的「附錄」，並非焦點所在。其次，就敘事的效用言，讀者先見到公子敬仲的恭謹與「仁、義」，再讀到關於卜筮預言云云的補充，實際上，敘述「卜筮」的作用，乃證成敬仲的德性，並未喧賓奪主，掩蓋其風采；試想《左氏》若欲宣染預言之神準、卜筮之不可逆，則應先敘卜筮預言，再寫人物行為以證成預言，這樣的例子《左傳》並非沒有，著名的楚平王「當璧」一事，在平王即位前 26 年即已預言——當時不僅平王尚無作為可述，連平王前的靈王都尚未繼位〔註 28〕——如此方能有效見出卜筮之神奇，而非事件完結後才補充的「後見之明」。

二、韓簡批判晉惠公迷信嫁伯姬於秦之筮

進一步言之，《左傳》將人物在現實世界中的作為敘寫在前，其後方補錄與其人相關的卜筮紀錄，這一次序本身即已說明了《左傳》重視「人事」更勝於鬼神的基本態度。《左傳》中涉及卜筮並倒置時間次序的敘事手法還有楚昭王之死、豎牛之禍等例，〔註 29〕讀者均先認識到人物的德行／作為，對其人格、形象有所認識，才看到附錄於後的卜筮紀錄證成其經歷之事件或德行之品質。此種敘寫方式，還可明顯見於僖十五年的秦晉韓之戰，本事件有兩則《周易》卜筮，前一則提及卦名，然占辭內容不同今本《周易》，後一則在晉國戰敗之後追述，僖十五年《左傳》載：

〔註28〕事見昭元年《左傳》，時楚靈王尚為令尹而未篡位時，鄭子羽即言「當璧猶在」，指令尹（靈王）雖能篡位，然平王（當璧者）必繼之為王，子羽此一預言的時間點，甚至早於《左傳》實際敘述當璧之事（見昭十三年《左傳》）。
〔註29〕分見昭四～五年，文長不錄。相關論述可參李師隆獻：〈左傳「仲尼曰」敘事芻論〉。

晉侯之入也，秦穆姬屬賈君焉，且曰「盡納群公子」。晉侯烝於賈君，又不納群公子，是以穆姬怨之。晉侯許賂中大夫，既而皆背之。賂秦伯以河外列城五，東盡虢略，南及華山，內及解梁城，既而不與。晉饑，秦輸之粟；秦饑，晉閉之糴，故秦伯伐晉。……（晉）三敗及韓。……壬戌，戰于韓原。晉戎馬還濘而止。……秦獲晉侯以歸……。（《左傳正義》，卷十四，頁 2～6）

初，晉獻公筮嫁伯姬於秦，遇〈歸妹〉之〈睽〉。史蘇占之，曰：「不吉。其繇曰：『士刲羊，亦無衁也；女承筐，亦無貺也。西鄰責言，不可償也。』〈歸妹〉之〈睽〉，猶無相也。〈震〉之〈離〉，亦〈離〉之〈震〉。為雷為火，為嬴敗姬。車說其輹，火焚其旗，不利行師，敗于宗丘。歸妹睽孤，寇張之弧。姪其從姑，六年其逋，逃歸其國，而棄其家，明年其死於高梁之虛。』」（《左傳正義》，卷十四，頁 8～11）

由上文可知，《左傳》在記敘「韓之戰」的起因，首先詳列晉侯之失，共有：不納群公子、烝賈君、詐賄晉大夫與秦伯而皆不守信、對秦輸粟恩將仇報等數起罪責，這些才是「秦伯伐晉」的主要原因；如此敘述中，讀者可確切認識晉惠之失信與晉庸，而因為國君之品德缺失與錯誤作為引爆的兩國大戰，可說全由「人禍」造成。晉惠公被俘至秦，幾有稱臣之辱，幸得其姐穆姬（伯姬）說情，方得歸國；諸事敘畢之後，《左傳》方追述上引第二段的卜筮紀錄，值得注意的是，史蘇依據筮得之卦所做的預言中，「車說其輹」、「姪其從姑」、「六年其逋」都準確符應《左傳》所述史事，「明年其死於高梁之虛」甚至探下預敘，諸般吻合實在不可思議，此處不排除有經《左傳》作者潤飾的可能。然而，儘管此一卜筮預言神準無比，終究只是補述之筆、後見之明，且透過《左傳》對「韓之戰」起因完整詳細的敘述，讀者實可見出戰爭爆發與晉惠見俘，都是由於晉惠的失德，而絕非緣於此一卜筮。同時，《左傳》復以另一段敘述，正面而直接地否定了卜筮對人之命運的影響：

及惠公在秦，曰：「先君若從史蘇之占，吾不及此夫！」韓簡侍，曰：「龜，象也；筮，數也。物生而後有象，象而後有滋，滋而後有數。先君之敗德，及可數乎？史蘇是占，勿從何益？《詩》曰：『下民之孽，匪降自天。僔沓背憎，職競由人。』」（《左傳正義》，卷十四，頁 11～12）

晉惠被俘之後，想起當初晉獻之占，其態度顯然是怨望晉獻未從占筮，才害自己狼狽至此，可謂毫無反省能力；韓簡此時毫不留情指責惠公，其言論大意乃由龜筮原理出發，指出「筮」基本上以「數」爲基礎──如揲蓍演卦乃依據一定數理原則推演得卦，卦爻次序亦蘊含數字概念等──然而晉獻之「敗德」已超過「數」能夠算得清楚的極限了，故以「數」筮得之卦自然不足爲據，以今語譯之，猶言其罪多如天文數字，數也數不清之意。韓簡如此指責當然過於誇張，但確實傳達出重視「人事」勝過「天數」的思維，強調的是在人力可及的範圍之內，修德行義，方能積極的防範未然；相反的，惠公對自身的行爲不加深思反省，遭致災殃後才消極的懊悔於卜筮，被《左傳》痛切批評，而補述此則占筮，也更加將晉惠無能、卸責的面目刻劃得淋漓盡致，《左氏》透過此則占筮讓人物形象更加完整、飽滿，也可說是另一種積極的作用。此段敘事與言論，相當明顯地對盲目相信卜筮之人提出批判，蓋可稍息所謂《左傳》「宣揚迷信」之論。

三、子服惠伯推翻南蒯枚筮之吉

借敘事中其他人物之口，批判以卜筮爲藉口而不願爲自身過錯負責的例子，還有著名的南蒯之叛一事，昭十二年《左傳》載：

> 南蒯……以費叛如齊……。

> 南蒯之將叛也，其鄉人或知之，過之而歎，且言曰：「恤恤乎，湫乎攸乎！深思而淺謀，邇身而遠志，家臣而君圖，有人矣哉！」南蒯枚筮之，遇〈坤〉之〈比〉，曰：「黃裳元吉」，以爲大吉也。示子服惠伯，曰：「即欲有事，何如？」惠伯曰：「吾嘗學此矣，忠信之事則可，不然，必敗。外彊內溫，忠也；和以率貞，信也，故曰『黃裳元吉』。黃，中之色也；裳，下之飾也；元，善之長也。中不忠，不得其色；下不共，不得其飾；事不善，不得其極。外內倡和爲忠，率事以信爲共，供養三德爲善，非此三者弗當。且夫易，不可以占險，將何事也？且可飾乎？中美能黃，上美爲元，下美則裳，參成可筮。猶有闕也，筮雖吉，未也。」（《左傳正義》卷四十五，頁31～33）

引文「南蒯之將叛也」以下，已屬事後追述，讀者已知事件經過，當然也已經產生對南蒯其人的評價。此處的卜筮紀錄與其說是預言南蒯之叛，不如說

是借此表現、刻劃南蒯的形象：「枚筮」之作賊心虛，〔註30〕得「元吉」便有恃無恐的迷信與囂張，當然還有借子服惠伯論「忠信之事則可，不然，必敗」道破其陰謀。另外可注意的是，子服惠伯對爻辭的解釋，其刻意將「黃」、「裳」、「元」分別訓釋，對應「中不忠」、「下不共」、「事不善」，明顯是針對南蒯而提出的批判，指其為臣不忠、居下不恭、欲行不善，於是竟能把爻辭之「吉」逆轉為凶象，這樣的解《易》方式顯然具有個別性與時效性——即若非南蒯其人、非「將叛」之時，對「黃裳元吉」的解釋就有可能不同——此顯然與後世研習經典者追求所謂「確詁」、「本義」的進路頗為不同。類似的例子還可見於《國語・晉語四》「重耳親筮得晉國」章：

> 公子親筮之，曰：「尚有晉國。」得貞〈屯〉悔〈豫〉，皆八也。筮史占之，皆曰：「不吉。閉而不通，爻無為也。」司空季子曰：「吉。是在《周易》，皆利建侯。不有晉國，以輔王室，安能建侯？我命筮曰『尚有晉國』，筮告我曰『利建侯』，得國之務也，吉孰大焉！……得國之卦也。」（《國語》，卷十，頁362）

此例涉及「皆八」筮例為何的問題，目前眾說紛紜，此無法詳論。不過可以看到的是，同一占筮，卻有「筮史皆曰不吉」與司空季子「利建侯、得國之卦」兩種極端的結果。同一占筮而分別有大吉與大凶兩種詮釋，與「南蒯之叛」的《易》例解釋有異曲同工之妙，唯一的差別只是子服惠伯乃「化吉為凶」而司空季子則「轉凶為吉」罷了。這正說明了，即使傳統占筮可能有其判別吉凶之成法，但解釋者仍有以己意詮解以達勸說之效的自由。

綜合上述《左傳》中「徵引《易》文」與「卜筮《易》例」二類資料，可以概見春秋時期士人階層對《周易》的運用與特質。首先，由徵引《易》文作為談辯論據的現象觀之，我們可以說至少在士階層中，《周易》不只是做為卜筮之用，而是如同《詩》、《書》般可資援引，並具有相當權威性的典籍。不過必須辨明的是，由於其語境乃論說某些道理、或評議特定人事，並非專研《周易》，故其對《易》文的詮釋方向與立場，往往針對特定議題、對象，故不宜遽將這些零星的徵引與解釋，等同於後世所謂的「義理易」；換言之，《左傳》中的人物引《易》，重點在運用於人事以達到勸善、遊說、

〔註30〕 案：「枚筮」，杜注：「不指其事，泛卜吉凶」（《左傳正義》，卷四十五，頁31），即不對卜者明言所欲卜筮之事，而僅泛問吉凶，可見其作惡而不欲人知之心態。

論理等目的，而非研討經典、創立家派，自然沒有後世所謂「合於原義」或是「哲學體系」的問題，高亨〈左傳國語周易說通解〉曾指《左》、《國》之《易》說「支離破碎、牽強附會之處，往往而有」，「有時與《周易》的原義不合」，〔註 31〕其實，若我們考慮到論說者使用經典的目的及其論說語境、意圖，自然是可以同情理解這些現象，同時也可不必以後世標準、觀念評議《左傳》中各種對《周易》的運用。

其次，由《左傳》中實際進行占筮之易例觀之，則可見到一種更自由、無拘束的詮《易》方式，占筮或解《易》之人，或自造韻語以結合《易》文，或變易訓詁吉凶以符合時事，同時大部分也有寄託的意義——甚至連《左傳》本身對卜筮事件的安排、運用，也有其敘事意圖。至於其解說依據是卦象、卦辭或爻辭？又是本卦或之卦？其論述方向究竟偏於取象、取數或取義？據高亨的統計，結果是幾乎每項皆有，〔註 32〕很難看出一貫的規律或立場。這些錯綜紛呈的結果，只顯示出學者對於春秋時人引《易》現象，預設了一個不適合的目的，換言之，如果我們認定《左傳》中引《易》是為了研討經典、建立思想體系，那麼確實按這些標準看來，先秦《易》例大都零星雜蕪，毫無章法可言；但是，若春秋時人引《易》之目的乃是為了論說道理、勸服他人、切合時事，而《左傳》作者紀錄《易》例則是為了呈現人物形象、佈局敘事情節，那麼這些《易》例以及相關詮釋，則確實發揮了最大的功效，並精采的呈現出一些重要的價值觀與文化精神。

第四節　先秦子史文獻所見《易》說特色論略

由上節對《左傳》以及部份《國語》中「徵引」與「占筮」之《易》例的分析，可看出兩個特色：第一、《易》在春秋時代，為士族／統治階層誦習之重要典籍，否則不會有徵引《易》文作為論理談辯時之論據的語用現象；第二、《易》雖逐漸成為春秋士大夫誦習、使用之經典，但對其內容之詮釋，並非定於一尊而求確解，反而乃依主題、對象、目的之不同，而做出自由度相當大的各種詮釋，並且非僅徵引《易》例有此現象，即連實際占筮——相對於徵引可隨意引用切於論題之《易》文，占筮時已經筮得確定的卦爻，能

〔註31〕高亨：〈左傳國語的周易說通解〉，《易學論著選集》，頁 422～423。
〔註32〕同上注。

夠發揮的內容就相當有限——也可見到解《易》者幾乎無所不用其極的將筮得之《易》卦內容轉化為己用，以達說人主、陳政事、勸教化、誡不善等目的，小自字詞訓詁，大至結果吉凶，皆可隨論說者的主旨而有所調適、改易。這兩個特色，與後世——尤其是漢魏以降經學與注疏體例確立之後——的認識頗有不同：雖引經據典，然往往斷章取義，自出機杼；雖事涉卜筮，卻借以論政勸善，遠非迷信、仰賴鬼神。

　　上節已大致呈現出《左傳》引《易》的特色，而形成此種特色的原因，概可由三個層面分釋之：

　　第一、此關乎《周易》之文獻性質，其書雖具卜筮之實用功能，但也蘊含政教意義，士大夫習《易》除可資卜筮，亦從卦爻辭中領會治民為政之道，故能在論政、議對時引用；

　　第二，可能由於《左傳》成書時已為戰國之世，論辯之風正盛：《左傳》作者記敘前代卜筮事件時，一方面可能對解《易》內容潤色、增飾以豐富論談之辭，也可能對卜筮之事作出改造、置換，用以預示情節（如上舉陳敬仲例）、豐富人物（如上舉晉惠公例）；

　　第三，關乎占筮行為的意義與占筮者本身的詮釋向度：在人文精神萌生以至茂盛的西周到戰國之世，占筮者——或廣泛的說，有權／力對占筮結果做出詮釋者——有可能超越神祕信仰的層次，而將卜筮從對天／神的求告轉化為人君、時事的勸誡。

　　關於上述第二個原因，因牽涉《左傳》之敘事手法、特色以及成書時代、思想特質等議題，學者已多有探論，且所涉實遠過本文論題，茲不詳述；至於《周易》之文獻性質與先秦占筮文化特色此二議題，則或許可由《四庫全書總目提要》的一段話切入探討：

> 聖人覺世牖民，大抵因事以寓教……故《易》之為書，推天道以明人事者也。《左傳》所記諸占，蓋猶太卜之遺法。漢儒言象數，去古未遠也；一變而為京、焦，入於機祥；再變而為陳、邵，務窮造化，《易》遂不切於民用。王弼盡黜象數，說以老莊；一變而為胡瑗、程子，始闡明儒理；再變而李光、楊萬里，又參證史事，《易》遂日起其論端。此兩派六宗，已互相攻駁。〔註33〕

〔註33〕紀昀、永瑢等撰：《欽定四庫全書總目提要》（臺北：臺灣商務印書館，1983年），卷一，頁 2～3。

這段文字簡短點明了自先秦至清代的易學發展，大致以「象數」、「義理」為判，歸納出「兩派六家」。值得玩味的是，「《左傳》所記諸占，蓋猶太卜遺法」以下接入「漢儒言象數，去古未遠」一語，似乎將《左傳》定位為「象數派」遙遠的源頭。四庫館臣對《左傳》又論曰：

> 《左氏》所載即古占法，其條理可覆案也。故象也者，理之當然也，進退存亡所由決也。數也者，理之所以然也，吉凶悔吝所由生也。聖人因卜筮以示教，如是焉止矣。〔註34〕

案：四庫館臣立場可能較傾向尊漢，故言推重漢儒象數「去古未遠」，並以「象也者，理之當然也」、「數也者，理之所以然也」說明義理之蘊於象數，即基於著重象數的立場而調和兩派，並求證於《左傳》之「古占」。然《左傳》畢竟成於象數、義理分派之前，而承本章第二節所述可見，《左傳》所載諸《易》例也並非後世──不論象數派或義理派──以解釋經典內容，字詞訓詁為其核心論題，故筆者以為這段話中隱然存在另一重要的議題：所謂「太卜遺法」、「古占法」與「因事以寓教」、「因卜筮以示教」之間有何確切的連結？換言之，《左傳》諸占，若暫時先不以「象數、義理」二分的眼光視之，該如何呈現其獨特的價值？

　　就現代的《易》學研究而言，除「十翼」以外的先秦《易》例論述──除本文論述重心《左傳》、《國語》外，也包含諸子論《易》之言論──學者通常試圖將其定位為「十翼」與漢儒諸《易》說的「源頭」，如高亨、屈萬里諸家已有相關研究。但跳脫漢魏以降象數、義理壁壘分明的「兩派」思維，究竟在象數、義理尚且渾融一氣的先秦時期，諸類《易》說真正的詮釋目的為何？屈萬里先生《先秦漢魏易例述評》曾對「十翼」以外的《左》、《國》、諸子易例作出相當中肯的論述：

> 上列諸書（指先秦諸子書）引易，皆述其語以為格言，於易為尚辭之事。《國語》、《左傳》引易，則因占筮而及，於易為尚占之事。尚辭者，自必繹述文義，以申其辭之旨。尚占者，要必推衍象數，以求符合所占之事。……占筮者，於筮得之卦爻，就其象推衍，以求符合人事則可。尚辭者，繹其語以為格言，亦可。惟旁取象數，以推尋易辭一字一句之所由來，則不可。〔註35〕

〔註34〕同上註，卷五，頁61下～62上。
〔註35〕屈萬里：《先秦漢魏易例述評》，頁70～71。

屈先生全書雖以義理爲重而稍絀象數，然此處針對先秦《易》例乃以「尚辭」、「尚占」爲判，洵爲至論。猶有可說者，如上節可知，《左傳》、《國語》中亦有所謂「尚辭者」，不能一概稱爲「因占筮而及」；又，尚辭者未必一定由義理說解，尚占者亦有象數、義理參用者。換言之，《左》、《國》與諸子易例的可貴之處，可說在於其自由、涵容的詮釋風格：苟能明辭義所在，未嘗不可「推衍象數，以求符合所占之事」；欲切合占卜之實事，亦可以「繹述文義，以申其辭之旨」。茲再舉若干戰國諸子引《易》者說明：

一、《呂氏春秋·召類》載史默論衛國多賢

《呂氏春秋·召類》篇載：

> 趙簡子將襲衛，使史默往睹之，期以一月，六月而後反。趙簡子曰：「何其久也？」史默曰：「謀利而得害，猶弗察也？今蘧伯玉爲相，史鰌佐焉，孔子爲客，子貢使令於君前，甚聽。易曰：『渙其群，元吉。』渙者，賢也；群者，眾也；元者，吉之始也；渙其群元吉者，其佐多賢也。」趙簡子按兵而不動。〔註36〕

史默對「渙其群，元吉」的詮釋，顯然是自出機杼，尤其「渙者，賢也」一語，若在後世，必爲王弼、朱熹等《易》家所不取；此處史默的詮釋方法，卻與本章第二節所論《左傳》中子服惠伯解釋「黃裳元吉」的論說方式非常相似，均爲達論說目的而改變《易》文的解釋或吉凶結果。另外值得比較的是，《左傳》所載猶有占筮行爲，此處則全爲文辭之事，但兩者的論述方法、目的卻相當雷同，說明了即使所謂「尚占」《易》例，也往往逞「尚辭」之事，達成論理、勸說之效。

二、《呂氏春秋·務本》論爲政之本

又，《呂氏春秋·務本》篇載：

> 三王之佐，皆能以公及其私矣。俗主之佐……皆患其身不貴於國也，而不患其主之不貴於天下也；皆患其家之不富也，而不患其國之不大也；此所以欲榮而愈辱，欲安而益危。安危榮辱之本在於主，主之本在於宗廟，宗廟之本在於民，民之治亂在於有司。易曰：『復自

〔註36〕張雙棣等注譯：《呂氏春秋譯注》（北京：北京大學出版社，2011 年），卷二十，頁 2511～2514。

> 道，何其咎，吉』，以言本無異，則動卒有喜。〔註37〕

此篇闡述爲臣者輔佐君主必以「本」爲重的論説文，其引《易‧小畜》初九爻辭，借一「復」字強調「反」本之重要，就字義解釋來看，似無窒礙。然而，此篇所謂「本」，乃指人臣的「安危榮辱之本」，其根源指向君主，再層層推演至於「民之治亂」，而若「有司」——亦即臣子——可以善盡職守，民不亂則宗廟、君主不墜，自己也就免於危、辱了；換言之，在思想上，此無疑傾向從「外王」式的掌握體制、嚴整職司、管理民眾等國、君政權穩定之「本」，讓「主之佐」也得安己、榮身。相對於此，〈小畜〉之卦義——若參考大《象》——則是「君子以懿文德」，比較偏向「內聖」方面，王弼注大《象》曰：

> 未能行其施者，故可以懿文德而已。〔註38〕

所謂「未能行其施者」亦即未能施政於國家，當然與「有司」、「臣佐」無干，可證輔嗣解此卦重在「內聖」層面的理解；而初九爻「復自道」，朱熹注：

> 自守以正，不爲（四爻）所畜。〔註39〕

也顯示出此卦、此爻指向君子的內省功夫，而與〈務本〉所謂爲臣者輔佐君王的外在事功有些距離。當然，不論是《呂氏春秋》或王弼、朱熹，就詮釋學角度來看，皆後世觀點之詮釋爾；然若考慮所謂文本之客觀性與整體性，則王弼、朱熹還是較爲系統、完整的解釋了〈小畜〉全卦乃至《周易》全經，《呂氏春秋》則僅此一語提及，目的也只是爲其言論背書，雖不能輕易稱其「斷章取義」，但確實可見〈務本〉篇的外王思想發揮遠遠超過對《易》辭的深究。

三、《荀子‧非相》論腐儒

讀者或許有疑曰：《呂氏春秋》本帶有法家色彩，其解《易》斷章取義或在情理所容；然則以六藝爲業的儒家者流又如何？《荀子‧非相》云：

> 凡人莫不好言其所善，而君子爲甚。故贈人以言，重於金石珠玉；觀人以言，美於黼黻文章；聽人以言，樂於鐘鼓琴瑟。故君子之於言無厭。鄙夫反是：好其實不恤其文，是以終身不免埤汙傭俗。故

〔註37〕同上註，卷十三，頁1331～1333。
〔註38〕三國‧魏‧王弼著、樓宇烈校釋：《王弼集校釋》（臺北：華正書局，2006年），頁266。
〔註39〕朱熹：《周易本義》，收錄《周易二種》（臺北：大安出版社，1999年），頁66。

　　　易曰：「括囊，無咎無譽。」腐儒之謂也。〔註40〕

荀子引《易・坤》六四爻辭，認爲此爻指的是「坤汙傭俗」的「腐儒」。同樣的，若我們依從王弼、朱熹的《周易》注釋，那麼荀子此說顯然與歷代學者的理解有異。〔註41〕但若循繹其文，可知《荀子》此段討論「言辨」議題，提出君子應重視並能分辨「法先王，順禮義」的言辭，辨別言之奸、善後，對善言「志好之，行安之，樂言之」；而「鄙夫」則相反，既不重視「言」，亦不分辨言之善惡，所謂「括囊，無咎無譽」，在《荀子》之語境裡，應指其人言之不文、亦不好文，如囊之束口閉塞，雖無大咎，然亦無建樹、聲譽，如此解釋雖亦符合「括囊」意象，但其批判、貶抑態度與王弼、朱熹所釋「賢人隱遁」、「施愼謹密」不啻相去千里。

四、《戰國策・秦策》載黃歇止秦攻楚之說

　　《戰國策・秦策》載：

　　　頃襄王二十年，秦白起拔楚西陵，或拔鄢、郢、夷陵，燒先王之墓。王徙東北，保于陳城。楚遂削弱，爲秦所輕。於是白起又將兵來伐。楚人有黃歇者，遊學博聞，襄王以爲辯，故使于秦。說昭王曰：「……王苦負人徒之眾，材兵甲之強，壹毀魏氏之威，而欲以力臣天下之主，臣恐有後患。《詩》云：『靡不有初，鮮克有終。』《易》曰：『狐濡其尾。』此言始之易，終之難也。」〔註42〕

此事雖涉及戰爭，然黃歇則並未進行占筮，而只是並引《詩》、《易》爲勸說之用，極言「始之易，終之難」之理。所引《易》文應爲〈未濟〉卦辭：

　　　未濟：亨，小狐汔濟，濡其尾，無攸利。〔註43〕

以及初六爻辭：

<hr>

〔註40〕王先謙：《荀子集解》（北京：中華書局，1996 年），卷三，頁 83～84。

〔註41〕王弼《周易注》解此爻云：「處陰之卦，以陰居陰，履非中位，無『直方』之質，不造陽事，無『含章』之美，括結否閉，賢人乃隱。施愼則可，非泰之道。」（《王弼集校釋》，頁 228）朱熹《周易本義》則曰：「括囊，言結囊口而不出也。譽者，過實之名。謹密如是，則無咎亦無譽矣。六四重陰不中，故其象占如此，蓋或事當謹密，或時當隱也。」（《周易二種》，頁 42）二家均以卦爻之「時」爲論述中心，認爲此爻居「當隱」之時，須「施愼」、「謹密」，而與「腐儒」無涉，更與「相術」無關。

〔註42〕諸祖耿：《戰國策集注彙考》（江蘇：江蘇古籍出版社，1985 年），卷六，頁377～380。

〔註43〕《周易正義》，卷六，頁 23。

初六：濡其尾，吝。〔註44〕

就〈未濟〉卦而言，確實表達如同《詩》稱：「靡不有初，鮮克有終」的教化意涵，以小狐渡河，卻在即將登岸時「濡其尾」象徵「不續終」〔註45〕之難，歷代注家亦已多發明之；然而，黃歇眞的是從「靡不有初，鮮克有終」此類帶有道德意涵的角度，勸說秦王勿貪眼前近利，而圖長遠之後嗎？上述引文其實並未完結，黃歇在引《詩》、《易》後，復申論爲何自己有「始之易，終之難」的「後患」之說：

> 何以知其然也？智氏見伐趙之利，而不知榆次之禍也；吳見伐齊之便，而不知幹隧之敗也。此二國者，非無大功也，<u>設利於前，而易患於後也</u>。吳之信越也，從而伐齊，既勝齊人于艾陵，還爲越王禽于三江之浦。智氏信韓、魏，從而伐趙，攻晉陽之城，勝有日矣，韓、魏反之，殺智伯瑤于鑿台之上。<u>今王妒楚之不毀也，而忘毀楚之強魏也</u>。……鄰國，敵也。……<u>今王中道而信韓、魏之善王也，此正吳信越也</u>。〔註46〕

至此我們赫然發現，所謂「後患」所指，乃是非常實際的韓、魏二國，涉及現實中的軍事策略，而絕非討論「行事需有始有終」的教化層次。黃歇以「吳信越」、「智氏信韓、魏」爲例，說明吳國與智氏都因輕信鄰國，而在出兵遠征他國後，遭到所信賴的鄰國背叛而覆滅，指出若秦伐楚，是勞師以襲遠，其「後方」即有可能遭緊鄰的韓、魏伺機而入，同時甚至會促成齊、韓、魏三國的強盛：

> 且王攻楚之日，四國必應悉起應王。秦、楚之構而不離，<u>魏氏將出兵而攻留、方與、銍、胡陵、碭、蕭、相，故宋必盡</u>。齊人南面，泗北必舉。此皆平原四達，膏腴之地也，而王使之獨攻。王破楚于以肥韓、魏於中國而勁齊，韓、魏之強足以校于秦矣。<u>齊南以泗爲境，東負海，北倚河，而無後患</u>，天下之國，莫強于齊。<u>齊、魏得地葆利，而詳事下吏，一年之後，爲帝若未能，于以禁王之爲帝有餘</u>。夫以王壤土之博，人徒之眾，兵革之強，一舉眾而注地于楚，

〔註44〕 《周易正義》，卷六，頁24。
〔註45〕 「不續終」語出《象傳》：「『未濟，亨』：柔得中也。『小狐汔濟』：未出中也。『濡其尾，無攸利』：不續終也。雖不當位，剛柔應也。」（《周易正義》，卷六，頁23。）
〔註46〕 《戰國策集注彙考》，卷六，頁380。

訕令韓、魏，歸帝重于齊，是王失計也。〔註47〕

此處稱齊國「東負海，北倚河，而無後患」的「後患」，指的依然是可能與其為敵的「鄰國」，而不是一般語意上的後患。至此我們可以說，黃歇的「後患」之說，以及「始之易，終之難」之言，其實都是就軍事戰略與各國情勢方面分析秦攻楚之弊，而所引《詩》、《易》之內容，原本與戰爭無涉，遑論指涉韓、魏、齊等現實中的國家。

綜上可知，《周易》因占筮的神祕性與神聖性，在春秋時期已被統治階層、士人視為重典，與《詩》、《書》同樣，作為論述己見時徵引的有力論據之一，同時也是其人學養德行的證明；而隨著諸子思想的蓬勃發展，以及論辯文辭的日益精進，又占筮之辭本具有廣大的解釋空間，諸子對《易》辭的引用、運用遂日漸靈活、自由，甚至也和稱《詩》一般「斷章取義」了。由此我們可以看見——借用屈萬里先生之說——先秦諸書、諸子引《易》，本於「尚占」的神聖典重之體，而化形為「尚辭」的論辯遊說之用。這樣既重視占卜，又講說義理的雙重性，在《左傳》記載之《易》例中特別明顯：以《易》占筮而無巧辭善解的論說技巧，則不足以成事，援《易》論理而無欽筮穆卜的傳統背景，則難顯權威。而隨著時代往後推移，則可發現實際占筮紀錄漸漸少見，而援《易》文以為論說談辯之助者，仍多有之，本節所引四則戰國諸子《易》說可證，由此亦可略窺從春秋以至戰國論說風氣、學術風格演變之迹。

第五節　先秦《易》說之風尚與流變蠡測

透過本章第二、三節對《左傳》引《易》諸例的簡單分析，以及與其他先秦文獻引《易》的比較，可大致歸結先秦《易》例與《易》說的幾項特徵與值得繼續關注的研究方向：

第一、《左傳》之《易》例，有實際占筮之紀錄，亦有徵引《易》文之論說，兩者語境不同，實須分開討論。《左傳》之外，參考《國語》與戰國諸子書，可見實際占筮的紀錄大體上有日漸減少的趨勢，而言談論說引《易》為論據者，仍多有之，可見談辯風行的時代變化。

第二、就《左傳》所引《易》例言，徵引《易》文者，概皆用於勸善論理，固不待言；即使如事涉卜筮，亦多借題發揮，意在諷諫，如本文所舉「南

〔註47〕同上注，頁381～382。

蒯將叛」事例，甚至可見批評盲目依賴卜筮之言。尤值得注意者，乃《左傳》之「卜預敘事」，雖看似以卜筮預言吉凶、成敗，然諸占皆以「補述」形式出現，眞正的成敗、吉凶之因，早已蘊含在《左傳》所敘人、事的實際作爲之中。據此，亦蓋可稍息《左傳》崇信巫卜之說；同時也可見到《左傳》作者有意識地對卜筮素材加以剪裁、結構的敘事之筆。

第三、從上文之第二、第三節可見，《左傳》、《國語》及諸子書並非解《易》之專著，亦無後世經學專家之概念。就本章之第二節所析事例可見，春秋之卿士大夫乃至戰國之諸子說客，其引《易》目的乃作爲發揮己意、申說道理之論據，其論說方式乃自由引申、斷章取義、因時制宜，甚至可自創新義、自爲讖語。經典是否有「原義」，與其是否「用於世」，本屬不同概念，《左傳》與先秦諸子所載《易》說，大抵均因應時勢、世情而靈活運用，而非拘守書冊、飣餖訓詁，故吾人亦不宜挪用後世傳注觀念侷限先秦《易》說之價值。

透過以上幾點總結，我們或許可進一步思考，先秦時期對《周易》的各種詮釋與應用——不論是占筮詮解或徵引爲說——這種斷章取義、因勢利導的闡釋方法，到了漢代，面對「經學」之建立與種種博士家法，又有甚麼樣的發展？前人對此已多有研究，最具代表性者當推屈萬里先生《先秦漢魏易例述評》，屈先生分析西漢武帝前諸子的《易》例——包含《新語》、《新書》、《春秋繁露》、《韓詩外傳》、《淮南子》、《史記》——以爲諸書：

> 猶紹十翼之餘緒，承先秦之遺風，惟務義理，不尚象數。〔註48〕

若暫時擱置義理、象數的截然分判與高下之爭，透過上文第二、三節之論析，已經初步認識所謂「先秦之《易》說」，實際上包含了對《易》文創造性的解釋以及自由靈活的運用，其目的務在成一家之言，進而影響上位者，以求實踐學說、道濟天下。那麼，在武帝確立五經博士、廣置博士官弟子員之前，漢代各家引《易》，傾向以論述自身提出的理論或緊扣人事——這當然可說是一種「義理」——爲主，而引《易》爲輔佐之論據，此一特點就非常明顯的與先秦《易》說若合符節，可見學術源流之轉承。

相對的，五經博士成立後，「利祿之途」廣開，博士官爲了維護自己的地位，不能不求更嚴密、完整地說解全經，《漢書·儒林傳》言：

> 贊曰：自武帝立五經博士，開弟子員，設科射策，勸以官祿，訖於
> 元始，百有餘年，傳業者寖盛，支葉藩滋，一經說至百餘萬言，大

〔註48〕《先秦漢魏易例述評》，頁71。

師眾至千餘人，<u>蓋祿利之路然也</u>。〔註49〕

諸博士爲求穩固自己的學術地位，加以祿利之誘、競爭激烈，乃有「一經說至百餘萬言」的現象，同時也越來越傾向依據經書字句解釋、發揮，則出現眾多蔓衍龐雜的象數之說。關於漢代象數《易》學，遠非本文論題所能涵蓋，此只能略述大概；然而，象數《易》學既蔚然成風，原有的「先秦遺法」是否就此銷聲匿跡，卻是個值得進一步追索的問題。《史記》有〈日者〉、〈龜策〉列傳，後者僅有「太史公曰」一段論述，而〈日者列傳〉則僅記司馬季主一人；另外《漢書‧儒林傳》中載「嚴君平」，也涉及卜筮，此就《史》、《漢》之文略述之：

《史記‧日者列傳》以宋忠、賈誼二人探訪司馬季主，並與之相互對問展開敘述：

> 司馬季主者，楚人也。卜於長安東市。

> 宋忠爲中大夫，賈誼爲博士，同日俱出洗沐，相從論議，誦《易》先王聖人之道術，究徧人情，相視而歎。賈誼曰：「吾聞古之聖人，不居朝廷，必在卜醫之中。……試之卜數中以觀采。」二人即同輿而之市，游於卜肆中。天新雨，道少人，司馬季主閒坐，弟子三四人侍，方辯大地之道，日月之運，陰陽吉凶之本。二人大再拜謁。司馬季主視其狀貌，如類有知者，即禮之，使弟子延之坐。坐定，司馬季主復理前語，分別天地之終始，日月星辰之紀，差次仁義之際，列吉凶之符，語數千言，莫不順理。〔註50〕

其中司馬季主對應宋忠、賈誼之問的言論，部分亦談及卜筮：

> （宋忠、賈誼）二君曰：「……<u>夫卜筮者，世俗之所賤簡也</u>。世皆言曰：『夫卜者多言誇嚴以得人情，虛高人祿命以說人志，擅言禍災以傷人心，矯言鬼神以盡人財，厚求拜謝以私於己。』……」

> 司馬季主曰：「……且夫卜筮者，埽除設坐，正其冠帶，然後乃言事，此有禮也。言而鬼神或以饗，忠臣以事其上，孝子以養其親，慈父以畜其子，此有德者也。而以義置數十百錢，病者或以愈，且死或以生，患或以免，事或以成，嫁子娶婦或以養生：此之爲德，豈直

〔註49〕 漢‧班固：《漢書》（臺北：鼎文書局，1986年），卷八十八，頁3620。
〔註50〕 漢‧司馬遷著、日本‧瀧川資言注：《史記會注考證》〈日者列傳第六十七〉（臺北：萬卷樓出版社，2002年），卷一百二十七，頁3～4。

數十百錢哉！〔註51〕

此處稱卜筮者「言而鬼神或以饗，忠臣以事其上」乃至父慈子孝、嫁子娶婦，所論無不觸及現實世界中的人倫道德、禮義孝慈，並非紙上空談。又曰：

> 天不足西北，星辰西北移；地不足東南，以海爲池；日中必移，月滿必虧；先王之道，乍存乍亡。公責卜者言必信，不亦惑乎！公見夫談士辯人乎？慮事定計，必是人也，然不能以一言說人主意，故言必稱先王，語必道上古；慮事定計，飾先王之成功，語其敗害，以恐喜人主之志，以求其欲。多言誇嚴，莫大於此矣。然欲彊國成功，盡忠於上，非此不立。今夫卜者，導惑教愚也。夫愚惑之人，豈能以一言而知之哉！……微見德順以除群害，以明天性，助上養下，多其功利，不求尊譽。〔註52〕

此段言談將「談士辯人」之「說人主意」與「卜者」之「導惑教愚」相比，認爲兩者均用「言」，而談辯之士甚至比卜者更加「多言誇嚴」。這種相提並論應非偶然，觀諸先秦卜者如卜偃、史官如史墨，其言談之「欲彊國成功，盡忠於上」者，實與談辯之士不相伯仲；只是到了漢代，卜者淪爲「賤業」，司馬季主的言論，反而有種深沉的諷刺了。當然，〈日者列傳〉所載僅此一人，且藉兩方對問而點出對漢世的批判與諷刺，並且此傳一般認爲乃出於褚少孫之續作，故作者是否刻意假設對問而借題發揮也未可知，只能說宋忠、賈誼之質疑或許代表了「世俗」對卜者的成見，而司馬季主談論卜者之作爲與價值的言論，則反映出了卜筮者與談辯之士、諸子家言的會通。

《漢書·儒林傳》所載嚴君平事跡，則相對而言更具有真實性：

> 君平卜筮於成都市，以爲：「卜筮者賤業，而可以惠眾人。有邪惡非正之問，則依蓍龜爲言利害。與人子言依於孝，與人弟言依於順，與人臣言依於忠，各因勢導之以善，從吾言者，已過半矣。」〔註53〕

嚴君平視問卜之人的身分與情境，「因勢導之以善」，此與《左傳》所見卜筮者的言說方式、態度如出一轍；「有邪惡非正之問，則依蓍龜爲言利害」，更不禁讓我們想起子服惠伯對南蒯的言論（見本章第二節之〈貳〉）。然而在漢代，「卜筮者賤業」似乎已成共識，而博士學官唯務發展象數、鑽研經義；則

〔註51〕同上注，頁4～5、8～9。
〔註52〕同上注，頁9～10。
〔註53〕《漢書》，卷七十二，頁3056。

將卜筮結果與《易》文實際運用於勸說人主、導人向善的「先秦遺緒」，雖仍
爲有識之士所認同，並爲史書所載錄，卻再也不能如先秦時的卜者決吉凶於
朝堂之上、論成敗於君主之前，而似乎只存在於「處卑隱以辟眾，自匿以辟
倫」〔註54〕的在野君子之中了。學風世變，於此可見焉。

〔註54〕《史記・日者列傳》，頁 10。

第三章　徵史與明德：《左傳》、《國語》稱引《詩》、《書》論析

第一節　《左傳》、《國語》稱引《詩》、《書》之特質與研究概況

一、春秋時期《詩》、《書》的概念與運用

　　在先秦文史作品中，稱引《詩》、《書》乃相當常見的現象，不論在數量或應用的形式層面，均遠多於上章所論之引《易》事例。同時，在《左傳》、《國語》中，《詩》、《書》二者亦經常同時被徵引，春秋時人對其意義之論述，也時有將二者相提並論的紀錄，如僖廿七年《左傳》載趙衰之言：

　　　　《詩》、《書》，義之府也；《禮》、《樂》，德之則也；德、義，利之
　　　　本也。（《左傳正義》，卷十六，頁 11～12）

又如《國語・周語下》載太子晉之語：

　　　　觀之《詩》《書》，與民之憲言。（《國語》，卷三，頁 112）

凡此，可見較之於《易》，《詩》、《書》二部經典彼此間似乎具有更高之同質性，以及更加具有「經書」之特性與義理化之傾向。

　　就徵引的形式觀之，《左》、《國》中稱引《詩》、《書》文句的段落，確實頗為接近今日寫作文章時所謂的「用典」技巧：或稱引古典作為己說之佐證，或化用典故委婉表達某一立場、情境，此概皆屬於修辭的「文用」層次。然而，諸多稱引之例固然可達「用典」之效，但仍有某些例子，其內涵不僅止

於為文創作時的徵引典故，如眾所熟知的「賦詩」，就必須結合賦詩的場合、情境，賦詩者的舉止進退及其對象的反應，以及先秦時期的禮樂概念、外交儀節等面向，方能較為全面的認識此一語文活動，換言之，先秦時期徵引古典的行為，未必僅是存在於書面文字層次的孤立現象，而可能需要結合歷史文化等層面進行綜合的認識。

另外，可進一步思索的是，《詩》、《書》在春秋時期的概念與流傳問題。就文獻性質與概念而言，先秦時期——尤其戰國以前——並無專書、著述之概念，所謂六藝／六經等古典，蓋本具有實用性質或實際效用，洵如章學誠論〈詩教〉所言：

> 古未嘗有著述之事也，官師守其典章，史臣錄其職載。文字之道，百官以之治，而萬民以之察，而其用已備矣。是故聖王書同文以平天下，未有不用之於政教典章而以文字為一人之著述者也。〔註1〕

章氏最為著名的「六經皆史」概念，其實也緊扣著六經之文獻性質本為官府典制為言：

> 六經皆史也。古人不著書，古人未嘗離事而言理，六經皆先王之政典也。〔註2〕

換言之，若由此觀點，可以說所謂六藝／六經，本為政教典制的實際存檔，其中固有義理之存在與發揮空間，但其原初制定時的實用價值、應用性質，也不容忽視。由上章論《左》、《國》之《易》例，乃有占筮之用與修辭之用，實際上也證明了春秋時期經典內涵之「實用」與「文用」的並存：

> 《周易》因占筮的神祕性與神聖性，在春秋時期已被統治階層、士人視為重典，與《詩》、《書》同樣，作為論述己見時徵引的有力論據之一。……先秦諸書、諸子引《易》，本於「尚占」的神聖典重之體，而化形為「尚辭」的論辯遊説之用。……以《易》占筮而無巧辭善解的論説技巧，則不足以成事，援《易》論理而無欽筮穆卜的傳統背景，則難顯權威。（第二章第四節）

《易》與《詩》、《書》同為先秦時即已流傳、並為士人所習之古典，從《易》在《左傳》、《國語》中的運用，可見到實際事務上的占筮運用，與論説事理時的徵引修辭之用，兩種運用方式之間有同有異，然又互相依憑：在言論中

〔註 1〕章學誠著，葉瑛校注：《文史通義・詩教上》，頁 63～63。
〔註 2〕同上注，〈易教〉，頁 1。

徵引「經典」之所以能夠有效，乃因其具有的傳統背景——先王政典——使典籍具有了權威性與說服力；然而相對的，這些經典作爲「先王政典」的性質與實用意義，實際上也透過春秋時期各種頻繁、複雜的語文活動與論說技巧，方得顯現與續存，乃至發揮新義。《周易》如此，《詩》、《書》是否也可觀察到這樣的現象？此爲本文所欲探討之重點。

　　承上所述，如同《左傳》、《國語》對《易》的引用，有「卜筮」之實用／應用層面，與徵引爲論說理據的文用層面一般，《詩》、《書》對於先秦時人的意義，或許也不僅止於徵引爲文時的引用材料而已。就《詩》而言，雖然在《左傳》、《國語》所載言論中，引用《詩》之文句最爲普遍、眾多，看似作爲修辭、文飾之用，但若我們考量《詩》之原本的性質：其本屬禮樂活動中的一環，與歌、舞、樂共同呈現、展演，而應用於祭祀、宴饗等政治、宗教場合，則我們可說，除了「以文字爲一人之著述」的引《詩》方式外，亦不可忽略「用之於政教典章」的實際運用；而在春秋時期，諸侯國相互往來的外交場合中，「賦《詩》」發揮著重要作用，又如眾所熟知的《論語・子路篇》中孔子對《詩》的實用性論述：

　　　　子曰：「誦《詩》三百，授之以政，不達；使於四方，不能專對；雖
　　　　多，亦奚以爲？」（《論語注疏・子路》，卷十三，頁3～4）

對《詩》的熟習要達到「授之以政」、「使於四方」之目的，可說都是非常實際的應用。進一步而言，我們要探論的是，《詩》具有如此廣泛的文辭與外交應用，與其作爲王官典制的基本性質有何關係，其價值與意義又如何反映在春秋時人的言論之中。

　　另外就《書》而言，所謂「書」者，其性質本即政府之重要公文，此一名義，屈萬里先生在《尚書集釋》已總和各家之說而辨明：

　　　　春秋以前，「書」字用爲名詞而最習見者，厥爲公牘之義。……而非
　　　　書籍之泛稱。……春秋晚葉至戰國之時，以書爲典籍之通名者始漸
　　　　多。尚書之主要部分，皆政府誥命之文；故此書字，當爲公文（或
　　　　檔案）之義。則尚書者，亦即古代之公文也。〔註3〕

此處除了非常清楚的點出《書》之名義所原具有的實用價值外，還觸及了另一個值得深思的議題，即：所謂「政府誥命之文」，指涉的將不會是「一本書」的編纂，而是一系列政治或宗教活動的存檔、記錄與紀念，此種性質可以追

〔註3〕屈萬里：《尚書集釋》（臺北：聯經出版事業公司，1983年）〈概說〉，頁6～7。

溯至青銅銘文的傳統，學者巫鴻曾論及中國古代藝術所具有的「紀念碑性」（monumentality），並指出從商至周的藝術發展傾向揭示了「文字的勝利」：

> 在青銅藝術的早期發展過程中，紀念碑的三種基本要素──材料、形狀和裝飾──依次扮演了重要的角色。從商末至西周，青銅藝術的定位又發生了變化：象徵性的形象逐漸衰落，青銅禮器的文學價值不斷提高。禮器的最後一個要素──銘文──這時變成了青銅藝術中紀念碑性的最重要標誌。……作爲紀念性的作品，這樣的青銅器要求的是「閱讀」而非「觀看」。〔註4〕

歷代《尚書》學研究往往透過將《尚書》內容與銅器銘文相比較而獲得重大的成果，可見兩者的同質性與作用之相似。換言之，屈萬里先生所言「政府誥命之文」與巫鴻所謂「紀念碑性」從「器（觀看）」轉爲「文（閱讀）」的現象，可說是一體兩面：誥命、公文等檔案是其流傳形式，而記錄、紀念重要的政治、宗教活動，則是其實用意義。若我們暫時不局限於今本《尚書》之篇目的話，《左傳》、《國語》中載錄某些盟辭、載書、誥誓等具有公文形式與紀念性質的篇章，可說都具有《書》的特質。

上述此一與政治、宗教活動密不可分的性質與實用意義，在《左傳》、《國語》所載各種對《詩》、《書》文的引用當中如何表現，又可觀察到何種可能的傾向或意義，則是本章希望就《左》、《國》徵引《詩》、《書》的各種事例進行考察者。

二、稱引《詩》、《書》文例與研究概況述略

關於《左傳》、《國語》中引《詩》、《書》的現象研究，成果甚爲豐碩，可說是本文所探討的各種徵引現象中，研究最爲蓬勃、興盛者。同時，如本文之第一章〈緒論〉所述，徵引《易》、《詩》、《書》均會廣泛的涉及「易學史」、「詩學史」、「書學史」方面之議題，此自然並非以單一章節可以盡論。故在前人研究已相對完備的基礎上，本文將採取不同的研究進徑，以討論、分析《左傳》、《國語》中稱引《詩》、《書》的語境與敘事意義爲主，以下先分別略述學者對《左傳》、《國語》徵引《詩》與《書》的研究成果與概況。

〔註4〕美・巫鴻著，李清泉、鄭岩等譯：《中國古代藝術與建築中的「紀念碑性」》，頁66～77。

(一)稱《詩》研究述略

關於《左傳》、《國語》中引《詩》、賦《詩》〔註5〕等各種研究,可說歷來皆不斷有學者進行論述,而由於《左傳》稱引《詩》文數量最多、種類最繁,總計有百七十餘則,〔註6〕故又以針對《左傳》中引《詩》、賦《詩》的研究最爲大宗;〔註7〕《國語》稱《詩》則因數量較少,約僅有 23 則,〔註8〕故多與《左傳》引《詩》研究並行之。〔註9〕整體而言,此類研究多針對《詩》經學的傳統議題爲論,可說大部分仍是以《詩》學/經學爲本位的研究,將《左傳》、《國語》作爲引用之素材或可資參考的史料;換言之,前人研究對於《左傳》、《國語》中涉及「詩教」、逸詩、版本考辨、孔子詩學與「刪詩」辯證、賦詩斷章等議題的討論與研究,可說已相當完備、多樣。

此外,較具宏觀視野,又顧及《左傳》、《國語》本身之特質,或綜述先秦引《詩》之風者,雖相對而言較少,然與本文之研究高度相關,故以下略

〔註5〕「引《詩》」與「賦《詩》」,以及少數「歌《詩》」文例,乃是不同的運用、稱引《詩》文類型,張素卿先生:《左傳稱詩研究》之第一章〈緒論〉與第三章〈左傳稱詩分類研究〉已做了非常清楚的辨析與定義。基本上,引《詩》指的是在言論中引用《詩》文爲論說佐證的方式;賦《詩》則是在各種禮樂場合中歌而詠之的行爲,《左傳》、《國語》文例中皆有「賦」字以表明。本文因行文方便,以及配合「引《書》」一詞的一致性考量,在章節標題與述及前人研究時,偶有以「引《詩》」一詞概括引《詩》與賦《詩》的現象,而行文之中則盡量依循張素卿以「稱詩」一詞(或作「稱引《詩》文」)涵攝引《詩》與賦《詩》二者,讀者幸識之。

〔註6〕此處依據張素卿:《左傳稱詩研究》之統計,該書詳細統計《左傳》中「賦詩」與「引詩」二類,以《左傳》所記事件爲主要計數方式,賦《詩》計有 36 則,引《詩》則有 139 則。

〔註7〕如楊向時:《左傳賦詩引詩考》(臺北:中華叢書編審委員會,1972 年);白中道〈左傳引詩研究〉(國立臺灣大學中國文學研究所碩士論文,屈萬里先生指導,1968 年);張英琴〈左傳引詩研究〉(《思與言》第六卷第三期,1969 年);林玫儀〈左傳賦詩之剖析〉(《幼獅月刊》,35 卷 4 期,頁 18~27,1972 年 4 月);奚敏芳:《左傳賦詩引詩之研究》(國立臺灣師範大學國文研究所碩士論文,劉正浩教授指導,1982 年);曾勤良:《左傳引詩賦詩之詩教研究》(臺北:文津出版社,1993 年);毛振華:《左傳賦詩研究》(上海:上海古籍出版社,2011 年)。

〔註8〕可參考本文之〈附表一〉,以及何志華、陳雄根編著:《先秦兩漢典籍引《詩經》資料彙編》(香港:香港中文大學出版社,2004 年)所編輯之條目。

〔註9〕如夏鐵生:《左傳國語引詩賦詩之比較研究》(《逢甲學報》第 13~15 期,1981~1982 年);張中宇:〈《國語》、《左傳》的引詩和《詩》的編訂——兼考孔子刪詩說〉(《文學評論》2008 年第 4 期)。

舉重要學說內容以明之。

　　首先，屈萬里先生在〈先秦說詩的風尚和漢儒以詩教說詩的迂曲〉一文中，宏觀先秦說《詩》之風尚，並且歸納出《詩》在先秦時期發揮的三大功用：用詩句作為立身處世的格言，據詩句作為從政治世的準則，以及在辭令方面的功用。〔註 10〕並透過分析先秦說《詩》的各種方式，指出先秦時人與漢人說詩的差別：

> 先秦時人說詩的功用，主要的在於涵養品德、練達世務、豐美辭令。
> 漢人認為詩的功用，也大致如此。但，先秦人說詩，只是採取詩中
> 的幾句嘉言，以作上述的用途；而漢儒則把各詩的全篇，都說成在
> 政治和教化上有重大的意義。〔註 11〕

何敬群〈詩在周代應用之分析〉也從類似方向查考，不過較少與漢儒進行比較。〔註 12〕同時，屈先生所論，乃取先秦說《詩》之大義，不限於《左傳》、《國語》之文，並且以駁斥漢儒附會之說為主要論述核心，故對於個別事例的論析，相對而言較為簡略。

　　其次，則是張素卿先生《左傳稱詩研究》，該書不僅詳細區分賦詩、歌詩與引詩之類型，並回應各種《詩》經學重要議題，點明《左傳》稱《詩》在《詩》學史上的意義，也同時統論了春秋時代的詩學特色與發展：

> 春秋時人的詩學活動，主要表現於運用。……其運用的特徵，都是
> 取合所需，可以總括以「斷章取義」言之。……春秋人物不論賦詩、
> 歌詩或引詩，其取義旨趣，要皆與政事有關。〔註 13〕

同時張先生也指出在《左傳》中呈現出的春秋時期用《詩》趨勢與概況：

> 這樣的運用，以周文為基礎，在襄、昭之世臻於鼎盛，更與當時弭
> 兵止戎的國際局勢息息相關。稱詩活動，既然以禮樂制度為基礎，
> 又配合政局的發展，定、哀以後，由於周文疲弊，政局改觀，盛行
> 一時的稱詩風尚，遂趨式微。〔註 14〕

最後則總結古人用詩之特色與精神意涵為：

〔註 10〕屈萬里〈先秦說詩的風尚和漢儒以詩教說詩的迂曲〉，收入羅聯添編：《中國文學史論文選集》（一）（臺北：學生書局，1986 年），頁 77～81。
〔註 11〕同上注，頁 95。
〔註 12〕何敬群：〈詩在周代應用之分析〉（《民主評論》第 13 卷第 6～8 期）。
〔註 13〕張素卿：《左傳稱詩研究》，頁 257。
〔註 14〕張素卿：《左傳稱詩研究》，頁 257～258。

稱詩斷章，著重取合己意，貴能興悟、知新，古人的詩遂經過詮釋
運用，不斷與後來的境域融合，時時展現新貌，豐富其內涵，這是
運用的詩學。〔註15〕

張先生所論，雖專就《左傳》一書為主，但同時也精要地點出了整個春秋時
期稱《詩》、用《詩》的特色與趨勢，本文亦贊同此說，並希望補充《國語》
等其他資料，進一步就此方向論證、發揮。

（二）引《書》研究述略

　　關於《左傳》、《國語》引《書》的概況與研究，在數量上，同樣以《左
傳》為最多，依據不同的認定方式約有 70～80 餘則，〔註16〕《國語》則約僅
有 28～30 則。〔註17〕

　　相較之下，《左》、《國》引《書》之專門論述，比起蓬勃多樣的引《詩》
研究為少，其大部分見於「尚書學史」類的研究中，如劉起釪《尚書學史》
之第二章〈《尚書》在先秦時的流傳情況〉，詳細比較並列表「今文」、「佚古
文」《尚書》以及某些可能與〈百篇書序〉內容相關之《書》文在先秦各類典
籍中的引用概況，〔註18〕同時也概略點出了一些春秋時人引《書》的特色與
傾向：

〔註15〕張素卿：《左傳稱詩研究》，頁 259。

〔註16〕許錟輝：《先秦典籍引尚書考》（臺北：花木蘭文化出版社，2009 年）統計有
72 則，劉起釪：《尚書學史》（北京：中華書局，1989 年）則計有 86 則。差
異的原因在於二者對於某些未明確徵引《書》文但其內容可能與《尚書》所
載相關的事例，是否該歸為引《書》的認定有所不一；又同一則言論中徵引
二則以上《書》文者，個別分記與合計一則的方式也造成數量之不一。另可
參考何志華、陳雄根編著：《先秦兩漢典籍引《尚書》資料彙編》（香港：香
港中文大學出版社，2003 年）。本文採計方式以「事件」配合言論為主，故《左
傳》中同一事件且同一人物所發言論，若徵引多次、多段《書》文，亦計為
一則，同時並參考、比對上述三家所輯內容，除何志華所編《先秦兩漢典籍
引《尚書》資料彙編》中將章《解》引《書》亦計數者本文不採外，餘則與
三家同。

〔註17〕許錟輝：《先秦典籍引尚書考》計為 30 則，然去除其認為不屬《尚書》的〈大
誓故〉則為 29 則；劉起釪：《尚書學史》則計為 28 則，雖數量相差不大，然
二者的計數方式仍有出入。另可參考何志華、陳雄根編著：《先秦兩漢典籍
引《尚書》資料彙編》。本文採計方式以「事件」為主，故《國語》同一章節所
載事件中，若徵引多次、多段《書》文，亦計為一則，又參考、對照上述三
家所輯，蓋無遺漏。

〔註18〕相關論述與統計見劉起釪：《尚書學史》，頁 11～61。

> 他們稱述這些篇的文句，都是一些平易好讀的句子，如〈康誥〉的
> 「怨不在大，亦不在小」……〈泰誓〉的「民之所欲，天必從之」……
> 而《尚書》原是典型的佶屈聲牙最難讀的古書，上面這些篇中就有
> 很多難讀的句子，他們都不肯引用；而通觀全部所引錄的文中，也
> 基本都是好讀的句子。〔註19〕

劉氏並認爲這是由於春秋時人對於西周時所傳下的語言已產生理解、閱讀上
的困難，故僅能揀選較爲簡易的章句引述之。另外屈萬里《尚書集釋·概說》
中也論及《左傳》、《國語》引《書》與《書》在春秋時期可能的流傳情形：

> 國語與左傳所載引述尚書之人，頗有在孔子以前者。按：二書所載
> 此類資料，雖不乏假前人之口而引後出之文獻者；然亦未可一概而
> 論。則尚書中若干篇章，在孔子以前，必有傳錄之本，而爲他國所
> 誦習者。傳錄篇章之多寡，固未必相同；且誦習之人，率爲官吏，
> 故所傳不廣。〔註20〕

從這些針對《左傳》、《國語》引《書》的概要式陳述中，可以發現，學者聚
焦的議題主要在於《書》篇的流傳概況，以及春秋時人對於《書》之內容的
接受、熟習程度。對於《左傳》、《國語》引《書》的各類語境分析與意義論
述，似乎還有可以發揮的空間。

又許錟輝《先秦典籍引尚書考》，專門針對先秦典籍中涉及引《書》者之
內容進行考釋、辯證，大體而言，乃透過這些資料收集、考證而辨明清季以
來《書》學上關於書〈序〉、僞古文《尚書》、《逸周書》、儒墨所授《書》版
本之異等問題，可說實際上也是進行類似劉起釪的「《尚書》學史」研究，然
其針對《左傳》本身引書之特色，也簡要提出了：

> 《春秋》三傳，左氏長於史，故多引《書》，公羊、穀梁長於義，故
> 少引書。……所以然者，蓋《左傳》長於事，故多引古書古語，或
> 證其事，或發其微。〔註21〕

另外，程元敏先生《尚書學史》則較全面地論述了《左傳》與《國語》引《書》
的特色，不過其大方向在於討論《左》、《國》所引《書》文是否服膺經之「本

〔註19〕 劉起釪：《尚書學史》，頁63。
〔註20〕 屈萬里：《尚書集釋》，頁8。
〔註21〕 許錟輝：《先秦典籍引尚書考》，下冊，頁374。許說並未特別論及《國語》引
　　　　書的特色，故此處只能就其論《左傳》爲論。

義」；關於此一議題，本文第二章已經指出先秦論說者徵引典籍，講究取合己意而非發揮「本義」，且是否有「本義」，亦是經典詮釋上相當難以論證的議題，故對於此類議題，以下章節或無法繼續發揮、補充；然而程先生亦指出：

> 《左傳》作者以史家治六藝，引古籌今，是其所擅，引《書》五十
> 餘條論事，皆不外往史。〔註22〕

可說確實精準地指出了《左》、《國》引《書》的一大特色，下文亦將就此點繼續探論。

　　綜上所述，可見《左》、《國》中徵引《詩》、《書》，在其應用概況，論說方式及其背後所反應的文化、歷史意義，似乎具有相似的特性；而考量其時常並稱，且前人研究已經相當豐碩的基礎上，本章將同時討論《左傳》與《國語》徵引《詩》、《書》之例，一方面就上述提及的《詩》、《書》在春秋時期的性質特色與論說風氣進行探論；另一方面則補充筆者所觀察的一些徵引《詩》、《書》之特色，希冀對傳統議題有些微之補充。以下第二節將討論《左傳》、《國語》稱引《詩》文的事例並進行比較與論析，尤其重視前人較少討論的《國語》引《詩》，並與《左傳》稱《詩》的類型與義涵進行比較；第三節則綜論《左》、《國》徵引《書》文事例的幾個特色，並與引《詩》者做出比較與詮釋；第四節則結合上章引《易》之研究，針對《左傳》、《國語》徵引《易》、《詩》、《書》三部經典的特色與意義進行綜合論述，期能闡發《左》、《國》應用經典的整體趨勢與意義。

第二節　《左傳》、《國語》稱《詩》事例論析

　　關於《左傳》、《國語》徵引《詩》文的各種方式、類型與意義，前賢研究中，有過各種不同角度的分類與論述，然大體上，對於《左傳》、《國語》，乃至更廣泛的先秦時期引《詩》、賦《詩》的認識，仍有一些共識：首先，在引用方式上，不論引《詩》、賦《詩》都有「斷章取義」的傾向，此為人所共知；其次，在應用目的方面，雖可細分有議論政事、品論人物、明志論說等不同應用場合與目的，但這些場合都如上節張素卿先生所論，是「運用的詩學」，蓋無疑義。換言之，學者應大體均可同意：引《詩》、賦《詩》是在各種語文活動之中，對《詩》的靈活運用，而並非後世《詩》學講論章句的解

經一路。

在此一研究基礎與共識上，我們可以進一步討論幾個問題：首先、由上述可知，《左傳》、《國語》稱引《詩》文的現象，蓋與引《易》具有類似的特質，亦即對應時勢、取合己意而對經典之文做出創造性的運用與詮釋。若然，可以思考的是，從上章第二節之〈二〉，可以看到《左傳》作者對於引《易》素材的有意運用，藉此達成某種敘事效果，那麼對引《詩》之素材，是否也可窺見類似的敘事安排與作意？其次、綜觀《左》、《國》中稱引《詩》文的各種事例，實際上有各種不同的形態，如言論之引用、賦《詩》應酬、「君子曰」評論等，各種不同的引《詩》、用《詩》方式，是否反映出春秋時人對《詩》的認識與態度。復次、則是關於《國語》的引《詩》，一般研究多僅止於比較二書引用《詩》文的異同，然而《國語》與《左傳》在性質、體制上的不同，或許也可能影響其對徵引《詩》文之言論的取捨或偏重，則《國語》與《左傳》徵引《詩》的現象有無差異，其原因又可如何解釋？

由於《左傳》稱《詩》的各類研究既多且為人所熟知，而大部分特色如「斷章取義」、「賦詩言志」等，亦大抵均獲得學界之共識，故以下將先論述較少單獨討論的《國語》引《詩》，一方面冀能凸顯、強調《國語》引《詩》的特色與研究價值，另一方面，或許透過《國語》的參照，也可進一步呈顯《左傳》稱《詩》研究可能具有的不同面向。

一、《國語》的稱《詩》與論《詩》

承上所述，前賢對春秋時人稱《詩》的種種研究，主要以《左傳》為重心，從而開展出的重要研究成果與議題大致有三：一、稱《詩》斷章取義之相關討論；二、賦《詩》之文化意涵論述；三、「君子曰」與「仲尼曰」引《詩》之討論與辨析。這些重要的研究成果與討論，基本上可說都立基於《左傳》的稱引《詩》文，《國語》的稱引《詩》文則較少被獨立論述。

相對於《左傳》具有豐富的賦《詩》情節與「君子曰」、「仲尼曰」引《詩》事例，《國語》引《詩》的現象確實顯得較為單純，除了沒有「君子曰」、「仲尼曰」引《詩》的事例外，賦《詩》現象也較少，僅有三至四例，〔註23〕此或許是因為《國語》所收錄之篇章，多為一國之內的君臣對談、問答，對於國際間的外交事件較少詳細載錄，故自然較少涉及與賦《詩》相關的場合與

─────────────

〔註23〕可參本文之〈附表一〉備註。

事件。然而，上述的第一點，亦即稱《詩》「斷章取義」的現象，在載錄嘉言善語爲主的《國語》中，卻可觀察到更豐富的面向，其選錄、擇取的篇章，也或許有不同於《左傳》的風格與特色。

　　據筆者粗淺之觀察，《國語》中所載各種長篇言論，有不少對《詩》進行了相當詳細的論述與探討，與吾人一般認識只取其字面意義、不論其原《詩》本意的「斷章取義」略有不同。上文已經提及，先秦稱引《詩》文多「斷章取義」，亦即取《詩》之一二章句，佐證、配合其言論主題，典型的例子如文二年《左傳》載晉秦彭衙之役後，晉趙衰與群臣議論必避秦師：

　　　　趙成子言於諸大夫曰：「秦師又至，將必辟之。懼而增德，不可當也。
　　　　《詩》曰：『毋念爾祖，聿脩厥德。』孟明念之矣。念德不怠，其可
　　　　敵乎？」（《左傳正義》，卷十八，頁 11）

此處趙衰唯取所稱《詩》句之「念」與「修德」爲說，論秦伯、孟明之善政，所論可說與原詩〈大雅・文王〉的內容並無相關之處。相對的，細察《國語》中稱《詩》的某些事例，其論述《詩》篇本身內容者，卻有與言論主題不相上下者，茲舉二例說明之。

（一）胥臣論文王事蹟

　　首先，《國語》一般在引《詩》後，言說者往往會再論述一段簡短的對《詩》章的詮釋或論述，此一現象可說較《左傳》特殊，如〈晉語四〉「胥臣論教誨之力」章載胥臣論文王「善將質而賢良贊之」曰：

　　　　文公問於胥臣曰：「吾欲使陽處父傅讙也而教誨之，其能善之乎？」
　　　　對曰：「是在讙也。蘧蒢不可使俯，戚施不可使仰，僬僥不可使舉，
　　　　侏儒不可使援，矇瞍不可使視，嚚瘖不可使言，聾聵不可使聽，僮
　　　　昏不可使謀。質將善而賢良贊之，則濟可竢。若有違質，教將不入，
　　　　其何善之爲！臣聞昔者大任娠文王不變，少溲於豕牢而得文王，不
　　　　加病焉。文王在母不憂，在傅弗勤，處師弗煩，事王不怒，孝友二
　　　　虢，而惠慈二蔡，刑于大姒，比於諸弟。《詩》云：『刑于寡妻，至
　　　　于兄弟，以御于家邦。』於是乎用四方之賢良。及其即位也，詢于
　　　　八虞，而諮于二虢，度於閎夭，而謀於南宮，諏於蔡、原而訪於辛、
　　　　尹，重之以周、邵、畢、榮，億寧百神，而柔和萬民。故《詩》云：
　　　　『惠于宗公，神罔時恫。』是則文王非專教誨之力也。」（《國語》，

卷十，頁 386～387）

此處胥臣與上舉文二年《左傳》，內容皆涉及周文王事蹟的詩篇，然其言論內容，卻較爲明顯的與所引〈思齊〉相應、配合，如「臣聞昔者大任娠文王不變」云云，雖是稱述歷史，然實際上也與〈思齊〉首章相應：

> 思齊大任，文王之母。思媚周姜，京室之婦。大姒嗣徽音，則百斯男。（《毛詩注疏》，卷十六之三，頁 11）

換言之，胥臣此處舉出的歷史事件與其後所引《詩》文之內容大旨，是基本呼應、相合的。同時，「孝友二虢」以下四句，實釋其下文所引〈思齊〉之二章內容；「於是乎用四方之賢良」至「億寧百神，而柔和萬民」一段，則與其下文所引「惠于宗公，神罔時恫」頗有互相發明之意。若考察〈思齊〉之內容，整體而言，其主要在歌詠「文王之德」，並推本其母而言之，〈毛序〉云：

> 思齊，文王所以聖也。（《毛詩注疏》，卷十六之三，頁 11）

鄭《箋》：

> 言非但天性，德有所由成。（同上）

孔《疏》則釋云：

> 文王所以得聖，由其賢母所生；文王自天性當聖，聖亦由母大賢。
>
> 故歌詠其母，言文王之聖，有所以而然也。（同上）

鄭《箋》可謂將「天性」與修「德」並重，孔《疏》則稍微偏重「天性當聖」，前者與胥臣所謂「質將善而賢良贊之」類似，後者又近於胥臣所主張文王「非專教誨之力」。前人頗有認爲此處乃毛《傳》與《國語》關係密切者，如清·陳奐《詩毛氏傳疏》釋〈思齊〉之二章即云：

> 宗公，宗神也者，《傳》即從下文兩「神」字立訓，言文王之祀羣神也……《國語》以宗公爲百神，與毛《傳》以宗公爲宗神，正是一意。此引詩承「億寧百神」句，而於「詢、咨、度、謀、諏、訪」句不干涉也，猶上文引詩「刑于寡妻，至于兄弟，以御于家邦」承「刑于大姒」句，而於「在傅弗勤，處師弗煩」句不干涉也，解《國語》者皆失之矣。〔註24〕

陳奐此處實兼解《國語》，其首先認爲在「宗公」之解釋上，《國語》與毛《傳》

〔註24〕清·陳奐：《詩毛氏傳疏》（臺北：廣文書局，1967 年），卷二十三，頁 17～18。

正是一意；〔註25〕其次則指出《國語》引該《詩》之所指與讀法。案：陳奐
所論《國語》所引「刑于寡妻，至于兄弟，以御于家邦」是否只應「刑于大
姒，比於諸弟」，而於前文「在母不憂」至於「惠慈二蔡」一段全不相干，本
文則持保留態度，畢竟胥臣所論是關於文王之德行的整體概念，如「孝友二
虢，而惠慈二蔡」何嘗不是「以御于家邦」。但就其整體而言，從陳奐之所以
能夠引《國語》而解《詩》、證《詩》者，正說明《國語》此段引《詩》與論
述並不只是簡單、片段的「斷章取義」，而毋寧說接近於「斷章釋義」。胥臣
此段的論說主題是舉出文王有「善質」而「非專教誨之力」，其固與〈思齊〉
一詩主題未必完全相等，但由於其在所引《詩》章前後，均加以己言潤色、
申釋之，可說幾乎也是一種對《詩》的完整論述。

（二）叔向論〈昊天有成命〉

類似的例子還可見〈周語下〉「晉羊舌肸聘周論單靖公敬儉讓咨」章：

> 晉羊舌肸聘于周，發幣於大夫，及單靖公。靖公享之，儉而敬。
> 賓禮贈餞，視其上而從之；燕無私，送不過郊；語說〈昊天有成
> 命〉。

> 單之老送叔向，叔向告之曰：「異哉！吾聞之曰：『一姓不再興。』
> 今周其興乎！其有單子也。……單子文睨我，禮也，皆有焉。大宮
> 室不崇，器無彤鏤，儉也；身聳除潔，外內齊給，敬也；宴好享賜，
> 不踰其上，讓也；賓之禮事，放上而動，咨也。如是而加之以無私，
> 重之以不殽，能避怨矣。居儉動敬，德讓事咨，而能避怨，以為卿
> 佐，其有不興乎！且其語說〈昊天有成命〉，〈頌〉之盛德也。其詩
> 曰：『昊天有成命，二后受之，成王不敢康。夙夜基命宥密，於緝
> 熙！亶厥心，肆其靖之。』是道成王之德也。成王能明文昭，能定
> 武烈者也。夫道成命者而稱昊天，翼其上也。二后受之，讓於德也。

〔註25〕案：此處爭議主要在於「宗公」所指為「宗神」或「大臣」，《國語》章《解》
釋「宗公」為「大臣」，陳奐則力主此乃指「神」而言，其所謂解《國語》者
「皆失之」蓋指此爭議。不過實際上，在《國語》的諸多言論中，「神」與「臣
民」往往一併而論，並非對立的兩端，如〈周語上〉「神降於莘」章（可參考
本文第四章）即有順於民者，神則福之，暴虐於民者，神則禍之的概念；若
然，則惠於民者亦是惠於神，此處胥臣言「億寧百神」後立刻續以「柔和萬
民」，實際上也是類似的邏輯，故或許不必如陳奐所論，欲使「宗神」與「大
臣」必斷一是非。

成王不敢康，敬百姓也。夙夜，恭也；基，始也。命，信也。宥，
寬也。密，寧也。緝，明也。熙，廣也。亶，厚也。肆，固也。靖，
龢也。其始也，翼上德讓而敬百姓。其中也，恭儉信寬，帥歸於寧。
其終也，廣厚其心以固龢之。始於德讓，中於信寬，終於固和，故
曰成。單子儉敬讓咨，以應成德。單若不興，子孫必蕃，後世不忘。
《詩》曰：『其類維何？室家之壼。君子萬年，永錫祚胤。』類也
者，不忝前哲之謂也。壼也者，廣裕民人之謂也。萬年也者，令聞
不忘之謂也。胤也者，子孫蕃育之謂也。單子朝夕不忘成王之德，
可謂不忝前哲矣。膺保明德，以佐王室，可謂廣裕民人矣。若能類
善物，以混厚民人者，必有章譽蕃育之祚，則單子必當之矣。單若
有闕，必茲君之子孫實續之，不出於他矣。」(《國語》，卷三，頁
114～118)

此段論《詩》的傾向更加明顯，尤其「其詩曰」至「終於固和，故曰成」一
段，幾乎可說是對《周頌・昊天有成命》的解釋與論述，與前舉胥臣論文王
之例相似而更加完備；而以解釋經文為主的毛《傳》，在釋〈昊天有成命〉處，
更與《國語》此段相同，更說明了《國語》論詩的特色。值得注意的是，此
處不同於一般賦《詩》或引《詩》處有二：首先，叔向與單靖公的互動中，
記錄者所用的敘述乃是「語說〈昊天有成命〉」，蓋指在宴饗等場合中，單靖
公表現出對〈昊天有成命〉詩章之悅樂與愛好，〔註26〕此處並未有對於宴饗
場合、人物賦《詩》的直接敘述，而是將重點放在其人對《詩》的偏好、喜
愛；相對於《國語》此一敘述，在《左傳》中可說較為少見人物對《詩》的
愛好或欣賞，至多僅有在賦《詩》之後稱美其人之志與《詩》相襯、合宜。
其次，此處與上例類似，均在徵引《詩》文前後，加以己言增飾、推擴其義，
更特別的是，叔向其後又徵引《詩・大雅・既醉》章進一步稱美單靖公，且
其論述方式乃先闡釋、發揮〈既醉〉中之「類」、「壼」、「萬年」、「胤」等字
詞之義，再結合前論〈昊天有成命〉之「不忘成王之德」、「膺保明德，以佐
王室」之旨，將兩詩綜合為論，以此釋彼。就主題言，此處仍是「斷章取義」，
然而其「取義」的論說方式，卻較一般在《左傳》中看到的不同，而極為詳
實、精密，且不少處可說仍符合、適合所論《詩》章之旨，實可謂論《詩》
與論人並重。

────────────

〔註26〕 韋《解》：「語，宴語所及也；説，樂也。」(《國語》，卷三，頁114)

　　綜上所述，可以見到《國語》中引《詩》者，對《詩》章之意旨有較多
的引申發揮，可說已經有些接近於「論詩」，此爲吾人在《左傳》中較少見到
的特色。〔註 27〕更進一步言之，何以《國語》中出現這些載錄，則可能須推
源於其書編纂之目的，亦即《國語》本以「語」爲主，對於各國論說之美善
者，特重視而錄之，故其所載篇章固多爲長篇論述，自然可能也對於所引之
《詩》加以更多的詮解與論述。

　　透過上文所舉《國語》二例，可簡單指出三個特色：首先，就論述方式
言，時可見論說者將自身之言論與《詩》義交織並陳，呈現出既論述己見，
又以己意帶出《詩》章而加以詮釋的論說技巧，此與上章所論引《易》者在
卦爻辭中又加入自身之說解，可說有異曲同工之妙，這樣的論說方式，一方
面展示出對經典的靈活運用、詮釋，一方面也符合上章所述，顯現出其對於
經典的態度，雖援引而重視，但並未有如後世「尊經」而嚴謹引用的態度，
相反的，其自身的話語實際上不斷參與、進入經典的語境之中，甚至變換其
義也所在多有。其次，就論述內容言，這些近似論《詩》的段落，實際上乃
是「引史而論《詩》」，上述二例論者援引文工、成王之事論《詩》，均屬春秋
時期較常爲人稱道之近代史，在《國語》中，本即常見長篇鋪陳史事的現象
（詳本文第四、五章），而最常被稱引之《詩》如雅、頌，其內容也多與周代
史事相關，故在長篇言論中，論史與稱《詩》遂能相得益彰。復次，就其論
說意旨言，可見出言說者雖對《詩》文內容多加舖陳、增飾，甚至出現對其
歷史背景的陳述，然其言論大旨，最終仍歸於其論說主題，換言之，在言說
主題上，這依然可說是一種「斷章取義」，只不過其論說方式更爲繁複、宏闊。

〔註27〕　《左傳》中仍有少數事例可見賦《詩》或引《詩》之人論述《詩》旨，如襄
　　　　四年《左傳》載：「穆叔如晉，報知武子之聘也。晉侯享之，金奏〈肆夏〉之
　　　　三，不拜。工歌〈文王〉之三，又不拜。歌〈鹿鳴〉之三，三拜。韓獻子使
　　　　行人子員問之，曰：『子以君命辱於敝邑，先君之禮，藉之以樂，以辱吾子。
　　　　吾子舍其大，而重拜其細。敢問何禮也？』對曰：『三夏，天子所以享元侯也，
　　　　使臣弗敢與聞。〈文王〉，兩君相見之樂也，使臣不敢及。〈鹿鳴〉，君所以嘉
　　　　寡君也，敢不拜嘉？〈四牡〉，君所以勞使臣也，敢不重拜？〈皇皇者華〉，
　　　　君教使臣曰：『必諮於周。』臣聞之：『訪問於善爲咨，咨親爲詢，咨禮爲度，
　　　　咨事爲諏，咨難爲謀。』臣獲五善，敢不重拜？」」（《左傳正義》，卷二十九，
　　　　頁 16〜20）其中穆叔所謂「三夏，天子所以享元侯也」、「〈文王〉，兩君相見
　　　　之樂也」可謂類似於論述《詩》旨，不過仍較爲簡略。又如著名的襄廿九年
　　　　《左傳》載季札觀樂，則是較爲詳細論述《詩》意的事例，不過此類事例在
　　　　《左傳》中究屬少數。

二、《左傳》稱《詩》之敘事與評論意義

　　如同本節一開始所述，《左傳》稱《詩》的研究，實際上已相當完備，此處唯可略論一般較少涉及的敘事意義，以及略加比較《左傳》與《國語》所載春秋時人對《詩》之詮釋、論說的差異。

（一）時人賦《詩》、引《詩》的敘事意義

　　本文之第二章討論《左傳》、《國語》中的《易》例時，曾專就《左傳》所載錄之《易》占與「卜預敘事」為論，指出涉及實際占筮的《易》例，往往被置於事件之後作為一種補充、附錄，對相關人、事形成評價與總結。更深入的說，涉及實際運用的占筮《易》例，因為具有人物、情節乃至某些主題意義，則也是一個獨立的事件，故其在敘事上的效用、安排上，都較純粹言談中引《易》更有彈性，這也是《左傳》作者能透過編排事件次序，而讓占筮《易》例發揮敘事效用的原因。而有了此一徵引《易》文的前例，我們再觀察《左傳》稱《詩》的文例，或許也可以略微觀察一些類似的特質。以下就《左傳》中較具特色的稱《詩》現象探論其敘事效用。

1. 襄廿七年至襄卅年「鄭伯有之亡」

　　襄廿七年《左傳》載鄭伯與七穆宴享晉國執政趙孟：

> 鄭伯享趙孟于垂隴，子展、伯有、子西、子產、子大叔、二子石從。趙孟曰：「七子從君，以寵武也。請皆賦，以卒君貺，武亦以觀七子之志。」子展賦〈草蟲〉。趙孟曰：「善哉，民之主也！抑武也，不足以當之。」伯有賦〈鶉之賁賁〉。趙孟曰：「牀笫之言不踰閾，況在野乎？非使人之所得聞也。」子西賦〈黍苗〉之四章。趙孟曰：「寡君在，武何能焉？」子產賦〈隰桑〉。趙孟曰：「武請受其卒章。」子大叔賦〈野有蔓草〉。趙孟曰：「吾子之惠也。」印段賦〈蟋蟀〉。趙孟曰：「善哉，保家之主也！吾有望矣。」公孫段賦〈桑扈〉。趙孟曰：「『匪交匪敖』，福將焉往？若保是言也，欲辭福祿，得乎？」卒享，文子告叔向曰：「伯有將為戮矣。詩以言志，志誣其上而公怨之，以為賓榮，其能久乎？幸而後亡。」叔向曰：「然，已侈，所謂不及五稔者，夫子之謂矣。」文子曰：「其餘皆數世之主也。子展其後亡者也，在上不忘降。印氏其次也，樂而不荒。樂以安民，不淫以使之，後亡，不亦可乎！」（《左傳正義》，卷三十八，頁 12～14）

賦《詩》既能「言志」，則賦《詩》與其人之行止、作爲甚爲相關，是故賦《詩》可說一定程度上呈現了人物的形象，此外，在此則事例中，鄭七穆——子展、伯有、子西、子產、子大叔、印段、公孫段——唯伯有賦《詩》不宜，不僅在當下遭趙孟否定，甚至趙孟在宴饗結束後，即據伯有賦《詩》不當而論其「志誣其上而公怨之，以爲賓榮」，預告其將亡。事實上，若考察《左傳》中關於伯有之亡的相關敘述，可見伯有於襄卅年出奔而復入後被殺，而在此之前，從襄廿七至廿九年，每一年都有關於伯有的相關預言或警告，此處屬第一則預告。襄廿八年同樣載錄一則伯有無禮个敬之事：

　　爲宋之盟故，公及宋公、陳侯、鄭伯、許男如楚。公過鄭，鄭伯不
　　在，伯有迋勞於黃崖，不敬。

　　穆叔曰：「伯有無戾於鄭，鄭必有大咎。敬，民之主也，而棄之，何
　　以承守？鄭人不討，必受其辜。濟澤之阿，行潦之蘋藻，實諸宗室，
　　季蘭尸之，敬也。敬可棄乎？」（《左傳正義》，卷三十八，頁 30～
　　31）

事實上，襄廿七年趙孟之所以過鄭而受鄭伯與七穆之宴饗，也止由於當年宋向戌力暢「弭兵」，故在晉楚二大國首肯下，諸侯會於宋而有宋之盟，趙孟在盟後返國時行經鄭國，方有廿七年之宴饗。而此處也屬於宋之盟的後續，透過叔孫穆叔之口，再次指出伯有實爲鄭國之隱憂；同時穆叔此段言論中，「濟澤之阿」至「季蘭尸之」，乃化用《詩・召南・采蘋》語：

　　于以采蘋，南澗之濱；于以采藻，于彼行潦。……于以奠之，宗室
　　牖下；誰其尸之，有齊季女。（《毛詩注疏》，卷一之四，頁 4～5）

〈采蘋〉詩之大旨，概爲歌詠祭祀而尚其恭敬之心，[註28] 此處穆叔乃取其「恭敬」之意，用以批評伯有之「不敬」。若將襄廿七年與廿八年之載錄並觀，前者載述伯有賦《詩》卻適正呈顯其自身之不足，後者則透過他人引《詩》評論伯有之不敬。更進一步，在襄廿九年相當著名的吳公子季札周遊中原各國的載述中，其過鄭時也涉及對伯有的評價與預言：

　　（季札）聘於鄭，見子產，如舊相識。與之縞帶，子產獻紵衣焉。

　　謂子產曰：「鄭之執政侈，難將至矣，政必及子。子爲政，慎之以禮。

[註28]　〈毛序〉：「〈采蘋〉，大夫妻能循法度也，能循法度，則可以承先祖、共祭祀
　　　　矣。」（《毛詩注疏》，卷一之四，頁 3）屈萬里先生亦指出〈采蘋〉乃「咏祭
　　　　祀之詩」（屈萬里：《詩經詮釋》，臺北：聯經出版事業公司，1983 年，頁 26）。

不然，鄭國將敗。」（《左傳正義》，卷三十九，頁 19）

其後，果在當年十二月伯有即與公孫黑等大夫齟齬，乃至襄卅年被迫出奔，而後在試圖返國的行動中被殺。〔註29〕季札在此番言談中，指出伯有之「侈」，實與襄廿七年叔向所云「已侈」、「不及五稔」互爲呼應。若綜觀從襄廿七至廿九年對鄭國國政的敘述與預告，可以發現，大體上透過各國之多文有禮之士，不斷的指出鄭國現任執政之侈汰將亡，而預告鄭國之另一位「博物君子」子產即將執政。上述載錄中，不論是晉之趙孟、叔向，魯之叔孫，吳之季札，在《左傳》中都可見其敦《詩》悅禮的表現，〔註30〕而其指責、批判伯有，也可說透過不同的用《詩》方式、角度發言：趙孟與叔向從伯有賦《詩》不當論其將亡，叔孫暗引《詩》文議論伯有之不敬，季札之言雖未引《詩》，但其人本爲深諳《詩》義之君子，其言也大體承繼、呼應前二年之主題，點出爲國以禮而忌侈汰的道理，以此勉子產而貶伯有。綜觀這三年間鄭國相關敘述中，可說「有禮」與「不敬」兩方勢力持續對話，隨著「不敬」的伯有逐漸走向敗亡，「有禮」的子產即將執政的事實也漸漸浮出檯面，而各種稱《詩》活動與《詩》的精神，在這些對話與論述中，可說是一重要的象徵，各國之有禮君子因《詩》而相知、契合、共勉，對鄭國之執政作出評論、預告與勉勵，而被屏除在外的伯有，則正是欠缺《詩》之素養。綜之，關於伯有之亡

〔註29〕 襄廿九年《左傳》載：「鄭伯有使公孫黑如楚，辭曰：『楚、鄭方惡，而使余往，是殺余也。』伯有曰：『世行也。』子晳曰：『可則往，難則已，何世之有？』伯有將強使之。子晳怒，將伐伯有氏，大夫和之。十二月己巳，鄭大夫盟於伯有氏。裨諶曰：『是盟也，其與幾何？詩曰，『君子屢盟，亂是用長』，今是長，亂之道也，禍未歇也，必三年而後能紓。』然明曰：『政將焉往？』裨諶曰：『善之代不善，天命也，其焉辟子產？舉不踰等，則位班也。擇善而舉，則世隆也。天又除之，奪伯有魄，子西即世，將焉辟之？天禍鄭久矣，其必使子產息之，乃猶可以戾。不然，將亡矣。』」（《左傳正義》，卷三十九，頁 21～22）又，襄卅年《左傳》載：「鄭伯有耆酒，爲窟室，而夜飲酒，擊鍾焉。朝至，未已。朝者曰：『公焉在？』其人曰：『吾公在壑谷。』皆自朝布路而罷。既而朝，則又將使子晳如楚，歸而飲酒。庚子，子晳以駟氏之甲伐而焚之。伯有奔雍梁，醒而後知之。遂奔許。……癸丑，晨，自墓門之瀆入，因馬師頡介于襄庫，以伐舊北門。駟帶率國人以伐之。……伯有死於羊肆。子產襚之，枕之股而哭之，斂而殯諸伯有之臣在市側者，既而葬諸斗城。子駟氏欲攻子產。子皮怒之，曰：『禮，國之幹也。殺有禮，禍莫大焉。』乃止。」（《左傳正義》，卷四十，頁 7～8）

〔註30〕 趙孟、叔孫穆子以及子產在《左傳》中皆有多起賦《詩》、引《詩》事例，顯見其多文有禮且熟稔《詩》文之素養；而季札有觀樂之事，更表現其對於《詩》、禮樂之愛好與精深。詳細事例可參考張素卿先生：《左傳稱詩研究》附錄表格。

在襄廿七至廿九年的相關敘述，雖看似個別事件，然仍可說有貫串的主題隱
伏其中，而《詩》的素養與應用無疑發揮了重要的作用，一方面使人物形象
得以貫串，另方面也呼應、加強了敘事主題：恭、禮以爲國。

　　2. 襄廿七、廿八年魯叔孫穆子論齊慶封必以惡終

　　上述伯有之例，可見《左傳》在三起相關事件中具有貫串的主題與人物
形貌，而其中稱《詩》的元素則輔助、加強此一主題的表現。類似的例子可
以襄廿七、廿八年關於齊慶封的相關事件說明。首先，襄廿七年《左傳》載：

> 齊慶封來聘，其車美。孟孫謂叔孫曰：「慶季之車，不亦美乎！」叔
> 孫曰：「豹聞之：『服美不稱，必以惡終。』美車何爲？」
>
> 叔孫與慶封食，不敬。爲賦〈相鼠〉，亦不知也。（《左傳正義》，卷
> 三十八，頁3）

《左傳》首先以叔孫穆子論慶封雖有美車然「服美不稱」，而後又載穆子享慶
封，而慶封除了不敬之外，連穆子賦〈相鼠〉批評其無禮、無儀都渾然不覺，
充分表現出慶封粗野無文的形象，也再次印證「服美不稱」之評。當年九月，
慶封盡滅齊國另一大族崔氏而當國，然其政權僅維持短短不到一年，即因縱
情飲酒畋獵，而遭國內盧蒲癸、王何等大大趁隙圍攻，狼狽奔魯，襄廿八年
《左傳》載慶封奔魯之事云：

> （慶封）獻車於季武子，美澤可以鑑。展莊叔見之，曰：「車甚澤，
> 人必瘁，宜其亡也。」
>
> 叔孫穆子食慶封，慶封氾祭。穆子不說，使工爲之誦〈茅鴟〉，亦不
> 知。
>
> 既而齊人來讓，奔吳。吳句餘予之朱方，聚其族焉而居之，富於其
> 舊。子服惠伯謂叔孫曰：「天殆富淫人，慶封又富矣。」穆子曰：「善
> 人富謂之賞，淫人富謂之殃。天其殃之也，其將聚而殲旃。」（《左
> 傳正義》，卷三十八，頁28～29）

值得注意的是廿七年與廿八年二則敘事上的相似性，皆以慶封之車美爲端，
而續以叔孫穆子宴饗慶封的情節，二年的事件與相關評論皆彼此呼應。在廿
八年的載述中，慶封氾祭，使穆子不悅而以「使工爲之誦〈茅鴟〉」的方式諷
之，杜《注》云：

> 〈茅鴟〉，逸《詩》，刺不敬。（《左傳正義》，卷三十八，頁28）

竹添光鴻《會箋》進一步解釋曰：

　　去年爲賦〈相鼠〉，不知，今乃使樂師誦而易曉也。〔註31〕

雖〈茅鴟〉屬逸《詩》而難以考察其實際內容，但由襄廿七年的類似載錄觀之，此處亦寫慶封對此《詩》「不知」，可見不論〈相鼠〉或〈茅鴟〉都屬對慶封之批評；而若參考竹添氏之說，則較之廿七年賦《詩》，此處之「誦《詩》」可能更爲「易曉」，而慶封竟仍不知，而使敘事有了層次上的遞進，凸顯出慶封的形象：首次聘魯而無禮無知，蓋因權傾一時、驕矜自滿，或有可說；既而已失勢、出奔，仍然無禮，更加確認其無知，彰顯其人已無可救藥。在這兩則敘述中，透過寫慶封對《詩》的兩次「不知」凸顯其無禮，可說有一貫呼應的表現手法。

　　從上所舉二例，可以看到《左傳》中載錄許多春秋時人「賦詩言志」、「引詩論理」的事件，有時具有某種連貫的敘事傾向：「伯有之亡」的相關引《詩》、賦《詩》，在橫跨多年的敘述中，連結起一種以明德恭禮爲主的論述邏輯；「慶封奔魯」的敘述中，透過相似的賦詩場景，遞進式地呈現、加強慶封的形象與叔孫穆子的評論。尤其值得注意的是各種賦《詩》情節，由於賦《詩》幾乎是《左傳》獨有之載錄，而其又具備完整的敘事架構與要素，故在《左傳》中，時可見藉由賦《詩》表現人物、承轉情節的敘事手法。上文所舉二例之外，本書第一章〈緒論〉所舉晉公子重耳與秦穆公的賦《詩》應對，也是類似的例子。同時，如同本文第一節之〈二〉提及，前輩學者皆注意到「賦《詩》多見於襄、昭年間」的現象與特色，此期間除國際局勢較爲平和之外，實際上也是《左傳》所載各類文辭、論說最爲富贍的時期，其時晉有趙孟、叔向，鄭有子產，吳有季札，而魯有叔孫穆子、孔子，率皆彬彬之士，而在上述事例中，《左傳》透過寫叔向、子產、季札等人諳《詩》、悅《詩》，映襯、對比於無禮侈汰之人的滅亡，在人物描寫之外，似乎也隱然展現此一期間的時代精神與風氣。

（二）以詩爲史與以詩論史之評論類型

　　透過本節之〈一〉中論析《國語》引《詩》與論《詩》的事例，可看出在某些言論中，《詩》與歷史的關係相當密切，時人引《詩》雖然一方面是訴諸經典的權威，但同時也是透過《詩》的內容喚起聽話者對過往歷史與前賢

〔註31〕日・竹添光鴻：《左氏會箋》（成都：巴蜀書社，2008年），冊三，頁1510。

的嚮往與追念。相對而言,《左傳》中的引《詩》段落,並不常見如《國語》
如此長篇鋪陳的引用與論述,然而,若我們意識到《詩》與歷史在春秋時人
的觀念中時常互相闡發,則也可進一步探討《左傳》中是否也有此種稱《詩》
與述史並行的言說現象。

實際上,《左傳》也有不少稱《詩》之事例,隱然指涉過往、尤其是周文
王的歷史;並且就數量上來說,〈大雅〉、〈小雅〉在《左傳》、《國語》中是最
常被引用的《詩》章,其內容實際上本即在歌詠、陳述周代歷史與相關帝王
事蹟,換言之,其性質也屬於一種「史」,誠如張素卿先生曾指出《左傳》中
時人賦《詩》、引《詩》,概皆以「周文」為基礎,且多稱述周文王之儀型,
做為明德之指標與典範,可說是「以《詩》為史」:

> 時人引詩徵義,<u>有時是視詩為史</u>,引詩即用以陳古喻今。〔註32〕

事實上,《左傳》有不少引《詩》的事例中,言說者會在稱引《詩》文後,加
以「文王所以造周也」〔註33〕、「文王之謂也」〔註34〕等論評,顯示出其人在
引《詩》時仍可能意識到《詩》文背後的整體歷史情境。

值得注意的是,《左傳》中尚有一種較為特殊的引《詩》模式,即「君子
曰」或「仲尼曰」在其評論中稱引《詩》、《書》,〔註35〕通常用以評論特定人

〔註32〕 張素卿:《左傳稱詩研究》,頁 128。張先生文中詳述時人引詩之各類旨趣,「以
詩為史」乃其中之一種。

〔註33〕 如宣十五年《左傳》載:「晉侯賞桓子狄臣千室,亦賞士伯以瓜衍之縣,曰:
『吾獲狄土,子之功也。微子,吾喪伯氏矣。』羊舌職說是賞也,曰:『<u>周書
所謂「庸庸祗祗」</u>者,謂此物也夫。士伯庸中行伯,君信之,亦庸士伯,此
之謂明德矣。<u>文王所以造周,不是過也。</u>故詩曰「陳錫哉周」,能施也。率是
道也,其何不濟?』」(《左傳正義》,卷二十四,頁 12)

〔註34〕 如僖九年《左傳》載公孫枝對秦伯之語:「臣聞之,唯則定國。詩曰:『不識
不知,順帝之則』,<u>文王之謂也</u>。又曰:『不僭不賊,鮮不為則』,無好無惡,
不忌不克之謂也。今其言多忌克,難哉!」(《左傳正義》,卷十二,頁 13)

〔註35〕 實際上,「君子曰」與「仲尼曰」的言論中,時有將《詩》與《書》並引的情
況,此節以論《詩》為主,故「君子曰」、「仲尼曰」引《書》的討論,將在
本章第四節論述,讀者幸識之。又關於《左傳》「君子曰」相關研究,民國以
來已有許多研究與討論,前賢如楊向奎、楊明照、張以仁先生皆有論述;當
代學者如盧心懋:《左傳「君子曰」研究》(國立政治大學中國文學研究所碩
士論文,簡宗梧教授指導,1986 年);龔慧治:《左傳君子曰問題研究》(國立
臺灣大學中國文學研究所碩士論文,張以仁先生指導,1988 年);葉文信:《左
傳君子曰考述》(國立臺灣師範大學國文研究所碩士論文,劉正浩教授指導,
1999 年);張高評:〈《左傳》史論之風格與作用〉(《成大學報》23 卷·人文
社會篇);Henry, Eric. "'Junzi yue' versus 'Zhongni yue' in Zuozhuan." Harvard

物之功過、得失。此種評論之言，乍看之下，似乎與《左傳》載錄春秋時人的言論差異不大，因爲其對《詩》的運用，皆採「斷章取義」的方式，取其字面意義用以論述某些人事，典型的例子如宣九年《左傳》載「孔子曰」評論洩冶：

> 孔子曰：「《詩》云『民之多辟，無自立辟』，其洩冶之謂乎！」（《左傳正義》，卷二十二，頁 10）

又如「君子曰」引《詩》，可以文四年《左傳》載「君子」評論魯國「逆婦姜于齊」與出姜其人爲例：

> 君子是以知出姜之不允於魯也，曰：「貴聘而賤逆之，君而卑之，立而廢之，棄信而壞其主，在國必亂，在家必亡。不允宜哉！《詩》曰，『畏天之威，于時保之』，敬主之謂也。」（《左傳正義》，卷十八，頁 19）

不論「仲尼曰」之評議人物，或「君子曰」之兼論事理，這些言論乍看與上文所舉叔孫穆叔評論慶封或趙孟議論伯有的論說頗爲類似，但就性質上來說，二者卻有一重要差異，亦即「君子曰」、「仲尼曰」應非「當時之言」，而是爲《左傳》作者所引用的一種「歷史評論」；〔註36〕換言之，叔孫穆子、趙孟所論者，是其當前之人事，「君子」、「仲尼」所論者，則大半屬於事後對春秋歷史人物進行評價。進一步而言，《左傳》作者既有意識地引用「君子」、「仲尼」的「歷史評論」，實際上也正是認定、贊同其論點，換言之，「君子曰」、「仲尼曰」在一定程度上，可說代表《左傳》作者對特定歷史人事的評價與態度。此一有意識地引用，並將評論置於文末爲其所述人、事做出整體評價、褒貶，可說與上章所論「卜預敘事」者，將《易》占與相關論述以「補述」、「附錄」型態置於所述人事之後的表現方式，呈現出異曲同工之妙。若說時人引《詩》或有「以《詩》爲史」的論述內涵，則「君子曰」、「仲尼曰」因爲屬於評論性質，則其中引《詩》可說更接近「斷章取義」而乃「以《詩》

Journal of Asiatic Studies (Cambridge, MA) 59, no.1 (Jun 1999) p.p 125～161 等亦各有相當之成果。因非本章探論焦點，茲不詳述。

〔註36〕 相關論述可參考李師隆獻：〈《左傳》「仲尼曰」敘事芻論〉，該文論析《左傳》之徵引「仲尼曰」，乃是有意識的運用，藉此傳達對歷史事件、人物褒貶等評價與辯證；又，張素卿先生：《左傳稱詩研究》第三章第四節則分論「時人」、「君子」、「仲尼」引《詩》，並指出與時人「引詩或以詩爲史，或純粹把詩當作發揮事理的準據」相比，「『仲尼曰』和『君子曰』引詩，將詩提煉爲義理標的的義涵更趨顯明」（頁 151）。

論史」了。

另外，雖然《國語》中尟少此類「君子曰」、「仲尼曰」的歷史評論，
〔註37〕但是，《左傳》中卻有某些「君子曰」、「仲尼曰」之文，具有近似《國
語》長篇鋪陳的言說方式，如襄十三年《左傳》引「君子曰」評論晉國諸
卿之讓德：

> 君子曰：「讓，禮之主也。范宣子讓，其下皆讓。欒黶爲汰，弗敢違
> 也。晉國以平，數世賴之，刑善也夫！一人刑善，百姓休和，可不
> 務乎！書曰：『一人有慶，兆民賴之，其寧惟永』，其是之謂乎！周
> 之興也，其詩曰：『儀刑文王，萬邦作孚』，言刑善也。及其衰也，
> 其詩曰：『大夫不均，我從事獨賢』，言不讓也。世之治也，君子尚
> 能而讓其下，小人農力以事其上，是以上下有禮，而讒慝黜遠，由
> 不爭也，謂之懿德。及其亂也，君子稱其功以加小人，小人伐其技
> 以馮君子，是以上下無禮，亂虐並生，由爭善也，謂之昏德。國家
> 之敝，恆必由之。」（《左傳正義》，卷三十二，頁3～4）

此段論述既言「晉國以平，數世賴之」，可見其乃後世之評論；同時，此段「君
子曰」以「讓，禮之主也」爲主腦，論述、稱美晉國諸卿之讓德，並援引《詩》、
《書》之文佐證其說；其中對《詩》的徵引以「周之興也」、「及其衰也」爲
提點，援引詩句佐證，並以「言刑善也」、「言不讓也」闡釋、發揮其《詩》
意，顯示出對《詩》文較義理化的論述傾向；最後「世之治也」以下則屬治
國之道的論述。此段長篇論述不僅評論歷史人物之功過，也同時藉此講述爲
政者的治國之道，引《詩》的部分則一方面與周代興亡之歷史並行，另方面
則加以自身之詮釋，作爲論述的佐證。此種較爲長篇且發揮道德意涵、配合
以歷史興亡——不論是周代或晉國——的論述方式，雖然可說有點類似《國
語》的論說方式，然而不同的是，《國語》中的各種論說與言說者，往往以《詩》
與其背後的周代歷史情境爲典範，對應其當下之議題；《左傳》的「君子曰」
則似乎較爲單純的議論春秋歷史，並藉此講述某些爲政之道或道德議題，可
說較爲傾向義理之闡述。

綜而言之，若我們比較《左傳》與《國語》中各種稱《詩》之文例，可
說《左傳》具有較多樣化的稱《詩》型式，如相當多的賦《詩》，時人引《詩》
以及「君子曰」、「仲尼曰」之引《詩》論（春秋）史；而《國語》則具有豐

〔註37〕〈魯語下〉有部份「仲尼聞之」的評論形式，然其評論均未引《詩》。

富的論《詩》內容，以及較爲明顯且大量的「以《詩》爲史」之鋪敘、陳述方式。上述差異主要由於《左傳》與《國語》二書之性質差異所致，故關於《國語》的稱《詩》研究，實際上不僅可供對比、映照《左傳》的特色，也同時具有其自身的論說特色。更進一步，透過上述的分析，我們可以對於傳統的「詩史相通」之論，獲得更全面的省察，學者由《左傳》論「詩史相通」者，多注重其「賦詩」與「本事」之說，如張高評先生所論：

> 史官既嫻於掌故，於詩之本事，自然容易考明。左丘明身爲魯史官，故《左傳》中，時時言及詩之本事。夫詩之與史，本極密切……此一詩史相通之意，可自《左傳》<u>言詩之本事</u>得其消息。如〈碩人〉、〈載馳〉、〈清人〉、〈黃鳥〉、〈祈招〉、〈堂棣〉諸什之本事，《左傳》皆有明言，又皆與《毛傳》、〈小序〉相合。〔註38〕

此處所舉證篇章，爲「賦《詩》」與「作《詩》」之例，亦即《左傳》中載錄有該《詩》創作之原初情境（本事）與歷史背景。而透過上文對《左傳》與《國語》中論說之辭稱《詩》、論《詩》的種種省察與分析，我們可以說，一方面這些論說之例證明了《詩》與史的關係確實極爲緊密，而另一方面，也可見《左》、《國》不僅載述了涉及《詩》之創作的賦《詩》情境，其載錄留存的許多研議事理、勸說論諫之文辭，實則也有不少論及了所謂「詩之本事」，此一特點或許能補充我們對於《詩》、史關係之認識。

第三節　《左傳》、《國語》引《書》事例論析

　　由於《尚書》之內容不論在篇目、時代、真偽等方面都有諸多爭議，歷代以來幾經正反辯證攻駁，直至目前似乎尚未得到定論，故本文亦無意、不敢憑藉《左》、《國》中少數引《書》的文例討論《尚書》學史之議題，而將專注在其語用層面上的效用、特色與意義，並在前節的論述基礎上，進一步比較《左》、《國》中徵引《詩》與《書》的異同。以下略述《左》、《國》所載言論引《書》的幾個特徵。

一、引《書》與稱《詩》之異同

　　在《左傳》、《國語》徵引《尚書》的文例中，除了不能與「賦《詩》」一

〔註38〕張高評：《左傳之文韜》〈《左傳》之文藝觀念及其價值〉，頁 28～29。

樣應用於外交、宴饗場合外，大部分的引《書》事例與引《詩》具有類似的
特質。簡單而言，可歸納爲三種：一、在內容上，被時人、「君子曰」、「仲尼
曰」徵引用以評論人物，論說事理；二、在引用、解說方式上有「斷章取義」
的傾向；三、承上節所論，部分事例有針對《書》文內容進行討論、解說的
傾向。

首先，上述之第一、二點可一併論述，亦即引《書》用以評論者，正因
所論爲言說者當下面對之人事，故對《書》文之引用，自然也以取合己意、
符應時事爲主，故有與引《詩》類似之「斷章取義」現象。典型的例子如襄
五年《左傳》載：

> 楚人討陳叛故，曰：「由令尹子辛實侵欲焉。」乃殺之。書曰「楚殺
> 其大夫公子壬夫」，貪也。

> 君子謂「楚共王於是不刑。《詩》曰：『周道挺挺，我心扃扃。講事
> 不令，集人來定。』己則無信，而殺人以逞，不亦難乎？《夏書》
> 曰：『成允成功。』」（《左傳正義》，卷三十，頁3）

此則敘述中，「君子」評論楚共王「不刑」而同時徵引《詩》、《書》爲論據，
可見二者具有類似的作用。

值得進一步討論的特色是，《左》、《國》中論者稱引《書》文時，有不少
與《詩》、甚至諺語並行的例子，上例其實也是此種情形，若說《詩》爲當時
之士人君子所熟習，則與《詩》並陳的引《書》篇章應當也有類似的性質，
如〈周語中〉「單襄公論郤至佻天之功」章對郤至之批評：

> 襄公曰：「人有言曰：『兵在其頸。』其郤至之謂乎！君子不自稱也，
> 非以讓也，惡其蓋人也。夫人性，陵上者也，不可蓋也。求蓋人，
> 其抑下滋甚，故聖人貴讓。且諺曰：『獸惡其網，民惡其上。』《書》
> 曰：『民可近也，而不可上也。』《詩》曰：『愷悌君子，求福不回。』
> 在禮，敵必三讓，是則聖人知民之不可加也。故王天下者必先諸民，
> 然後庇焉，則能長利。今郤至在七人之下而欲上之，是求蓋七人也，
> 其亦有七怨。怨在小醜，猶不可堪，而況在侈卿乎？……以吾觀之，
> 兵在其頸，不可久也。雖吾王叔，未能違難。在〈大誓〉曰：『民之
> 所欲，天必從之。』王叔欲郤至，能勿從乎？」（《國語》，卷二，頁
> 84～85）

單襄公論「人性，陵上者也」，而連續引用「諺」、《書》、《詩》爲說；其後復

論王叔竟稱譽無讓德的郤至，又引〈大誓〉之語，可謂旁徵博引。在此事例中，《書》與《詩》、「諺」並陳，作為言論的論據、佐證，顯示出其同樣具有「斷章取義」的性質，又同時可推測其文句應當與《詩》、「諺」具有類似的流傳範圍，可能是當時較為人所熟知的文句。又如昭廿八年《左傳》載司馬叔游勸祁盈之語：

> 晉祁勝與鄔臧通室。祁盈將執之，訪於司馬叔游。叔游曰：「<u>鄭書有之：『惡直醜正，實蕃有徒。』</u>無道立矣，子懼不免。<u>詩曰：『民之多辟，無自立辟。』</u>姑已，若何？」（《左傳正義》，卷五十二，頁23）

此段論述中，首先是《書》與《詩》並陳，另外值得注意的是所引之《詩》實際上在《左傳》中也不僅出現一次，〔註39〕可推知蓋為流傳較為廣泛之語。在《左傳》、《國語》稱引與《書》相關的文例中，如〈大誓〉之「民之所欲，天必從之」凡四見，〈康誥〉相關語句有近十則，以及一般被認為與《書》相關的「史佚」、「仲虺」之言，亦均被反覆徵引。在這些事例中，經常被反覆稱引的《書》、《詩》文句，其性質或許已經較接近於一種格言諺語，正如劉起釪所提及的，整體而言，《書》文徵引次數最多者屬〈康誥〉與〈大誓〉；並且被徵引之文句大部分有較為平易的傾向，或許可由此理解。

其次，則是關於上節論述《國語》稱引《詩》文的言論中，乃有某些針對《詩》文進行論述、詮釋的現象。此種不僅是「斷章取義」，而同時也具有某種「釋義」的言論現象與特色，也同樣見於《國語》引《書》的事例中，最為人熟知的應為《國語·楚語下》「觀射父論絕地天通」章：

> 昭王問於觀射父，曰：「<u>《周書》所謂『重、黎實使天地不通』</u>者，何也？若無然，民將能登天乎？」
>
> 對曰：「非此之謂也。古者民神不雜。民之精爽不攜貳者，而又能齊肅衷正，其智能上下比義，其聖能光遠宣朗，其明能光照之，其聰能聽徹之，如是則明神降之，在男曰覡，在女曰巫。是使制神之處位次主，而為之牲器時服，而後使先聖之後之有光烈，而能知山川之號、高祖之主、宗廟之事、昭穆之世、齊敬之勤、禮節之宜、威儀之則、容貌之崇、忠信之質、禋絜之服，而敬恭明神者，以為之

〔註39〕 「民之多辟，無自立辟」句亦見於宣九年《左傳》引「孔子曰」論洩冶（《左傳正義》，卷二十二，頁10）。

祝。使名姓之後，能知四時之生、犧牲之物、玉帛之類、采服之儀、
彝器之量、次主之度、屏攝之位、壇場之所、上下之神祇、氏姓之
所出，而心率舊典者爲之宗。於是乎有天地神民類物之官，是謂五
官，各司其序，不相亂也。民是以能有忠信，神是以能有明德，民
神異業，敬而不瀆，故神降之嘉生，民以物享，禍災不至，求用不
匱。及少皞之衰也，九黎亂德，民神雜糅，不可方物。夫人作享，
家爲巫史，無有要質。民匱於祀，而不知其福。烝享無度，民神同
位。民瀆齊盟，無有嚴威。神狎民則，不蠲其爲。嘉生不降，無物
以享。禍災荐臻，莫盡其氣。顓頊受之，乃命南正重司天以屬神，
命火正黎司地以屬民，使復舊常，無相侵瀆，是謂絕地天通。其後，
三苗復九黎之德，堯復育重、黎之後不忘舊者，使復典之。以至於
夏、商，故重、黎氏世敘天地，而別其分主者也。

其在周，程伯休父其後也，當宣王時，失其官守而爲司馬氏。寵神
其祖，以取威於民，曰：『重寔上天，黎寔下地。』遭世之亂，而莫
之能禦也。不然，夫天地成而不變，何比之有？」(《國語》，卷十八，
頁 559～564)

關於此篇論「絕地天通」的言辭，歷來研究繁多，且廣及古代宗教、神話乃
至上古文明、上古史，可謂百家爭鳴。不過，目前就《國語》文本本身論析
最精者，要屬張素卿先生〈「觀射父論絕地天通」探義〉一文，該文將此段言
論依據內容主旨分出三個層次：

第一層解說，旨在陳述史跡……他完全是從人事、歷史的角度來解
釋「絕地天通」。……第二層解說，即針對導致後人疑惑的緣故加以
說明。……第三層解說，觀射父直接訴諸經驗常識。〔註40〕

第一層解說屬正面積極立說，詳細陳述了所謂「絕地天通」是怎麼
一回事。第二、三兩層則屬消極的破解反詰，既釐清後人爲了「寵
神其祖」而誇飾其辭，致使一個職司官守的歷史事件染上了神話色
彩；並以「天地成而不變」來說明：自古及今，「登天」都是不可能
的。〔註41〕

〔註40〕張素卿：〈「觀射父論絕地天通」探義〉（收入《張以仁先生七秩壽慶論文集》，
臺北：學生書局，1999年），頁454。
〔註41〕同上注，頁455。

在張先生論析的基礎上，還有值得注意的是，「絕地天通」的論述，基本上是在「君臣問答」的架構中進行，亦即君王提問，而觀射父論述，所論正是《書》文的內容，則在上述的「斷章取義」之外，尚有屬於「釋義」的部分。當然，關於「重、黎實使天地不通」一句的意義，是否完全如觀射父所論，或許還有辯證空間，〔註42〕但不論其是否符合「本義」──又或者有無「本義」──我們可說，此段論述，亦即張先生所謂篇幅最長的第一層次解說，確實是一種對《書》文的詮釋，且於釋義中寓含人文精神：希望昭王勿眩惑於誇飾的神話／神化文字，而對歷史變遷、人文之理有所察識。若說一般的「斷章取義」，是在對明確指涉的對象、主題進行說明與論斷後，再稱引《詩》、《書》之文作為佐證與論據，那麼此處顯然是一種更為複雜而深婉的形式：論說者先詳細講論、詮釋《書》文的意義，而在其論述中，其意旨與內涵浮現而出，這再次驗證了《國語》重要的「語」體本質，亦即以「言論」包羅各種道德論述與歷史掌故，而最終的言說目的指向明德、教化，此可謂是《國語》中各種長篇論述之精神所在。

二、引《書》與徵史之關係探論

上文就《左》、《國》稱引《詩》、《書》的同質性進行論述，以下則略述《左傳》、《國語》引《書》之特色。由於《國語》明確徵引《書》文之例較少，以下敘述以《左傳》之事例為主。

上小節所舉的最後一例「觀射父論絕地天通」章中，我們看到了《國語》載錄的言論，對《書》文內容進行較多的解釋與論述，而進一步來說，又可注意到其論述、釋義的方法，乃是「從人事、歷史的角度來解釋」、將《書》所載之內容解釋為「歷史事件」。這可說是《左》、《國》中論者稱引《書》文時較顯著的一個特色，即是在某些載述中，引《書》除了作為一種常見的格言之外，論者往往同時追述相關歷史事件、情境配合《書》文。以下略舉數例說明之：

首先，文十八年《左傳》載季文子使太史克論必出莒僕：

莒紀公子生大子僕，又生季佗，愛季佗而黜僕，且多行無禮於國。

〔註42〕張素卿先生文中也已論述此一議題，其透過對神話之考察，指出先秦本即可能有「登天」之神話，而觀射父之論雖可能不符《尚書・呂刑》之「本義」，但其意旨乃「要將昭王從神話的歧途導入歷史的正軌」。（同上注，頁464）

僕因國人以弒紀公，以其寶玉來奔，納諸宣公。公命與之邑，曰：「今日必授！」季文子使司寇出諸竟，曰：「今日必達！」公問其故。

季文子使大史克對曰：「先大夫臧文仲教行父事君之禮，行父奉以周旋，弗敢失隊，曰：『見有禮於其君者事之，如孝子之養父母也；見無禮於其君者，誅之，如鷹鸇之逐鳥雀也。』先君周公制《周禮》曰：『則以觀德，德以處事，事以度功，功以食民。』作〈誓命〉曰：『毀則爲賊，掩賊爲藏。竊賄爲盜，盜器爲姦。主藏之名，賴姦之用，爲大凶德，有常無赦。在九刑不忘。』行父還觀莒僕，莫可則也。孝敬、忠信爲吉德，盜賊、藏姦爲凶德。夫莒僕，則其孝敬，則弒君父矣；則其忠信，則竊寶玉矣。其人，則盜賊也；其器，則姦兆也。保而利之，則主藏也。以訓則昏，民無則焉。不度於善，而皆在於凶德，是以去之。

昔高陽氏有才子八人，蒼舒、隤敳、檮戭、大臨、尨降、庭堅、仲容、叔達，齊、聖、廣、淵、明、允、篤、誠，天下之民謂之八愷。高辛氏有才子八人，伯奮、仲堪、叔獻、季仲、伯虎、仲熊、叔豹、季貍，忠、肅、共、懿、宣、慈、惠、和，天下之民謂之八元。此十六族也，世濟其美，不隕其名。以至於堯，堯不能舉。舜臣堯，舉八愷，使主后土，以揆百事，莫不時序，地平天成。舉八元，使布五教于四方，父義、母慈、兄友、弟共、子孝，內平外成。昔帝鴻氏有不才子，掩義隱賊，好行凶德；醜類惡物，頑嚚不友，是與比周，天下之民謂之渾敦。少皞氏有不才子，毀信廢忠，崇飾惡言，靖譖庸回，服讒蒐慝，以誣盛德，天下之民謂之窮奇。顓頊有不才子，不可教訓，不知話言，告之則頑，舍之則嚚，傲很明德，以亂天常，天下之民謂之檮杌。此三族也，世濟其凶，增其惡名，以至于堯，堯不能去。縉雲氏有不才子，貪于飲食，冒于貨賄，侵欲崇侈，不可盈厭，聚斂積實，不知紀極，不分孤寡，不恤窮匱，天下之民以比三凶，謂之饕餮。舜臣堯，賓于四門，流四凶族，渾敦、窮奇、檮杌、饕餮，投諸四裔，以禦螭魅。是以堯崩而天下如一，同心戴舜，以爲天子，以其舉十六相，去四凶也。故〈虞書〉數舜之功曰『慎徽五典，五典克從』，無違教也。曰『納于百揆，百揆時序』，無廢事也。曰『賓于四門，四門穆穆』，無凶人也。舜有大

功二十而爲天子，今行父雖未獲一吉人，去一凶矣。於舜之功，二
十之一也，庶幾免於戾乎！」〔註43〕（《左傳正義》，卷二十，頁
13～20）

此文前段所引〈周禮〉、〈誓命〉今皆散逸，無從對照；後引〈虞書〉內容則
見今《尚書・堯典》。〔註44〕在大史克的言論中，徵引經典的言論可分爲兩部
分，第一部份從「先大夫臧文仲」至「皆在於凶德，是以去之」，乃借用魯之
先君、先大夫之教誨論爲臣子者，行父事君應進有禮孝悌之人，而退盜賊姦
詭之輩，並就莒僕之行事論其有凶德，以此解釋季文子爲何違逆魯宣「今日
必授」而逐莒僕出境。第二部分，則自「昔高陽氏有才子八人」至「庶幾免
於戾乎」，講述舜舉八元八愷而流四凶族之古史，且引〈虞書〉佐證其言。細
察此二段落之特色，我們可說，前段引〈誓命〉、〈周禮〉乃至「臧文仲之教」，
基本上與上文所述徵引《詩》、《書》以爲格言的形式類似，不過稱引者特別
引用「本國」之先君、先賢之語，除了用作一般的格言外，對於聽話者魯宣
公而言，理應更具權威性。第二段徵引則與前段略有不同，該段重點在於稱
述古史，〈虞書〉云云則配合並證成所述，換言之，此處的引《書》，並不僅
是斷章取義的格言，而是論說者透過、呼應《書》文所載，陳述、喚醒某段
歷史記憶與往事，引《書》與引史，形成一種互爲表裡的論述方式。

類似的例子還可見襄十四年《左傳》載師曠與晉侯論「衛人出其君」一
事：

師曠侍於晉侯。晉侯曰：「衛人出其君，不亦甚乎？」

對曰：「或者其君實甚。良君將賞善而刑淫，養民如子，蓋之如天，
容之如地；民奉其君，愛之如父母，仰之如日月，敬之如神明，畏
之如雷霆，其可出乎？夫君，神之主而民之望也。若困民之主，匱
神乏祀，百姓絕望，社稷無主，將安用之？弗去何爲？天生民而立
之君，使司牧之，勿使失性。有君而爲之貳，使師保之，勿使過度。
是故天子有公，諸侯有卿，卿置側室，大夫有貳宗，士有朋友，庶
人、工、商、皂、隸、牧、圉皆有親暱，以相輔佐也。善則賞之，
過則匡之，患則救之，失則革之。自王以下各有父兄子弟以補察其

〔註43〕《國語・魯語下》亦載錄此事，然里革（大史克）之言則並未引用《書》文。
〔註44〕舊注以〈堯典〉、〈舜典〉爲二篇，稱此處徵引出乎〈舜典〉；然清季以來，學
　　　者已論證〈舜典〉乃自〈堯典〉分出，故此處從前人研究而稱〈堯典〉。

> 政。史為書，瞽為詩，工誦箴諫，大夫規誨，士傳言，庶人謗，商
> 旅于市，百工獻藝。故《夏書》曰：『遒人以木鐸徇于路，官師相規，
> 工執藝事以諫。』正月孟春，於是乎有之，諫失常也。天之愛民甚
> 矣，豈其使一人肆於民上，以從其淫，而棄天地之性？必不然矣。」
> （《左傳正義》，卷三十二，頁18～20）

「遒人以木鐸徇于路，官師相規，工執藝事以諫」，見今〈胤征〉篇：

> 每歲孟春，遒人以木鐸徇于路，官師相規，工執藝事以諫。（《尚書
> 正義》，卷七，頁9）

案：〈胤征〉屬「偽古文」《尚書》，其內容意旨依〈書序〉為：

> 羲和湎淫，廢時亂日，胤往征之，作〈胤征〉。（《尚書正義》，卷七，
> 頁8）

偽孔《傳》則云：

> 羲氏、和氏，世掌天地四時之官。自唐虞至三代，世職不絕，承太
> 康之後，沈湎於酒，過差非度，廢天時、亂甲乙。……胤國之君，
> 受王命往征之。（同上）

所謂「羲氏、和氏」、「胤國之君」者，皆與本則事例所論「天子」、公卿云云
不直接相涉，故不必深究偽古文《尚書》與《左傳》此處的關係，而就《左
傳》所載言論本身話語脈絡討論即可。此則事例中，師曠實際上乃借與晉侯
討論「衛人出其君」一事，而委婉地將話題傳換為當政者宜廣泛納諫的主題，
其講述「自王以下各有父兄子弟以補察其政」的言諫制度，強調納諫能使君
士為善，自然就受人民愛戴而不會如衛君般遭到驅逐；而「史為書」至「工
執藝事以諫」一段，則與其所引《夏書》內容相證，透過講述制度與徵引《書》
文，一方面訴諸古制，強調已有先例，一方面徵引《書》文，表明所言不虛，
而達成婉轉勸說國君納諫的言說意圖。實際上稱述過往「天子」之制度，本
即屬講述歷史的一種（詳本文第四章），換言之，此處引《書》與引史仍是相
輔相成的情境，講述歷史能映帶、證明《書》中所載，而徵引《書》文也是
呼應、加強歷史情境的敘述。

　　此類事例在《左傳》中還有不少，若我們回顧《書》在先秦時期的性質，
便可理解此種引《書》同時講述歷史的論說內涵，因為在先秦時期，《書》乃
是過往重要事件的記錄與留存，本即是「史」的一部分。最為明顯將《書》
與過往歷史連結的論述，可以定四年《左傳》載祝佗之言為代表：

四年春三月，劉文公合諸侯于召陵，謀伐楚也。……將會，衛子行敬子言於靈公曰：「會同難，嘖有煩言，莫之治也。其使祝佗從！」公曰：「善。」乃使子魚。子魚辭，曰：「臣展四體，以率舊職，猶懼不給而煩刑書。若又共二，徵大罪也。且夫祝，社稷之常隸也。社稷不動，祝不出竟，官之制也。君以軍行，祓社釁鼓，祝奉以從，於是乎出竟。若嘉好之事，君行師從，卿行旅從，臣無事焉。」公曰：「行也！」

及皋鼬，將長蔡於衛。衛侯使祝佗私於萇弘曰：「聞諸道路，不知信否。若聞蔡將先衛，信乎？」萇弘曰：「信。蔡叔，康叔之兄也，先衛，不亦可乎？」

子魚曰：「以先王觀之，則尚德也。昔武王克商，成王定之，選建明德，以藩屏周。故周公相王室，以尹天下，於周爲睦。分魯公以大路、大旂，夏后氏之璜，封父之繁弱，殷民六族，條氏、徐氏、蕭氏、索氏、長勺氏、尾勺氏，使帥其宗氏，輯其分族，將其類醜，以法則周公。用即命于周。是使之職事于魯，以昭周公之明德。分之土田倍敦、祝、宗、卜、史，備物、典策，官司、彝器；因商奄之民，命以伯禽而封於少皞之虛。分康叔以大路、少帛、綪茷、旃旌、大呂，殷民七族，陶氏、施氏、繁氏、錡氏、樊氏、饑氏、終葵氏；封畛土略，自武父以南及圃田之北竟，取於有閻之土以共王職；取於相土之東都以會王之東蒐。聃季授土，陶叔授民，命以〈康誥〉而封於殷虛。皆啓以商政，疆以周索。分唐叔以大路、密須之鼓、闕鞏、沽洗，懷姓九宗，職官五正。命以〈唐誥〉而封於夏虛，啓以夏政，疆以戎索。三者皆叔也，而有令德，故昭之以分物。不然，文、武、成、康之伯猶多，而不獲是分也，唯不尚年也。

管、蔡啓商，惎間王室，王於是乎殺管叔而蔡蔡叔，以車七乘、徒七十人。其子蔡仲改行帥德，周公舉之，以爲己卿士，見諸王，而命之以蔡。其命書云：『王曰：「胡！無若爾考之違王命也！」』若之何其使蔡先衛也？武王之母弟八人，周公爲太宰，康叔爲司寇，聃季爲司空，五叔無官，豈尚年哉？曹，文之昭也；晉，武之穆也。曹爲伯甸，非尚年也。今將尚之，是反先王也。晉文公爲踐土之盟，

衛成公不在，夷叔，其母弟也，猶先蔡。其載書云：『王若曰，晉重、
魯申、衛武、蔡甲午、鄭捷、齊潘、宋王臣、莒期。』藏在周府，
可覆視也。吾子欲復文、武之略，而不正其德，將如之何？」萇弘
說，告劉子，與范獻子謀之，乃長衛侯於盟。（《左傳正義》，卷五十
四，頁 12～21）

召陵之盟時，由於主盟者意圖「長蔡於衛」，祝佗遂以極長的篇幅勸說萇弘而
試圖「長衛侯於盟」。這段言辭中，除了講述「武王克商」以降分封諸侯的歷
史外，也涉及了〈康誥〉、〈唐誥〉、「蔡仲之命」，乃至晉文公踐土之盟的「載
書」；若純就其性質考察，則不論現存與否，或是否為《尚書》之篇目，上述
篇章可說都屬於廣義的「書」，亦即官方對重大事件的紀錄文辭。而細察祝佗
的言辭中，《書》與歷史並行，其首先詳細講述周室分封魯公、康叔、唐叔的
細節，強調此一分封是重德之結果，並有〈康誥〉、〈唐誥〉為證；再舉管、
蔡之亂為說，指蔡於德有失，又舉踐土之盟，強調衛先盟之前例，亦皆舉出
命辭、盟辭強調所言不虛。在此段長篇論述中，先講述歷史，而後引述《書》
篇或《書》文，各種誥命、載書，便成為一種歷史的見證、留存與證明，所
謂「藏在周府，可覆視也」。由此可以看到引「書」與徵「史」之間強烈的語
境聯繫，而更進一步，我們可說在重述歷史的同時，也是將歷史映照於今日，
祝佗所謂「吾子欲復文、武之略」，正說明其言論欲造成的「古今相應」效果，
而此時，「藏在周府，可覆視也」的《書》文就成為了古人與今人之間實存的
連繫。

　　上舉《左傳》中將引《書》與稱述歷史結合為言的現象，《國語》中亦有
此類言論，除上述「觀射父論絕地天通」章可為一例之外，〈楚語上〉「白公
子張諷靈王宜納諫」章又載：

靈王虐，白公子張驟諫。王患之，謂史老曰：「吾欲已子張之諫，若
何？」對曰：「用之實難，已之易矣。若諫，君則曰：『余左執鬼中，
右執殤宮，凡百箴諫，吾盡聞之矣，寧聞他言？』」
白公又諫，王如史老之言。對曰：「昔殷武丁能聳其德，至於神明，
以入於河，自河徂亳，於是乎三年默以思道。卿士患之，曰：『王言
以出令也，若不言，是無所稟令也。』武丁於是作書，曰：『以余正
四方，余恐德之不類，茲故不言。』如是而又使以象夢旁求四方之
賢，得傅說以來，升以為公，而使朝夕規諫，曰：『若金，用女作礪。

若津水，用女作舟。若天旱，用女作霖雨。啓乃心，沃朕心。若藥
不瞑眩，厥疾不瘳。若跣不視地，厥足用傷。』若武丁之神明也，
其聖之睿廣也，其智之不疚也，猶自謂未乂，故三年默以思道。既
得道，猶不敢專制，使以象旁求聖人。既得以爲輔，又恐其荒失遺
忘，故使朝夕規誨箴諫，曰：『必交修余，無余棄也。』今君或者未
及武丁，而惡規諫者，不亦難乎！……〈周詩〉有之曰：『弗躬弗親，
庶民弗信。』臣懼民之不信君也，故不敢不言。不然，何急其以言
取罪也？」（《國語》，卷十七，頁 554～556）

白公子張面對楚靈王「凡百箴諫，吾盡聞之矣，寧聞他言」的狂語，舉出前
代的殷賢王武丁廣求賢人朝夕規諫的詳細史事，以此冀望楚靈能反省自身之
不足而勿剛愎自用。此段論述中，對於包含對武丁「作書」等事蹟敍述，也
同時徵引了兩段武丁之言；此二段武丁言論，既屬王者之佈告眾臣，可以推
測應當曾被記錄、且爲後人所紀念、記憶，雖然不屬於今本所見之《書》篇，
然就其性質與意義來說，也是一種廣義的「書」。此段言論不僅與前文所舉《左
傳》諸例有類似的言說方式，與上節「觀射父論絕地天通」章也頗爲相似，
均以敍述前代歷史爲主題，而徵引相關「書」文佐證、加強其所述之史，而
稱述歷史，徵引《書》文加強佐證的目的，最終歸向言論的勸諫主題：求賢
納諫。

　　綜上所述，可見在《左傳》、《國語》所載徵引《書》文的長篇言論中，
往往同時具有講述歷史的內容，而此一特色有助於進一步思索《書》在春秋
時人的認識中具有何種意義。就其背景與性質言，《書》作爲過往重要事件的
見證、重要人物的言語記錄，本即是一種「史」，故在《左傳》、《國語》引《書》
的文例中，固有不少段落僅引用一二文句，以「斷章取義」的方式作爲格言
之用，但從上述各例中也可見到，有爲數不少的例子，論說者訴諸歷史，講
述《書》文之所以被載錄、留存的歷史背景，甚至更有進一步闡釋其義、講
論其文者，本文第一節之〈二〉曾論及在前賢研究中，或以爲春秋時人對《書》
文已有理解之隔閡，然而就《左》、《國》中所見，或許我們應該說，《書》文
中某些文句，確實因其平易而廣爲引用、流傳，幾乎成爲一種諺語而不須對
其全篇背景有所深求，然而也有某些事例中，可見言說者顯然對所論《書》
篇有較全面、深刻之認識。但不論是簡單的採用字面意義，或長篇論述其歷
史淵源，其最終之言論意向，仍舊指向言說者所希冀的主題：明德納諫、勸

善去惡。

第四節　《易》、《詩》、《書》之文獻性質與論說意義論略

綜合本章第二、三節對《左傳》、《國語》稱引《詩》、《書》之文例所進行的分析與討論，我們可以說，春秋時人之稱引《詩》、《書》，除了一般所謂「斷章取義」的概要認識之外，其實也具有一些更為複雜而深美的型態；而這些不同的論說與敘事型態，實則說明了《詩》、《書》在當時的文獻意義與性質，同時也呈現了《左傳》、《國語》之敘述者的價值觀。同時，《詩》、《書》與《易》等經典，在前賢研究中，往往將其分別省察、考證，而較少進行綜合論述與比較，但實際上，《詩》、《書》與《易》在春秋時人的言論應用與詮釋中，其異同為何，又出於何種原因，乃至在《左傳》、《國語》中發揮何種敘事效用，實值得進一步發掘與探論。是故以下將就《左傳》、《國語》稱引《詩》、《書》的言論特色與意義進行論述；進而比較稱引《詩》、《書》與上章引《易》之異同。

一、稱引《詩》、《書》的論說特色與意義

上章提及，在《左傳》、《國語》引《易》的事例中，可見春秋時人對《易》的應用，可能有逐漸由「尚占」轉變為「尚辭」的傾向，亦即隨著日漸興盛的談辯、遊說之風，《易》遂從實用的「占筮之書」，逐漸轉變為研發義理、講論道德時稱引的「經典」，走向文用論理之途。那麼較之於《易》，「經典」性質更加穩固、義理層面也發展更豐富的《詩》與《書》，其在言談中的運用與詮釋，則可開展出不同層面的探討。

事實上，若考量《詩》、《書》的本質，很明顯可知其「實用」層面，或許不如上至國之大事、下至個人出處都可以之占筮應用的《易》來得廣泛——《詩》作為禮樂活動之一環，應於特定場合、時節方能展演；《書》為重要事件之紀念、存證，然事過境遷則多數「藏於周府」作為存檔——而在《左傳》、《國語》所載錄的各種言論中，《書》大部分只見於言論中的徵引，而理論上最為「實用」的賦《詩》，則在襄、昭年間最多，實則已屬春秋中後期，且應當是受到當時國際弭兵和戎的平和風氣催化的現象。若然，則就《左傳》、《國語》中載錄為數眾多的稱引《詩》、《書》言論觀之，其文用層次或許已

經超越實用面向。然而,我們進一步要問的是,儘管都是闡發義理、飾詞爲文之用,但如上文所舉各例,可見《左傳》、《國語》中又有各種不同的稱引《詩》、《書》之論說方式,又該如何理解?

首先,透過本文第三節對《左傳》、《國語》引《書》文例的考察以及前賢研究之提示可見,在不少言論中,都具有「徵引史事」而配合《書》文的論述模式,此一模式說明了《書》的基本性質乃與史相通。若我們認識到引《書》除了取其所引文句字面意義外,尚有此一配合歷史而論述的模式,據此再反觀《左》、《國》中稱《詩》與少部分論《詩》之事例,可以發現其實某些稱引《詩》文者也有類似的傾向。稱《詩》的事例,可能由於數量眾多、篇幅較短,且廣泛被「君子曰」或「仲尼曰」用以評論人事,故其與史並行的特色往往不很凸顯,然而一旦與引《書》互相參照,則春秋時人言說時引《詩》、《書》證史,述史以論《詩》、《書》的特色,也就更能明顯地呈現。

承上所論,春秋時人對《詩》、《書》的應用與論述,往往與「徵史」緊密相關:稱引《詩》、《書》的同時,也往往藉由《詩》、《書》之文喚起過往的歷史記憶與典範,進而構成言論之權威與正當性。則我們或許可以說,此一所謂引《詩》、《書》證史,以《詩》、《書》爲史的觀念,其基礎或許正來源於春秋時期仍受到士人重視的「周文」典範。甚至不僅是引用於言論之中,在實際進行賦《詩》的宴饗、盟會等外交場合中,也可以看到時人對所賦《詩》章的解釋,有時也回歸到該《詩》的歷史背景爲說,而將前事與今境相映。綜而言之,不論稱《詩》或引《書》、文飾議論或賦誦應對,在一定數量的事例中,可見看到《詩》、《書》之文與春秋時人的歷史記憶經常緊密相連,這既是語用特色,同時也是價值觀念的呈現。

然而在另一方面,我們也看到幾乎同樣數量、甚至更多的事例中,《詩》、《書》之文漸漸有以「明德」爲其詮釋重心的傾向,有些言論全以發明德行、義理層面的論述爲主,而已較不涉及《詩》、《書》相關歷史背景,如本章第二節曾論及《左傳》以「君子曰」或「仲尼曰」作爲「歷史評論」的現象,即爲此類代表。在這些評論中,除引《詩》外,實際上也有引《書》爲論,乃至同時稱引《詩》、《書》的現象。在此簡單補充兩個例子,襄廿三年《左傳》載「仲尼曰」引《夏書》評論臧武仲:

> 仲尼曰:「知之難也。有臧武仲之知,而不容於魯國,抑有由也,作
> 不順而施不恕也。《夏書》曰『念茲在茲』,順事、恕施也。」(《左

傳正義》，卷三十五，頁 21）

此段論述以「知之難也」為主題句切入，評論臧武仲之作為，最後引《夏書》之文，加以「順事、恕施」的詮釋，而並未多論其相關歷史背景，而所謂「順事、恕施」亦呼應其前段論述中「作不順而施不恕」之語，可見乃引《書》為己註腳。另外，同時稱引《詩》、《書》之例，可以襄三年《左傳》「君子曰」為例：

> 君子謂祁奚「於是能舉善矣。稱其讎，不為諂；立其子，不為比；舉其偏，不為黨。《商書》曰：『無偏無黨，王道蕩蕩』，其祁奚之謂矣。解狐得舉，祁午得位，伯華得官，建一官而三物成，能舉善也。夫唯善，故能舉其類。《詩》云，『惟其有之，是以似之』，祁奚有焉。」
>
> （《左傳正義》，卷二十九，頁 12）

此段引《商書》與《詩》，並加以「祁奚之謂矣」、「祁奚有焉」，則乃以《詩》、《書》美善文句加諸其人，作為一種稱讚而未就《詩》、《書》本身內容多加解釋。此類引《書》或同時徵引《詩》、《書》的「君子曰」、「仲尼曰」，與本章第二節之〈二〉所論的引《詩》性質一樣，屬於「歷史評論」。若綜觀《左》、《國》中時人稱引《詩》、《書》的方式與此類「歷史評論」文字的差異，則可以發現：《左傳》、《國語》所載時人論《詩》，具有稱述與《詩》章相關之史事的傾向，引《書》也時常與相關歷史並陳，則這些現象可說展現了春秋時人以《詩》、《書》內容所涉及的相關歷史為說，在言論中將《詩》、《書》與史並陳，甚至互相詮釋、轉相發明的一種言說特色。〔註 45〕然而通觀《左傳》中的「君子曰」、「仲尼曰」，其評論言辭引用《詩》、《書》者，已甚少述及《詩》、《書》本身的歷史背景，〔註 46〕而專注在以《詩》、《書》文句為特

〔註45〕當然，時人引《詩》、《書》的事例中，固也有純然斷章取義，不涉及與《詩》、《書》內容相關之歷史者，然一方面所謂「時人」之界定其實甚為複雜，尤其是叔向、子產等著名的時賢君子，也有可能類於「仲尼曰」，乃是《左傳》、《國語》作者事後引用之「評論」；另一方面，本文此處的重點，乃是希望對於一般所認知的「斷章取義」應用方式進行補充，故強調「以《詩》、《書》為史」的論述，如本章之第二、三節提及，若就其最終的言論意旨與大義來看，「以《詩》、《書》為史」其實也是一種斷章取義的方式，故二者可說並不衝突。

〔註46〕「君子曰」引《詩》、《書》者，僅有文二年與襄十三年的論述中，略微涉及與所引《詩》文之相關歷史與內容；「仲尼曰」引《詩》、《書》者則完全沒有此類以《詩》、《書》為史的現象。

定春秋時期人物進行評價、褒貶，並藉此闡明教化與道德之相關主題。

上述不同類型的應用方式與差異，或許顯示出《詩》、《書》的概念與運用在春秋至戰國期間發生了漸變：在春秋時人的語言習慣與概念中，還可見出《詩》、《書》與史具有較密切之關係，且背後蘊含了周代的禮樂文化、歷史背景，故言論中往往具有以《詩》、《書》「徵史」之意圖；而在時代或許稍晚、而爲《左傳》作者所加入作爲評論的「君子曰」、「仲尼曰」，則對《詩》、《書》的運用，更加傾向取用其字面義而不引證相關的周代歷史背景講論其內容，將其字句用以評論近代／當代的春秋時期人物，可說是取《詩》、《書》之文而藉其義，發揮明德性、論教化的目的，呈現出《詩》、《書》作爲一種歷史之佐證、先王之教典與「義之府」，〔註47〕在春秋時期發展出的各種不同運用方式與似乎逐漸轉變的認識概念。當然，不論是「徵史」或「明德」，最終可說都指向了春秋戰國時期人文精神的昂揚，然透過此種對《詩》、《書》細微的詮釋與論述傾向差異，或許也可略窺時代之變遷，以及春秋時人對於西周典制傳統，可能開始出現某些不同的接受與取捨態度。

二、稱引《詩》、《書》、《易》之異同與敘事意義

上述此種對《詩》、《書》的認識與應用，若與引《易》事例相較，則其特殊之處將更加明顯，同時我們也可進一步對於《詩》、《書》與《易》在先秦時期的應用性質，乃至在《左傳》、《國語》中的敘事效用進行比較論述。

首先，就對《詩》、《書》與《易》的運用差異言，在《左》、《國》稱引《詩》、《書》的文例中，較爲明顯的特色乃是論說者往往同時徵引歷史與《詩》、《書》相互爲證，此一現象當由於《詩》、《書》之內容本即大部分與「史」密切相關，且在時人認知中也正是過往歷史的再現與證明；相對的，雖然同爲周代王官之典制，在《左傳》、《國語》引《周易》的事例中，解說《易》文者，則鮮少將《易》文與歷史連結，即若有少數一二事例，也出現在昭公末年以後。〔註48〕換言之，進一步考慮言論所預期的論說效果與訴求，

〔註47〕 僖廿七年《左傳正義》，卷十六，頁 11～12。

〔註48〕 昭廿九年史墨論龍援引《易·乾卦》（見第二章），可說是第一個將「古史」與《周易》結合爲論的例子。另外哀九年《左傳》載：「陽虎以《周易》筮之，遇泰之需」（《左傳正義》，卷五十八，頁 17）而發揮〈泰卦·六五〉爻辭：「帝乙歸妹，以祉，元吉」爲說，論「微子啓，帝乙之元子也。宋、鄭，甥舅也。祉，祿也。若帝乙之元子歸妹而有吉祿，我安得吉焉？」（《左傳正義》，卷五十八，頁 18）則部分涉及歷史之論述。

則上述對《詩》、《書》與《易》的論述差異，實代表了不同的勸說方式：論
《易》者，採取的方式通常以道德爲原則而對人事進行論斷，並將此論斷與
《易》文結合，其訴求的是卜筮之神聖性爲其言論背書，並帶有某些預言性
質的功效；相對的，稱引《詩》、《書》者，則是訴諸歷史，所訴求的是以先
王之事蹟佐證、驗證其言論之權威與正當性。

　　其次，雖在徵引與論說方式上有所差異，然就《左傳》、《國語》中所見
對《易》、《詩》、《書》的詮釋態度與認識言，三者又有所相似。對春秋時人
而言，《易》、《詩》、《書》皆屬周代王官之舊典，而透過上文之考察，可見在
實際的語用情境中，言說者徵引《易》、《詩》、《書》之文，乃皆取用其義做
爲某種格言、成語而爲自己的言論背書。換言之，言說者並非將《易》、《詩》、
《書》視爲詮釋的主要目標，〔註49〕而乃將其文句以「斷章取義」的方式應
用，以便切合論說者當下之情境，佐證其論說之主題、對象。此種不同於後
世經學家的詮釋與應用方式，說明了這三部經典在春秋時期的性質，並不僅
是案頭教學之書冊，而是大多須在實際的情境中被引述，其文句乃發揮出積
極的效用，可說是重視「實際應用」大於「學術研討」的文本。近代文化研
究學者 Jan Assmann 曾提出古代文學中「文化文本」的概念，意指某些口傳的
作品，乃承載了文化群體的共同知識、習俗和歷史意識與文化記憶，其文本
之形成與編撰，使該群體維繫某些必須遵守之規範，同時也使該群體之共同
意識能夠時時更新並傳承。〔註50〕若然，我們或許也可以說，《易》、《詩》、《書》
作爲周代王官舊典，在其應用情境中，應當也發揮了類似於上述保存歷史記
憶與群體價值觀的「文化文本」功能。此一觀點，或有助我們稍稍跳脫漢代
經學成立以降的章句訓詁之途，而重新思考《易》、《詩》、《書》在先秦時期
的文本意涵。

　　復次，考察《左傳》、《國語》的敘事安排中，徵引《易》與《詩》、《書》
之情境、效用與意義也有所異同。就實際應用的情境言，引《易》占筮者，

〔註49〕即使如本章第二節之〈二〉所提及的《國語》「論《詩》」特色，雖然在言論
　　　　中涉及對《詩》文具體內容的解釋，那考察其整體言說之辭，仍是針對其他
　　　　特定主題、目的而發，並非如漢代經學家講論章句、研討訓詁。
〔註50〕可參考 Jan Assmann: *Religion und kulturelles Gedächtnis* (Beck: München, 2000,
　　　　p.127)。另外關於《詩》、《書》之應用如何表現先秦時期（西周）文化群體的
　　　　記憶與共同意識，可參考顧永光（Joern. P. Grundmann）：《「興於詩」：從儀式
　　　　中《詩》的引用情境看兩周《詩》之體制》，國立臺灣大學中國文學研究所碩
　　　　士論文，蔡瑜教授指導，2013 年。

多以論戰爭、立嗣吉凶，多在一國之內進行討論，又時常被置於事件之後補述，可說涉及的僅是單一人物、單一事件的評價，範圍較小；然賦《詩》、稱《書》者，則往往在外交場合進行，涉及多國之往來，展現各國國君、使臣之風範與威儀。同時，如上文所論，外交場合中的賦《詩》行為，頗有將《詩》中之史事與現今情境相應的意味，舉《書》文以證先王之德行、政教，更是訴諸歷史的表現。那麼我們可以說，言說者稱引《詩》、《書》，有很大的成分是憑藉其內容中的歷史典範，將其投射於當下的人事，而合宜、適當的運用與類比，一方面說明了稱引《詩》、《書》之人的「有禮」，一方面也展示了其當世所公認、乃至《左傳》作者所認同的價值觀與歷史定位。

就敘事效用言，上章論引《易》時指出，言說者對易占的解釋與論述，雖或帶有某些「預言」的性質，但《左傳》、《國語》之作者卻往往將這些評論置於事件發生之後，或再加以他人之評論，轉而強調其道德論述，而非占筮之預測神準，也讓所載述之人物形象更加完整。同樣的，在《左傳》、《國語》稱引《詩》、《書》的論述安排上，也可見其具有補充、完足人物形象之用途，尤其是「仲尼曰」與「君子曰」的評論文字，同樣經常被置於相關人事之後，稱引《詩》、《書》之文作為對該史事、人物的整體評價、論述。而如本章第二、三節所論，在某些事件中，人物賦《詩》言志、引《書》談辯都是敘事的一部分，與《左傳》、《國語》所敘史事相即相融，如第二節之〈一〉「伯有之亡」的敘事中，《詩》一再被提及、稱述，已成為「禮敬」之象徵，以此增添、強調敘事義意；又如第三節之〈二〉所舉祝佗徵《書》為論，其言論不僅爬梳歷史，也同時賦與當下盟會之人一定的歷史定位與評價。凡此，可說是《易》與《詩》、《書》所發揮的敘事作用相似者：完足、確立人物之形象與史事之評價。

第五節　先秦諸子稱引《詩》、《書》之風尚趨勢論略

從上文所舉事例中，我們看到言說者稱引《詩》、《書》而將歷史與《詩》、《書》之文互相闡釋的言說型態。此可說是《左傳》《國語》所保存、收錄的較獨特方式，因為在先秦諸子的言論中，《詩》、《書》內容與歷史的連結似乎已不再如此強烈、緊密，而是較為類似「君子曰」、「仲尼曰」之評論式引用，或走向純就義理討論，或單純引證成為替言論背書、總結的格言形式。由於

先秦諸子引《詩》、《書》事例不少，無法一一列舉，故就墨子、孟子、荀子、韓非子各舉較具特色的言論說明之。

一、《墨子》的「書」、「史」分流傾向

以《墨子》言，其《十論》中雖時常可見稱道「先王之書」者，但似乎有著進一步的分工，《墨子・耕柱》：

> 子墨子曰：「譬若築牆然，能築者築，能實壤者實壤，能欣者欣，然後牆成也。爲義猶是也。能談辯者談辯，能說書者說書，能從事者從事，然後義事成也。」〔註51〕

此段論述「談辯」、「說書」、「從事」三者之「成義事」，或有學者認爲即是墨家三派之淵源，〔註52〕不過依據文義，墨子所云應當重在三者互相合作。然而，既然有此分派，似乎「說書」成爲某種較爲專門之學問，實際考察《墨子》「十論」分爲「上、中、下」的各篇，可發現大量徵引「書」者多屬下篇，而稱道「先王之事」則較常見於「上篇」，學者頗有以爲三篇之分即墨家三派之分者，〔註53〕則或許可說徵引《書》文與徵引先王之歷史，已經由《左傳》事例所見的渾融一體，隱約有漸漸別自爲論說方式的傾向。

二、《孟子》的「詩」、「史」關係論述

《孟子》爲先秦諸子稱引《詩》、《書》最多者，尤其多有孟子與弟子針對《詩》、《書》內容進行談辯、討論與講解的載錄，有趣的是，孟子卻說：

> 王者之迹熄而《詩》亡；《詩》亡然後《春秋》作。晉之《乘》、楚之《檮杌》、魯之《春秋》，一也。其事則齊桓晉文；其文則史；孔

〔註51〕 孫詒讓撰、孫啓治點校：《墨子閒詁》（北京：中華書局，2001 年），頁 426～427。

〔註52〕 說可參鄭杰文：《中國墨學通史》（北京：人民出版社，2006 年），《二十世紀墨學研究史》（北京：北京圖書館出版社，2004 年）。

〔註53〕 如俞樾：《墨子閒詁・序》言：「墨子死而墨分爲二，有相里氏之墨、有相夫氏之墨、有鄧陵氏之墨。今觀〈尚賢〉、〈尚同〉……皆分上、中、下三篇，字句小異而大旨無殊，意者此乃相里、相夫、鄧陵三家相傳之本不同，後人合以成書，故一篇而有三乎？」（《墨子閒詁・俞序》，頁 1）西方漢學家葛瑞漢（A. C. Graham）亦持此論，相關論述可見葛瑞漢：*Divisions in early Mohism reflected in the core chapters of Mo-tzu*, IEAP Occasional paper and monograph series No.1 Singapore, 1985.（《《墨子》核心篇章中反映的早期墨家分派》），葛氏大部分研究尚無中文翻譯，相關述評可參拙撰：〈西方漢學家葛瑞漢《墨子》研究述評——以墨子十論爲重心〉（《管子學刊》2012 年第 1 期）。

子曰：「其義則丘竊取之矣。」（《孟子注疏》，卷八上，頁 12）

孟子此言除了講述孔子作《春秋》之義外，其實也簡單地道出了其所見先秦時期的學術發展。其中「王者之迹熄而詩亡」一句歷來有很多解釋，趙歧《注》云：

王者，謂聖王也。太平道衰，王迹止熄，頌聲不作，故《詩》亡。《春秋》撥亂，作於衰世也。（《孟子注疏》，卷八上，頁 12）

朱熹《集註》則云：

「王者之跡熄」，謂平王東遷，而政教號令不及於天下也。《詩》亡，謂〈黍離〉降為《國風》而《雅》亡也。〔註54〕

前者將「詩」理解為「頌」，似乎代表禮樂制度的崩壞；後者將「詩亡」理解為「雅亡」，代表周王室地位的沉降。此二種解釋可說是一體兩面，周王室之地位與影響力既然衰弱，其禮制自然無法維繫，也就無法為天下奉行。但是進一步來說，不論解作《雅》或《頌》，我們都可以清楚知道此處《詩》之「亡」並非指亡逸或消失，而應當是指涉某種「不盛」或「地位沉降」，而引《詩》／《書》的現象在孟子乃至其論敵墨家學派的言論中仍一再出現，則此「亡」究竟是以何種形式理解；同時，「王者之迹」與《詩》之關係，乃至後文《詩》與「春秋」之關係，又該以何種邏輯進行連結？同時應當考量，所謂「詩亡」、「春秋作」等先秦的學術發展，不可能是一蹴可幾、立時反轉的，而應當有其漸變的源由與軌跡，若以《左傳》、《國語》中載錄的言《詩》方式作為參照，或許可說「以詩為史」是可行的解釋與參照之一。

三、《荀子》對《詩》、《書》之論述

從上述略舉之數例中，可以很簡略地看出，在戰國之世，居上位者對於以《詩》、《書》乃至「先王」勸諫論說的興趣似乎大為降低，則《左傳》、《國語》中稱引、講論《詩》、《書》的言辭，乃至酬酢以為賓榮之賦《詩》，吐納而成身文之言志，似乎更形特殊與珍貴。另外，戰國各家學派中，似乎唯有儒家尚致力於講論《詩》、《書》，如上舉之孟子，以及近年出土之《孔子詩論》〔註55〕，都可見儒家學派對先王典籍之重視乃至講論、教授；然而此類講論

〔註54〕朱熹：《四書集注‧孟子集注》（臺北：藝文印書館，1980 年），卷八，頁 7。

〔註55〕馬承源主編：《上海博物館藏戰國楚竹書（一）》（上海：上海古籍出版社，2001 年）。

於其學派內部固可施行，至於遊說人主、馳騁辭令之事，則恐怕《詩》、《書》
已不復再有《左傳》、《國語》中發揮的論說之效，而被歸爲「難言」者流了，
是以連同爲儒家的荀子，雖其言論亦多引《詩》、《書》以爲佐證，但也不無
對一味講論《詩》、《書》者加以批評：

> 逢衣淺帶，解果其冠，略法先王而足亂世術，繆學雜舉，不知法後
> 王而一制度，不知隆禮義而殺詩書……呼先王以欺愚者而求衣食
> 焉……是俗儒者也。〔註56〕

對講求實際、意圖治世的荀子來說，「殺詩書」似乎已是其求用世而不得不然
的作法；一味講論「故而不切」〔註57〕的《詩》、《書》則被批評爲「俗儒」
了。

四、《韓非子》對《詩》、《書》之評價

綜觀先秦諸子，可見徵引《詩》、《書》僅儒家學派較盛，他如《韓非子》、
《戰國策》皆相當少見，即若有之，也是一再重覆的某些常見之語，幾與格
言俗諺無別，遑論以《詩》、《書》證史，以史論《詩》、《書》義的論說；再
者，就內容上的轉變言，上述《墨子》中疑似有《書》與「先王之事」分流
的傾向，而我們也知道，戰國之世，重「後王」多於「先王」，而內容與「先
土」息息相關的《詩》、《書》，或者如韓非子〈難言〉所說：

> 臣非非難言也，所以難言者：……捷敏辯給，繁於文采，則見以爲
> 史。……時稱《詩》《書》，道法往古，則見以爲誦。此臣非之所以
> 難言而重患也。〔註58〕

以《詩》、《書》「道法往古」，在《左傳》、《國語》中尚爲常見的論說方式，
且能爲上位者所接受，但在韓非之世，卻成爲「難言」之一端，其風氣之轉
變從可知也。《詩》、《書》發揮、承載「先王之史」的一面既無法達致論說之
效，則其轉爲發揮義理、評論「近人」與「後王」，可說是一種理之自然的轉
變。於是，我們再次回顧孟子所言「王者之迹熄而詩亡」，或許可以略做補充，
將其理解爲《詩》作爲先王禮樂之制的載體，其本質內容固未有變，然時人
卻已尠少反歸其本質做出論述或理解，如此一來誦《詩》三百，無關乎先王

〔註56〕荀況著，王天海校釋：《荀子校釋》（上海：上海古籍出版社，2005年）〈儒效〉，
　　　　頁314。
〔註57〕同上注，〈勸學〉，頁30。
〔註58〕陳奇猷：《韓非子集釋》（臺北：華正書局，1982年），頁48～49。

政教，而將眼光轉向春秋時期之「後王」，是故晉乘楚杌、齊桓晉文之事代之而起，最後由孔子作出反轉，所謂「義則丘竊取之」者，不僅是《春秋》大義，也可說同時是反歸「王者之迹」與《詩》之義。

當然，戰國諸子徵引《詩》、《書》一議，已遠超過本文論題；唯以《左》、《國》之論述基礎爲參照，或能以不同視角切入省視，此處略陳一二管見，餘則期諸來者。

第四章 《左傳》、《國語》徵引史事論析：古史篇

第一節 徵引史事分類與研究概述

　　透過第三章對稱引《詩》、《書》的論析可見，春秋時人將《詩》、《書》之內容與相關歷史事件共同論述、互相闡發，進而發揮論說效用，實乃相當值得注意與探究的特色，這樣的應用特色也說明了春秋時期確實頗有重視歷史的觀念，故本章與下章即就《左傳》、《國語》中所見春秋時人對「歷史事件」的論說與徵引進行探討。

　　關於春秋時期重視歷史的種種態度與論述，已略見第一章〈緒論〉，茲再就《左傳》、《國語》分別舉例說明之。

　　首先，文六年《左傳》載秦穆公卒後，「君子曰」一段關於「古之王者」的論述：

> 古之王者知命之不長，是以並建聖哲，樹之風聲，分之采物，著之話言，為之律度，陳之藝極，引之表儀，予之法制，告之訓典，教之防利，委之常秩，道之禮則，則使毋失其土宜，眾隸賴之，而後即命。聖王同之。（《左傳正義》，卷十九上，頁7～8）

此段言論實針對秦穆「以三良為殉」[註1]而發，指出古之王者透過「著之話

〔註 1〕 文六年《左傳》：「秦伯任好卒，以子車氏之三子奄息、仲行、鍼虎為殉，皆秦之良也。國人哀之，為之賦〈黃鳥〉。」（《左傳正義》，卷十九上，頁7）

言」、「告之訓典」等方式，令人民得以依循其法度，不會因爲一人的死亡而「失其土宜」，其中所謂話言、訓典，都與「歷史」有密切關係。

其次，《國語・楚語上》「申叔時論傅太子之道」章，也可見類似的論述：

> 教之《春秋》，而爲之聳善而抑惡焉，以戒勸其心；教之《世》，而爲之昭明德而廢幽昏焉，以休懼其動；教之《詩》，而爲之導廣顯德，以耀明其志；教之禮，使知上下之則；教之樂，以疏其穢而鎮其浮；教之《令》，使訪物官；教之《語》，使明其德，而知先王之務，用明德於民也；教之《故志》，使知廢興者而戒懼焉；教之《訓典》，使知族類，行比義焉。（《國語》，卷十七，頁 528）

這段言談中，提及「春秋」、「世」、「語」、「故志」、「訓典」等教育太子的材料，其功用大抵可歸納爲使太子知前代之成敗、善惡與興廢之由，並以此萌生戒愼、警剔之心，而這些對「先王之務」的理解，成敗興廢的反省，可說皆建立在熟稔歷史的基礎上。若然，則關於各種「歷史」，在春秋時期被如何看待、講述乃至詮釋、應用，也似乎可以進行一些簡單的考察與論述。故本章與下章將進一步討論各種「歷史故事」與「古聖先賢」在《左傳》、《國語》中的徵引、應用與意義等相關議題，並嘗試統整、論析春秋時人如何徵引各種「史事」，考察其如何應用、融會「先王之業」、「善敗興廢」等歷史事件於言辭之中。以下先略述二書中「史事」的分類與章節安排，次則略述前賢之相關研究與議題。

一、徵引史事之素材、範圍與分類

本章與下章討論《左傳》與《國語》所載春秋時人言談中所徵引的史事。首先，一般而言，目前所見關於「徵引史事」之素材，可依其來源概分爲三大類：第一類爲《左傳》、《國語》、《尚書》以及《逸周書》等敘事文獻，其特定篇章中頗有紀錄時人言談、論辯的段落，其中可見言說者徵引、敘述各種史事做爲其言論的佐證或輔助；第二類則爲春秋末年以降諸子與策士的言談、遊說中，亦有徵引歷史事件、人物爲說的現象；第三類則爲少數出土文獻，其中所載偶有類似、或可佐證前二者的內容。此三類研究素材雖數量不一，但有部分時代可能重疊，也有部分內容極爲相近。本文以《左傳》、《國語》所載爲主要論析對象，後二類素材若有可茲佐證、參照者，則將隨文引述。

考量《左傳》、《國語》徵引之史事內容繁複多樣，詳略不一：就其事件牽涉時代言，遠及無從考證之遠古帝王，近則呼應《左傳》、《國語》本身所載錄的史事；又就徵引史事的內容言，或稱述單一史事，或鋪陳歷代事蹟，內容亦或簡或繁，少則僅提及人名，多則以數百字鋪陳，實宜分類論述。

首先，考量《左傳》、《國語》所徵引史事之時代遠近，可先分出「古史」與「近當代史」二大類如下：

> 古史：時間範圍大致屬殷周以前之史事，又其內容、人物近於傳說，缺乏更早的文獻或出土文物可供印證者，如后羿、堯、舜、鯀、禹、高辛氏、帝鴻氏等相關故事。

> 近當代史事：殷、周至春秋時期間的史事，並可與某些早於《左傳》、《國語》（如《詩》、《書》中的某些篇章）或大致與之同時的文獻、文物互相參證，如武王克殷、周公、平王東遷，以及各諸侯國先君、先賢相關史事。

本章將先討論上述「古史」的部分，後者則因篇幅安排，移至下章論述。

二、徵引史事之相關研究述略

關於《左傳》、《國語》「徵引史事」所涉及之研究面向，大略言之，前人研究成果可分為「修辭學」與「歷史學」二類。

首先，修辭學的相關研究，已概見於本文第一章〈緒論〉第一節，即分析先秦文獻中徵引、談論歷史事件、人物者所引用內容為何，如何引用，以及呈現什麼樣的修辭效用。不過，在此一面向之研究中，敘史文獻之「徵引史事」往往並非主要考察對象，而或附屬於範圍更廣的「修辭／引用研究」之中，此類研究優點為博覽群籍、蒐羅詳盡，然因素材眾多，不免在細部分析上有所缺憾，又先秦文獻徵引古史處往往篇幅甚巨，此類研究以綜論為主，遂無法詳細分析、討論。同時，「用典／引用」既作為修辭方法，其與先秦時期遊士、諸子的談辯論說風氣，應當有很深的關係，而此類研究卻——或許仍因限於篇幅與主題——鮮少結合徵引之內容與徵引者所處的語境進行分析，故對於徵引與論說之間關係的闡述較為簡略。

其次，關於「歷史學」面向的研究，常見的歷史學研究如上古史斷代、古制度研究等，幾無不運用、援引《左傳》、《國語》等先秦文獻中述及古代歷史、制度——亦即上文〈一〉對史事分類中的「古史」類型——的段落以

資佐證；〔註2〕不過，此類研究對於哪些文獻爲可信史料之判別往往不一，對於「古史」在其「被徵引」的語境中如何被言說者運用、詮釋，乃至改易、變造，亦較少論及。

　　另外，近代以來由顧頡剛、錢玄同等發起討論的「古史辨」之學，則是基本抱持懷疑的態度，探討、辯證各類古史的眞實性問題，而其探討「古史」時依據、運用之素材，實際上不出本節所舉的三大類，故以下第二節將較深入地討論「古史辨」學者之成果對於本章研究的正面幫助與尙需補充之處。相對的，徵引上文〈一〉分類之「近當代史」者，由於其時間主要爲殷、周到春秋時期之間的史事，且其內容又有相關文獻如《詩》、《書》甚至出土文獻、文物可資參證，故在眞實性方面較無疑慮，同時某些《左》、《國》已有載錄之人事，在同書之後復被稱引者，其原初載錄與後來稱引內容也大體並無矛盾，故在歷史學的相關研究中，基本上將這些徵引「近當代史」的素材視爲較可信據的史事。

　　承上所述，可見在本文之史事分類中，徵引「古史」者與近代「古史辨」議題頗爲相關，故下文第二節將略述古史辨學派之研究觀點與啓發，並討論對於《左傳》、《國語》中徵引的古史素材如何看待的問題；第三節先討論、比較《左傳》、《國語》論述單一古史的特色與相關議題；第四節則討論《左傳》、《國語》中鋪排多件古史的論說特色與敘事意義；第五節則在上述論析基礎上，進一步探討《左》、《國》徵引古史的論說特色與意義。《左》、《國》中徵引「近當代史」的論說特色則移至下章論述。

第二節　史書或史料的辯證：古史辨研究方法的省思

　　近代著名的「古史辨」之學，由顧頡剛與錢玄同首倡，其著名的論述主要在於指出某些「古史」內容，可能是經過傳說流衍後誇大的結果，而並非事實，顧頡剛曾提出「層累造成的中國歷史」之構想：

　　　　我很想做一篇〈層累地造成的中國古史〉，把傳說中的古史的經歷詳

〔註2〕如童書業：《春秋左傳研究》第一卷〈春秋左傳考證〉，即詳細摘錄《左傳》中有關「三皇五帝」、「四岳伯夷」等「古史傳說」段落進行考證。徐復觀：〈原史——由宗教通向人文的史學的成立〉（收錄氏著：《中國人性論史・先秦篇》，臺北：商務印書館，1969年）探討中國史學與史官之發展，亦引用多則《左傳》、《國語》所載涉及史官載史之內容。

細一說。這有三個意思。第一，可以說明「時代愈後，傳說的古史
期愈長」。……第二，可以說明「時代愈後，傳說中的中心人物愈放
愈大」。……第三，我們在這上，即不能知道某一件事的眞確的狀況，
但可以知道某一件事在傳說中的最早的狀況。〔註3〕

「古史辨」學派之優點在於，其學術立場較能擺落既有窠臼，〔註4〕力圖以較
爲客觀、甚至有些近似「後設史學」的觀點研究此類「古史」素材。〔註5〕錢
玄同曾謂：

咱們對於一切古書都只認爲一種可供參考的<u>史料</u>而已。……決不願
奉某書爲唯一可信據的寶典。〔註6〕

這句話現今看來不免略嫌極端，然在當時卻無疑劃分了古史辨與傳統學術在
核心價值面上的差異；而就本文「徵引古史」之研究主題來說，各種徵引古
史的文獻，皆非「第一手材料」，而可能是二手、甚至三手的後人載錄，故確
實需要先將各類徵引古史之素材暫時視爲「可供參考的史料」，進而辨明其言
說語境、著書立場、寫作意圖等多種因素，是故古史辨學派在此種學術態度
上，確是可資參考的。〔註7〕

〔註3〕 顧頡剛：〈與錢玄同先生論古史書〉，收入顧頡剛等編著：《古史辨》第一冊（臺
北：明倫出版社，1970 年），頁 75～76。

〔註4〕 古史辨學者其認爲傳統史學乃是經學架構下的史學、是在「信經即信史」的
前提下建立的史學，顧頡剛之所以提出「古史層累」，無非是意圖擺脫經學觀
念的影響，還史學於史學，建立一符合現代理性與科學思維的歷史學。相關
論述可參考顧頡剛等編著：《古史辨》第一冊所收諸文，此不詳述。

〔註5〕 純就上述顧氏此一「構想」——由其是第三點——來說，堪稱平實，其注意
到言說者的語境與意圖往往左右對歷史的詮釋與增刪，以今日詮釋學或後設
史學的觀點來看，並非甚麼奇怪可異之論，也與本書之第一章〈緒論〉所提
出的敘事觀點之省察，頗有可相通之處。誠如胡適之論評：「這種見解重在每
一種傳說的「經歷」與演進。這是用歷史演進的見解來觀察歷史上的傳說。
這是顧先生這一次討論古史的根本見解，也就是他的根本方法，在百忙中批
評古史的全部，也許不免有些微細的錯誤。但他這個根本觀念是顛撲不破的，
他這個根本方法是愈用愈見功效的。」（胡適：〈古史討論的讀後感〉，收入顧
頡剛等編著：《古史辨》第一冊，頁 165。）

〔註6〕 錢玄同：〈論《說文》及壁中古文經書〉，收入顧頡剛等編著：《古史辨》第一
冊，頁 195。

〔註7〕 相關論述可參考王汎森：《中國近代思想與學術的系譜》（臺北：聯經出版社，
2003 年）〈第三編〉；王汎森：《古史辨運動的興起：一個思想史的分析》，臺
北：允晨文化實業股份有限公司，1987 年；陳其泰主編：《二十世紀中國歷史
考證學研究》（北京：北京師範大學出版，2004 年）；北京商務文史哲編輯部

　　然而，就研究素材與詮釋方面，古史辨學者卻因爲某些偏重，導致研究上的盲點，其端有三：第一、最主要的偏頗乃其所重以諸子書爲主，對於《左傳》、《國語》等史書引用、著墨處明顯較少。〔註8〕其二，則是在研究主題上以排列古史次序、帝王世系之流傳、演化、混同等情況爲主要焦點，則先秦文獻徵引長篇古史者雖所在多有，學者卻往往僅取其論及上古世系的隻言片語，不免有買櫝還珠之憾。〔註9〕第三個盲點，則是其雖主張客觀的看待各種文獻或「史料」，最後卻似乎仍加以過度主觀的理解與詮釋，如顧氏曾將古史層累歸因於先秦時期「歷史常識的太缺乏」：

> 凡是沒有歷史常識的人，就不會有歷史觀念……那時的學者政客爲了游說，鼓動風氣，都有待於取證，而取證務必以適合於當世情形的爲動聽，故不管古代事實如何，定要說成與現代同一的狀況，使得所說的在古可徵，在今可用，而後足以盡其能事，所以又發生了許多有意的謊話。……所以戰國學者口中的歷史，只能注意他的立說的意義，切不可看作真實的歷史，因爲他們原沒有考實自己的說話的觀念。〔註10〕

先秦時期若未有歷史觀念，則《春秋》、《左傳》、《國語》諸史書，其性質該如何認識？「古史」的形成若爲逐漸層累所致，則這種線性發展的史觀是否足以作爲現代重建中國歷史學的核心方法？同時我們仍舊面臨這樣的兩難：不論疑古或信古，所據典籍往往並無二致，如顧氏舉《說文》論「禹爲

編：《疑古與走出疑古》（北京：北京商務印書館，2010年）等書。

〔註8〕 如上所論，古史辨的論題核心本是一場關於史學方法的論辯，我們可以推想，在傳統上既屬經書、又爲史書的典籍，理應是這場學術方法論辯風暴的中心。然而，這類性質的書籍如《春秋》、《左傳》，在皇皇七冊的《古史辨》中，大部分皆停留在「辨僞」階段而爭訟不休，不論其書性質，或其中涉及「古史」的各種內容，則未被充分討論。唯最後由呂思勉、童書業編著之《古史辨》第七冊（臺北：明倫出版社，1970年）有較多關於《左傳》、《國語》徵引古史內容的討論與引用，也較能跳脫僞書之爭議。

〔註9〕 相關論述可見呂思勉、童書業編著：《古史辨》第七冊。案：呂、童二位學者俱爲史學大家，對於上古世次之流衍、各傳說人物之關係等議題，均辯證極精，論述豐富；唯其蓋將《左傳》、《國語》與諸子書皆視爲史料，而未暇論及不同書籍在性質、敘事立場上的差異爲何，以及各種「徵引古史」的論說，有無受到個別的特殊語境、意圖等因素影響其內容。是以本文乘此一問，略作討論，唯求補充不同面向之分析爾。

〔註10〕顧頡剛：〈討論古史答劉胡二先生〉，收入顧頡剛等編著：《古史辨》第一冊，頁135～136。

蟲」，柳詒徵即據《說文》義例駁之，〔註 11〕容庚又復以《說文》之非例駁柳，〔註 12〕則一部《說文》內容既可徵信、又可置疑，作爲眾學者正反辨難的論據——套用顧氏自己的話——「只能注意他的立說的意義，切不可看作眞實的歷史」。

　　透過上述對古史辨研究立場與相關辨難的簡單說明，可以看出對於顧、錢二氏所提出的中國上古史研究之「辯論」與「辨正」，不論是支持、擁護此說者，抑持商兌、質疑態度者，其背後都面臨了一個重要的立場抉擇：對於春秋時期具有敘史性質的文獻，如《春秋》、《左傳》、《國語》，乃至諸子書內含有歷史內容者，我們究竟該先採信其所述，將其內容視爲可信之「史書」，抑或基本不相信其所言，而將其所載內容視爲反映其「成書當下」思維的「史料」？古史辨學者的立場毋寧較近於後者，其甚至認爲先秦時期沒有歷史觀念，則既無歷史觀念，史書也就只能成爲史料；相對的，反對古史辨的學者，則基本較傾向前者，認爲先秦敘史文獻仍可信賴。平心而論，一概採信或一概質疑，可說均有所偏頗，而隨著時移事往，古史辨學者當初所欲對治、破除的「經學信仰」，也已然不再限制學者的思維，近年甚至有了「走出疑古」的呼籲；但是，此一「史書」與「史料」的辯證與選擇，仍是每個學者研究所時須考量、深思的重要立場。透過本書第二、第三章的論述，我們可見春秋時人應當具有「歷史觀念」，如其稱引《詩》、《書》，時見透過經典內容而回返、召喚某一歷史情境的論述；同時，我們也承認《左傳》、《國語》作者的立場、態度與史觀，可能展現在其對所載史事的編排與剪裁上，如其將《易》占以補述形式出現，或在文末加以「君子」、「仲尼」之評論文字等；換言之，春秋時人與《左傳》、《國語》作者，都具有某種歷史觀念，然亦對其所言之內容有所主觀性的安排與掌控，則我們的立場，必須介於「史書」與「史料」二端，對於《左傳》、《國語》中的論說者，乃至《左傳》、《國語》之作者，既不一概否定其所述內容，然亦須仔細省察其可能的敘事立場與撰作意向，此係本文討論下述古史內容與意義的基本立場。

　　綜上所述，不論是信古或疑古，學者對於先秦典籍「徵引古史」一議，

〔註11〕柳詒徵：〈論以《說文》證史必先知《說文》之誼例〉，收入《古史辨》第一
　　　　冊，頁 185～188。
〔註12〕容庚：〈論《說文》誼例代顧先生答柳翼謀先生〉，收入《古史辨》第一冊，
　　　　頁 213～214。

可說均各有發揮，然亦皆有偏蔽；針對史籍、諸子文獻中載錄與保留的各種
古史，或可透過余嘉錫《古書通例》論「古書多造作事」的一段話切入討論：

> 夫左史記動，右史記言，既是據事直書，故其立言有體。其或載筆
> 偶疏，大抵傳聞致誤。……然必影附事跡，歷敘源流，既皆實有其
> 人，固非絕無可考。曲折雖多，因緣終在。但詞氣之間，略存軒輊
> 耳，未有假設甲乙，借定主賓，純構虛詞，羌無故事者也。

> 若夫諸子短書，百家雜說，皆以立意爲宗，不以敘事爲主；意主于
> 達，故譬喻以致其思；事爲之賓，故附會以圓其說；本出荒唐，難
> 與莊論。惟儒者著書，較爲矜愼耳。而或者採彼寓言，認爲實錄……
> 是皆見欺于古人，不免貽識于來者矣。是故諸子之書，百家之說，
> 因文見意，隨物賦形。或引古以證其言，或設喻以宣其奧。譬如童
> 子成謠，詩人詠物，興之所至，稱心而談。若必爲之訓詁，務爲穿
> 鑿，不惟事等刻舟，亦且味同嚼蠟矣。夫引古不必皆虛，而設喻自
> 難盡實，彼原假此爲波瀾，何須加之以考據。〔註13〕

此段論述有部分已見於本文之第一章第三節，余氏論古書之「造作事」，亦即
古書中的某些「故事」，則本文所謂「古史」自當包含在內。余氏先以「史冊」
與「諸子書」爲別，指出史冊與諸子百家在基本敘述態度層面上的不同：史
冊之引述古事大抵「影附事跡，歷敘源流」、「固非絕無可考」，意即所述或許
較有根據；相對的，諸子百家「以立意爲宗，不以敘事爲主」，除了儒家「較
爲矜愼」外，多有「因文見意，隨物賦形」的附會、誇大之說。其次，余氏
則論及史學層面的考辨與眞實問題，認爲既然「引古不必皆虛，而設喻自難
盡實」，則後人實應以其「立意」所在爲重，不須「必爲之訓詁，務爲穿鑿」，
此處不無暗諷古史辨學派糾結於考辨諸子所說之古史源流的意思。余氏之
論，可說對於我們在上述「史書」與「史料」的辯證議題上，提供了一個有
價值的參照觀念，亦即不論面對何種文獻，若能先就其敘述態度與「立意」
進行考察，則或許能夠較爲客觀地回應種種信古與疑古、史書與史料的爭議。

　　承上所論，本文所聚焦的《左傳》、《國語》二書，除了如余氏所論，性
質上基本屬於據事直書、立言有體的敘史文獻外；如本文之第一章第三節已
提及，二書正因具有此一敘史特質，也提供了較整全的語境，讓我們判斷徵

〔註13〕余嘉錫：《古書通例》，頁82～83。

引、論說古史者的「立意」所在。而就《左》、《國》中徵引古史的言說背景、情境，大抵均可見主客雙方對問的形式與長篇鋪陳之言辭：或君臣間的問答與勸說，或者是同為卿士，而針對某一現實議題，彼此互相問答或論議事理；換言之，在《左傳》、《國語》中，徵引古史，與「論說」之關係可謂相當密切，而吾人論析此類事例時，亦必須留意此種論說特定事理、針對特定對象的言說語境，將如何影響言說者對史事的剪裁、詮釋與評價。

第三節 《左傳》、《國語》徵引單一古史論析

本節與下節論述、分析《左傳》、《國語》徵引古史的事例。就數量言，就筆者蒐羅所及，《左傳》、《國語》所載各種言論中稱述「古史」之例，雖然與引《詩》、《書》者相比，稱不上多，〔註14〕但其類型與內容均相當多樣而複雜，為論述之便，本章將考量其稱引方式，將稱引古史之文分為三種類型：

第一、敘述單一事件：在言論中講述一則古史，如后羿故事、鯀禹治水等。

第二、敘述多起事件：時代跨度較第一類為廣，如將夏商周三代並稱為論，〔註15〕又如歷數上古帝王故事以至於春秋當世諸侯事蹟。

第三、對典章、制度、職官的論述，有時並無明確指涉的對象或事件，而以「古之制」、「明王之制」、「古者」、「昔者」等語為說，此類論述重在講述制度之建立、變化，以及為古帝王遵循或傳承的歷史，對於所述之「古者」、「先王」為誰或屬於何時則較為模糊概略，下文均統稱「古制」。

〔註14〕 可參考本文〈附表四〉，除去講述「古制」而無法確認具體年代者，而將《左傳》與《國語》徵引古史而彼此重出者計為同一例，約有42則。

〔註15〕 謹案：商、周史事對於春秋時人而言，或宜歸入「近當代史」，但《左傳》與《國語》往往以「虞、夏」與「商、周」連帶論述，而虞、夏在本文界定中屬於較難以考證的「古史」一類，同時如本章第二節所論可見，夏代或夏禹在古史辨風潮中是一重要的討論焦點，故此處仍將「三（四）代並稱」的事例歸入「古史」的討論範圍。另外，由於殷商一朝史事，或與夏朝史事連言，又或與「武王克殷」史事相關，也同樣有分類界定上的困難，本文權以「武王克殷」以前之殷商史事，以及「夏商周」三代連言之例，歸入本章「古史」範圍；「武王克殷」等雖提及殷商但實以周代君王為主的相關史事，則歸於下章之「近當代史」一類。

此三種類型，主要以稱引內容之多寡與形式劃分，在內涵上其實都是古史，言說背景如上節末所述，大抵皆爲論說勸諫而發。這三個類型之共同點是有大部分的內容，均稽考困難、眾說紛紜，然而本文主題亦非在詳細考辨歷史事實，故論析重點將在於徵引者如何將「古史」應用、適用於其當代政治情境與社會時勢之所需。另外，關於第三類，亦即涉及古制度的部分，實際上有大部分均依附於第一、二類中被論述：在《左傳》、《國語》中，時常可見言說者以「昔者某帝王」展開論述而鋪陳其爲政、制度與各種典禮行事，又或者在講述古代事蹟後，結以「古之制也」、「先王之制」等語，故第三類將於論述第一、二類時一併討論，而不另立專節。又，上述第一、二類型有時亦並非截然劃分，如論說者可能因講述某特定族氏之歷史而橫跨數代，〔註16〕或比如論述某人物事蹟而廣及該人物有所互動之多方，〔註17〕則此類事件在論說主題上可說是單一事件，但其言論所及則又可說涉及多起事件，凡此類特例者，原則上以其言論之重心、要旨爲考量與認定，大抵歸類爲「單一事件」，下文論述若有涉及者，亦將隨文說明之。本節將透過較爲單純的「敍述單一事件」古史類型，略述《左傳》、《國語》中徵引古史值得關注的一些特色，而由於「敍述多起事件」的古史事例通常篇幅較長，且涉及議題亦較廣泛，故將於第四節獨立論述。本節則將略舉數例分別說明《左》、《國》徵引單一古史之詳略差異概況、對制度之論述、以及特殊事例的討論。

一、《左傳》、《國語》徵引古史之詳略差異

　　首先，考察《左傳》、《國語》中涉及徵引「古史」的篇章，可發現一個值得注意的現象：不論徵引單一或多件史事，《左》、《國》二書相關事例，重出者不少。如魯昭七年子產論晉侯之疾一事，該事例一方面涉及古史，一方面也略及夏、商、周三代之制度，《左傳》對此事之載錄爲：

　　　鄭子產聘于晉。晉侯疾，韓宣子逆客，私焉，曰：「寡君寢疾，於今三月矣，並走羣望，有加而無瘳。今夢黃熊入于寢門，其何厲鬼也？」

〔註16〕 如本章本節之〈一〉引子產論祀夏郊，其主要敍述「堯殛鯀于羽山，其神化爲黃熊，以入于羽淵，實爲夏郊」，可說是單一主題，然其又曰「三代祀之」，則稱述時間層面又可說涉及夏、商、周三代。

〔註17〕 如本節〈一〉之（二）引司空季子論「黃帝之子二十五人」事蹟，其言論主題在同姓與異姓之別，然同時也敍述了所謂二十五人分爲「姬、酉、祁、己、滕、箴、任、荀、僖、姞、儇、衣」諸姓，可說廣及多個古史中的人物。

　　對曰：「以君之明，子爲大政，其何厲之有？<u>昔堯殛鯀于羽山，其神化爲黃熊，以入于羽淵，實爲夏郊，三代祀之。晉爲盟主，其或者未之祀也乎</u>！」韓子祀夏郊。晉侯有間，賜子產莒之二方鼎。（《左傳正義》，卷四十四，頁9～11）

《國語・晉語八》則載：

　　鄭簡公使公孫成子來聘，平公有疾，韓宣子贊授客館。客問君疾，對曰：「寡君之疾久矣，上下神祇無不徧諭也，而無除。今夢黃熊入於寢門，不知人殺乎，抑屬鬼邪？」子產曰：「以君之明，子爲大政，其何厲之有？僑聞之，<u>昔者鯀違帝命，殛之於羽山，化爲黃熊，以入於羽淵，寔爲夏郊，三代舉之</u>。夫鬼神之所及，非其族類，則紹其同位，是故天子祀上帝，公侯祀百辟，自卿以下，不過其族。<u>今周室少卑，晉實繼之，其或者未舉夏郊邪</u>？」宣子以告，祀夏郊，董伯爲尸，五日瘳，公見子產，賜之莒鼎。（《國語》，卷十四，頁478）

從上文可見，《左》、《國》二書所記事件差異不大，且皆收錄子產的論說之辭，其論說內容也皆爲「堯殛鯀于羽山，其神化爲黃熊」的古史敘述。另外，此則事例也表現了上文所述，將古史與制度論述結合的論說方式，在此論述中，子產敘述古史的同時，也連帶引出「祀夏郊」的三代制度，並以夏、商、周「三代」皆「祀之」爲由，希望「繼周室」的晉國君主能夠遵從。

　　上舉子產之例，《左傳》與《國語》事件敘述可說相當一致，但是，就筆者蒐羅所及，如此事例在「徵引古史」內容上幾乎重複而無詳略差異者，實際上卻是極少數的例子；[註18]換言之，在二書互見的同一事件、同一人物談及古史者，往往互有詳略，甚至也有《左傳》所載人物言論中徵引古史，然《國語》載同一事件、同一人之說辭中卻無一語涉及的例子，反之亦然。而在此種詳略差異中，是否透露春秋時人徵引古史的態度，又是否可能涉及《左》、《國》作者敘事之剪裁，則爲本小節探討的重點。以下略舉《左》、《國》所載同樣徵引古史而詳略互異的事例說明之。

（一）載錄同一事件而《左傳》所述古史較詳

　　同一事件，且同樣載錄論說之辭者，其中論述古史以《左傳》較爲豐富

―――――――――――
〔註18〕可參考見本文〈附表四〉。

而《國語》卻一語未及的例子，可以如魯襄四年《左傳》載魏絳勸晉侯合戎一事爲代表：

> 無終子嘉父使孟樂如晉，因魏莊子納虎豹之皮，以請和諸戎。
>
> 晉侯曰：「戎狄無親而貪，不如伐之。」
>
> 魏絳曰：「諸侯新服，陳新來和，將觀於我。我德，則睦；否，則攜貳。……獲戎失華，無乃不可乎！《夏訓》有之曰：『有窮后羿——』」
>
> 公曰：「后羿何如？」（《左傳正義》，卷二十九，頁 22）

魏絳先以理說之，論述晉欲爲霸主，必得諸侯之心，不可獲戎失華；後引《夏訓》爲說，從晉侯插話詢問「后羿何如」，可想見后羿故事已經引起晉侯的興趣與好奇。魏絳隨即講述后羿代夏以至少康中興一段史事：

> 對曰：「昔有夏之方衰也，后羿自鉏遷于窮石，因夏民以代夏政。恃其射也，不脩民事，而淫于原獸，……而用寒浞……浞行媚于內，而施賂于外，愚弄其民，而虞羿于田。樹之詐慝，以取其國家，外內咸服。羿猶不悛，將歸自田，家眾殺而亨之，以食其子……有窮由是遂亡，失人故也。
>
> 昔周辛甲之爲大史也，命百官，官箴王闕。於〈虞人之箴〉曰：『……在帝夷羿，冒于原獸，忘其國恤，而思其麀牡。武不可重，用不恢于夏家。獸臣司原，敢告僕夫。』〈虞箴〉如是，可不懲乎？」於是晉侯好田，故魏絳及之。
>
> 公曰：「然則莫如和戎乎？」對曰：「和戎有五利焉：戎狄荐居，貴貨易土，土可賈焉，一也。邊鄙不聳，民狎其野，穡人成功，二也。戎狄事晉，四鄰振動，諸侯威懷，三也。以德綏戎，師徒不動，甲兵不頓，四也。鑒于后羿，而用德度，遠至邇安，五也。君其圖之！」公說，使魏絳盟諸戎。脩民事，田以時。（《左傳正義》，卷二十九，頁 22～26）

值得思索的是，善射的后羿，究竟與「伐戎」有何關係？可能的推測是魏絳乃以后羿之「恃射」與「淫于原獸」比喻晉侯之「恃武」與「興兵伐戎」，又以賢人百姓喻華夏諸侯，勸戒晉侯勿因小失大，獲戎失華。但是，後引〈虞人之箴〉中對后羿「冒于原獸，忘其國恤」的批評，則又是針對畋獵過度爲說，此處《左傳》作者現身說法，指出此乃因其時「晉侯好田」，故魏絳特著

意於此。換言之，《左傳》作者認為魏絳運用／引用后羿故事，雖是勸說和戎，然亦委婉諫阻畋獵，最終說動晉侯「鑑於后羿」而「盟諸戎」並「脩民事，田以時」。

然而，同一事件與魏絳勸說之辭，在《國語》中僅有約百字的載錄，〈晉語七〉「魏絳諫悼公伐諸戎」章載：

> 五年，無終子嘉父使孟樂因魏莊子納虎豹之皮以和諸戎。公曰：「戎、狄無親而好得，不若伐之。」魏絳曰：「勞師於戎，而失諸華，雖有功，猶得獸而失人也，安用之？且夫戎、狄荐處，貴貨而易土。予之貨而獲其土，其利一也。邊鄙耕農不儆，其利二也。戎、狄事晉，四鄰莫不震動，其利三也。君其圖之！」公說，故使魏絳撫諸戎，於是乎遂伯。（《國語》，卷十三，頁441）

《國語》所載魏絳的此段言語中，並未敘述后羿故事，可謂僅以事理說之，陳述、分析和戎之利；對照前引《左傳》之敘述，可見《國語》此處所陳「三利」較《左傳》為少之外，在字句方面，《左傳》該段以四字為句，排比整齊，《國語》則較無修飾。兩相參照下，可見《左傳》之所謂「五利」中，至少「鑒于后羿，而用德度，遠至邇安，五也」明顯呼應其梅述之后羿故事為說；同時，《國語》中完全沒有提及晉侯喜好畋獵一事，只著重在對戎狄的態度與政策上為說，可見二書取捨、論述範圍有所不同。在此對比下，《左傳》徵引的后羿故事與「晉侯好畋」的關係顯得更加密切，可看出《左傳》中的魏絳傾向將「伐戎」與「好畋」二事一併而論，試圖用后羿故事涵蓋二者。換言之，《左傳》中魏絳所論之內容較為豐富，主題也有二種，雖以和戎為主，然對晉侯好畋亦連及而論。至於為何《左傳》與《國語》有此差異，二書之敘事者又是否曾見過相同之材料而各因某種目的有所去取、增刪，則已不得而知，不過《左》、《國》所載此一針對同一事件、主題的二種論說方式，也都達成其論說之成效。

（二）載錄同一事件而《國語》所述古史較詳

另一方面，徵引古史《國語》詳而《左傳》略的例子，則如〈晉語四〉「重耳婚媾懷嬴」章載：

> 秦伯歸女五人，懷嬴與焉。公子使奉匜沃盥，既而揮之。嬴怒曰：「秦、晉匹也，何以卑我？」公子懼，降服囚命。

秦伯見公子曰：「寡人之適，此爲才。子圉之辱，備嬪嬙焉，欲以成婚，而懼離其惡名。非此，則無故。不敢以禮致之，懼之故也。公子有辱，寡人之罪也。唯命是聽。」公子欲辭，司空季子曰：「同姓爲兄弟。黃帝之子二十五人，其同姓者二人而已，唯青陽與夷彭皆爲紀姓。青陽，方雷氏之甥也。夷彭，彤魚氏之甥也。其同生而異姓者，四母之子，別爲十二姓。凡黃帝之子二十五宗，其得姓者十四人，爲十二姓。姬、酉、祁、紀、滕、箴、任、苟、僖、姞、儇、衣是也。唯青陽與蒼林氏同於黃帝，故皆爲姬姓。同德之難也如是。昔少典娶于有蟜氏，生黃帝、炎帝。黃帝以姬水成，炎帝以姜水成。成而異德，故黃帝爲姬，炎帝爲姜，二帝用師以相濟也，異德之故也。異姓則異德，異德則異類。異類雖近，男女相及，以生民也。同姓則同德，同德則同心，同心則同志。同志雖遠，男女不相及，畏黷也。黷則生怨，怨亂毓災，災毓滅性。是故娶妻避其同姓，畏亂災也。故異德合姓，同德合義。義以道利，利以阜姓。姓利相更，成而不遷，乃能攝固，保其土房。今子於子圉，道路之人也，取其所棄，以濟大事，不亦可乎？」（《國語》，卷十，頁 355〜356）

韋昭注曰：

> 同父而生，德姓同者，乃爲兄弟。以言惠公、重耳其德不同，則子圉道路之人，可以妻其妻。（《國語》，卷十，頁 357）

懷嬴本爲晉惠公之太子子圉之妻，時子圉自秦逃歸於晉，而重耳流亡至秦。子圉爲晉惠之子，亦即重耳之侄，是故重耳於情於理，皆不願接受子侄之室；然情勢上，接受秦穆嫁女之好意，卻正是重耳得以復國之關鍵。故雖然秦伯相當客氣的提出「公子有辱，寡人之罪也。唯命是聽」，表明重耳可不接受其納女，但重耳身邊眾臣，均以各種方式勸諫重耳接受。其中司空季子之勸説，舉「黃帝之子二十五人」，「少典娶于有蟜氏，生黃帝、炎帝」之古事，甚至不憚煩地列舉姬、酉、祁等十二姓爲説，只爲説明「今子於子圉，道路之人也」的現實境況，以説服重耳接納子圉之妻。

然而，同樣的史事，《左傳》卻僅敘述其事，全未載錄秦伯之辭令與任何臣子勸諫之言：

> 秦伯納女五人，懷嬴與焉。奉匜沃盥，既而揮之。怒，曰：「秦、晉，匹也，何以卑我？」公子懼，降服而囚。（《左傳正義》，卷十五，頁

12～13）

在《左傳》之敘述中，重耳因懷嬴之「怒」與「何以卑我」之詰，便改變心意、「降服而囚」，不同於《國語》中的被動受諫。乍看之下，《左傳》對此事的記述似乎較爲簡略而不若《國語》之豐富與曲折，但若考察《左傳》對「公子重耳之亡」的整體敘事，則可發現《左傳》對重耳的性格刻劃有其獨具的發展進程，如始流亡之初，公子性格浮躁、耽樂懷安；流亡中期，則漸能隱忍、顧全大局，初具一方之霸的風度；而納懷嬴一事發生時，重耳在秦，即將返國、定霸，《左傳》對其性格的刻劃已臻成熟，在此敘事脈絡下，重耳較爲主動而無待臣下點醒、勸諫便接納懷嬴，以《左傳》的敘述邏輯言，亦爲合理的表現。

綜合上文（一）、（二）所舉差異事例觀之，此種「詳略差異」背後的意義，主要可由幾個方面觀察、解釋之：首先，這似乎表明這些古史／故事並非絕對必要或關鍵的論說素材；換言之，不論是否講述后羿故事，魏絳都能以維繫晉霸地位、權衡利害等等因素爲據，成功勸說晉侯和戎，而《國語》中除司空季子外，其他從臣也都有勸說之言，理論上亦皆能達成勸說的效果，若然，則徵引古史主要是讓辭令較爲婉轉，較能引起聽話者的興趣，又或者涉及國君畋獵過度而不便明言，而用后羿故事包裝而較容易接受。其次，由魏絳的事例中，我們可以看到《左傳》、《國語》所載論說內容多寡有所差異，《左傳》兼論合戎與晉侯好畋之事，《國語》則傾向專就和戎之利爲說，二者論說內容的差異，也或許影響了是否敘述后羿故事的取捨。復次，由重耳納懷嬴的例子中，則可觀察到，敘事目的不同也有可能影響二書的敘事者對是否採錄古史內容進行取捨，如《國語》以記錄嘉言善語爲主，故對重耳婚媾懷嬴一事，詳細列舉司空季子、子犯、子餘等人與重耳的對話；《左傳》則著力敘述重耳流亡各國的情節，以及重耳如何透過流亡各國而蛻變爲一方之霸的性格轉折，則對長篇言論很可能有所去取。

上文所舉，僅是眾多徵引事例中較明顯者；本章雖因篇幅限制，無法對每一事例逐加說明，然透過此三者亦足以觀察一些特點：首先，在上述事例中，后羿與黃帝，乃至鯀，至目前可謂都還是近於傳說中的人物，吾人無從得知在先秦時期，如后羿、黃帝此類型人物、事蹟的流傳情形如何、時人又如何認知其事——是否信其爲眞，又或者在當時也僅爲傳說——但由上述的分析則可見《左傳》、《國語》的載錄往往各有去取。關於這類取捨之異，有

某些事例如后羿故事，因缺乏更多的文本佐證，無法推斷二書因何種原因而有差異，也無法排除是流傳抄寫時偶然造成；然而亦有某些例子，如上文所舉黃帝有子云云，參考文本之上下文與整體結構，則又似乎可推測作者去取之用心。不論是哪一種況狀，這樣的差異無異說明了；先秦時期對於古史、傳說之流傳與論述的言說情境、目的，至少在《左》、《國》二書中，已經非常複雜而多樣，既可能是有意為之的刻意運用，也存在抄寫誤傳的種種可能；既可能針對特定人事而有所影射，也可能僅僅是單純的述古。

二、講論古制

上述徵引古史事例，乃針對《左傳》、《國語》徵引古史內容詳略差異進行比較、討論與詮釋，而對於「制度」的論述，透過對《左傳》、《國語》的考察，大致可歸結出三個特點：首先，論述者之所以需要稱述「古」制，則可推知蓋與「今」制有所出入、或者上位者意圖自我作古，而論說者因認定今制不當，故以古制為說，試圖改變上位者的想法。其次，其中亦可見以解釋古代制度為主，較無特定情境或針對事件的言論，如本文第三章第三節所引「觀射父論絕地天通」一事即是如此：觀射父雖從人事的角度講解上古之職司官守，但我們並不清楚究竟因何種契機或事件而導致楚昭王有此之問，也並不知道觀射父之所以將「絕地天通」朝向歷史人文的方向解釋，是否可能對應某些時事或針對昭王的某些作為而發，諸如此類言論，一般而言以《國語》較為多見。復次，由於講述古制者，通常強調制度的「傳承」，故其言論往往廣徵歷代史事，故本章分類中「徵引多起史事」者與講述制度的重疊性較高，將於後文論述。此處暫舉一例說明之，宣公十二年《左傳》載晉楚邲之戰後，潘黨與楚子之對話：

> 丙辰，楚重至於邲，遂次于衡雍。潘黨曰：「君盍築武軍而收晉尸以為京觀？臣聞克敵必示子孫，以無忘武功。」
>
> 楚子曰：「非爾所知也。夫文，止戈為武。武王克商，作〈頌〉曰：『載戢干戈，載櫜弓矢。我求懿德，肆于時夏，允王保之。』又作〈武〉，其卒章曰：『耆定爾功。』其三曰：『鋪時繹思，我徂維求定。』其六曰：『綏萬邦，屢豐年。』夫武，禁暴、戢兵、保大、定功、安民、和眾、豐財者也，故使子孫無忘其章。今我使二國暴骨，暴矣；觀兵以威諸侯，兵不戢矣；暴而不戢，安能保大？猶有晉在，焉得

定功？所違民欲猶多，民何安焉？無德而強爭諸侯，何以和眾？利
人之幾，而安人之亂，以爲己榮，何以豐財？武有七德，我無一焉，
何以示子孫？其爲先君宮，告成事而已，武非吾功也。古者明王伐
不敬，取其鯨鯢而封之，以爲大戮，於是乎有京觀以懲淫慝。今罪
無所，而民皆盡忠以死君命，又何以爲京觀乎？」

祀于河，作先君宮，告成事而還。（《左傳正義》，卷二十三，頁 19
～22）

邲之戰，楚軍獲勝，故潘黨提議「收晉尸以爲京觀」，意在烜赫武功，蓋欲討
好楚王。但楚王卻並不領情，反而由「武」字引申議論，引《詩》與周武王事
蹟，稱「武有七德，我無一焉」，表示自身所爲並不符合所謂「武功」而不願
宣揚戰勝；同時並講述「京觀」源於「古者明王伐不敬，取其鯨鯢而封之，以
爲大戮」的意義，楚王透過引用「古者明王」施行「京觀」之作爲與用意，對
比於現今晉楚交戰的「今罪無所，而民皆盡忠以死君命」。雖然此處「明王」
所指涉的人物、年代並不明確，可能是前文提及的周武王，也可能是更爲古遠
的先王，但在「古」與「今」的對映中，仍可看出其雙重意義：一方面言說者
援引「古者明王」爲己意背書，但另一方面又自承「武有七德，我無一焉」、「今
罪無所」，顯然意識到自身與「古者」不同；這可說明《左傳》中的論說者，
引用史事時確實可能模糊、概略而不如今日所認知的歷史敘事明確詳細，卻未
必如古史辨學者所稱戰國辯士之風「定要說成與現代同一的狀況，使得所說的
在古可徵，在今可用」。換言之，先秦時期所論說的古史，雖或有誇大、變形
之事例，但未必沒有徵實、述古者存在，從《左傳》中之言說者往往將「古」
與「今」對照而言，並反省、思辨自身處境，實可見其具備「歷史意識」。

三、特殊事例

上文已約略提及，在某些論說情境中，古史的作用在於引發聽者興趣，
委婉其辭而使君主卸除心防，而對於論說內容之說服力未必有決定性的重要
影響。事實上，《左傳》、《國語》中也可見到一些稱述古史的言論，似乎與論
說目的沒有絕對的連結，甚至看不出明確論說目的者。昭元年《左傳》載子
產論晉侯之疾，即爲一相當特殊的例子：

晉侯有疾，鄭伯使公孫僑如晉聘，且問疾。叔向問焉，曰：「寡君之
疾病，卜人曰『實沈、臺駘爲祟』，史莫之知。敢問此何神也？」

子產曰：「昔高辛氏有二子，伯曰閼伯，季曰實沈，居于曠林，不相能也，日尋干戈，以相征討。后帝不臧，遷閼伯于商丘，主辰。商人是因，故辰為商星。遷實沈于大夏，主參，唐人是因，以服事夏、商。其季世曰唐叔虞。當武王邑姜方震大叔，夢帝謂已：『余命而子曰虞，將與之唐，屬諸參，而蕃育其子孫。』及生，有文在其手曰虞，遂以命之。及成王滅唐，而封大叔焉，故參為晉星。由是觀之，則實沈，參神也。昔金天氏有裔子曰昧，為玄冥師，生允格、臺駘。臺駘能業其官，宣汾、洮，障大澤，以處大原。帝用嘉之，封諸汾川，沈、姒、蓐、黃實守其祀。今晉主汾而滅之矣。由是觀之，則臺駘，汾神也。

<u>抑此二者，不及君身。山川之神，則水旱癘疫之災於是乎榮之；日月星辰之神，則雪霜風雨之不時，於是乎榮之。若君身，則亦出入、飲食、哀樂之事也，山川、星辰之神又何為焉？</u>僑聞之，君子有四時，朝以聽政，晝以訪問，夕以脩令，夜以安身。於是乎節宣其氣，勿使有所壅閉湫底以露其體，茲心不爽，而昏亂百度。今無乃壹之，則生疾矣。僑又聞之，內官不及同姓，其生不殖。美先盡矣，則相生疾，君子是以惡之。故《志》曰：『買妾不知其姓，則卜之。』違此二者，古之所慎也。男女辨姓，禮之大司也。<u>今君內實有四姬焉，其無乃是也乎？若由是二者，弗可為也已。</u>四姬有省猶可，無則必生疾矣。」叔向曰：「善哉！肸未之聞也，此皆然矣。」……晉侯聞子產之言，曰：「博物君子也。」重賄之。（《左傳正義》，卷四十一，頁20～25）

由上文可見，子產聘晉而叔向問所謂「實沈、臺駘」究指何神，而子產相當詳細地分別講述了「實沈、臺駘」之所出、事蹟、乃至所主星辰、山河。然而，敘畢「實沈，參神也」、「臺駘，汾神也」云云之後，子產竟一語直轉急下：「抑此二者，不及君身」，斷然否定了實沈、臺駘與晉侯疾病的關聯；而後另以「男女辨姓，禮之大司也。今君內實有四姬焉，其無乃是也乎」為說，亦即微刺晉侯取於同姓，且於女無度。換言之，子產既不以實沈、臺駘之相關古史為勸諫，則實際上並不需要詳述其事；又就其語境觀之，子產言說的對象實際上是叔向，而非面對晉侯本人，則詳述實沈、臺駘之事，也並非為了卸除晉侯心防或引發其聽話興趣而設。於此我們便只能推論此處子產大費

周章的論述了一段與勸說無關的古史，僅是單純回答叔向「敢問此何神也」之疑惑。同時，此段載錄並不見於《國語》，則《左傳》爲何載錄子產此段言論也耐人尋味，細繹其文理，則恐怕此段文末所載晉侯「聞子產之言」而讚其爲「博物君子」，最有可能是《左傳》想描繪的子產形象，同時也是載錄此則言論所能夠發揮的功效：形塑子產「博物」之形象。

《左傳》如此，則在《國語》之中，也可見類似的事例，如〈魯語下〉兩則與「仲尼」相關的載錄，「孔丘論大骨」章載：

> 吳伐越，墮會稽，獲骨焉，節專車。吳子使來好聘，且問之仲尼，曰：「無以吾命。」賓發幣於大夫，及仲尼，仲尼爵之。

> 既徹俎而宴，客執骨而問曰：「敢問骨何爲大？」仲尼曰：「丘聞之：昔禹致羣神於會稽之山，防風後至，禹殺而戮之，其骨節專車。此爲大矣。」客曰：「敢問誰守爲神？」仲尼曰：「山川之靈，足以紀綱天下者，其守爲神；社稷之守者爲公侯。皆屬於王者。」客曰：「防風何守也？」仲尼曰：「汪芒氏之君也，守封、嵎之山者也，爲漆姓。在虞、夏、商爲汪芒氏，於周爲長狄，今爲大人。」客曰：「人長之極幾何？」仲尼曰：「僬僥氏長三尺，短之至也。長者不過十之，數之極也。」（《國語》，卷五，頁 213）

由上文可見，「仲尼」在宴會中一一回答「客」的提問，與上述《左傳》中子產回答叔向提問的情境相當類似，而其言論內容則不同於前幾則魏絳、司空季子等，看不出有何特殊的針對性，只能視作在宴飲場合中一段合宜而博學的談話。又，「孔丘論楛矢」章載：

> 仲尼在陳，有隼集于陳侯之庭而死，楛矢貫之，石砮，其長尺有咫。陳惠公使人以隼如仲尼之館問之。

> 仲尼曰：「隼之來也遠矣！此肅慎氏之矢也。昔武王克商，通道于九夷百蠻，使各以其方賄來貢，使無忘職業。於是肅慎氏貢楛矢石砮，其長尺有咫。先王欲昭其令德之致遠也，以示後人，使永監焉，故銘其栝曰『肅慎氏之貢矢』，以分大姬，配虞胡公而封諸陳。古者，分同姓以珍玉，展親也；分異姓以遠方之職貢，使無忘服也。故分陳以肅慎氏之貢。君若使有司求諸故府，其可得也。」使求，得之金櫝，如之。（《國語》，卷五，頁 214）

此則載錄中，「仲尼」也回答陳侯的提問，講述「楛矢」的來歷，較爲不同的

是附帶了「先王欲昭其令德之致遠」、「古者，分同姓以珍玉，展親也；分異姓以遠方之職貢，使無忘服也」等關於制度層面的論述，不過此處並不像上文所舉楚子論「古者明王」而特意與「今日」之事相應的論述傾向，而可說僅是爲了講解「肅慎氏之貢矢」而論及的制度層面爾。

值得注意的是，不論在《左傳》或《國語》中，上述事例中的言說者子產與「仲尼」，確實都有被塑造爲「博物君子」的傾向。則吾人可進一步思考，雖然《左傳》、《國語》涉及講論古史者，絕大多數都與勸說、進諫有關，並可能涉及特殊時事爲說；但也有如本類所舉少數單純講述古史而無明確針對議題的言論，則其最大的作用可能在於刻劃言說者「博物」之形象，又或者如本書〈緒論〉中汪中所論：「備書於策者，史之職也」，乃作者秉持、把守史官態度而保存的某些特殊古史的記載。然由於此類資料相對較少，筆者不敢遽論，當待來者。

第四節　修辭與敘事之互涉：《左》、《國》鋪排歷代史事論析

上節透過徵引單一古史的事例，已說明了《左傳》、《國語》徵引古史的一些特色與異同。本節則繼續探討《左》、《國》所載言論徵引、排比「多則古史」爲說的語文現象。關於論說者在其文辭中同時徵引多則史事的現象，在上節「子產論祀夏郊」的事例中，已可見將夏商周三代並稱的徵引方式；而上節之〈二〉論古制時也已提及，當論說、勸諫內容涉及制度層面之維護或改革時，也較常以鋪排多起史事的方式進行論述。同樣的，《左傳》、《國語》中徵引、排比多則古史，也具有上文提及的詳略差異現象，然而其內容的質量卻相當懸殊：在《左傳》中，歷敘上古至於商周的古史言說事例相當少，且大約僅鋪陳夏、商、周三代，未及更古，〔註 19〕同時內容也相當簡略；然而《國語》卻動輒由上古之黃帝、堯舜等詳細鋪陳以至夏、商、周三代君王，並且在《國語》徵引古史的三十五例中，至少有十二例皆有長篇鋪排古事的現象，〔註 20〕其內涵又較《左傳》更爲複雜。茲就《左傳》、《國語》個別舉

〔註19〕可參考本文〈附表四〉，《左傳》徵引古史共計有二十五則事例，其中約有八例內容涉及鋪敘多則古史。

〔註20〕可參考本文〈附表四〉，案：《國語》徵引古史共計二十三則，數量少於《左傳》（見上注），然其中卻有十三則屬於鋪陳歷代古史的類型，佔總數一半以

例析論之，再綜合比較二書之特色。

一、《左傳》：夏、商、周三代並稱的特色與意義

實際考察《左傳》中講述古事而鋪衍數代的例子，主要以稱引夏、商、周三代爲主，且多牽涉制度層面議題，如著名的魯宣三年《左傳》所載「九鼎」故事：

> 楚子伐陸渾之戎，遂至于雒，觀兵于周疆。定王使王孫滿勞楚子。
>
> 楚子問鼎之大小、輕重焉。對曰：「在德不在鼎。昔夏之方有德也，遠方圖物，貢金九牧，鑄鼎象物，百物而爲之備，使民知神、姦。故民入川澤、山林，不逢不若。螭魅罔兩，莫能逢之。用能協于上下，以承天休。桀有昏德，鼎遷于商，載祀六百。商紂暴虐，鼎遷于周。德之休明，雖小，重也。其姦回昏亂，雖大，輕也。天祚明德，有所底止。成王定鼎于郟鄏，卜世三十，卜年七百，天所命也。周德雖衰，天命未改。鼎之輕重，未可問也。」（《左傳正義》，卷二十一，頁 15～16）

此處王孫滿主要講述「昔夏之方有德」而「鑄鼎象物」的古史，於商、周則簡要提及。此處之鼎，應視作禮器，禮器與禮制相輔相成，學者已多有論述，此不贅。要之，禮器一方面在各種禮儀活動時發揮實際的器用，另方面也是抽象禮儀、政權的具象表現；禮器與禮制，在古代本即一體，清楚掌握禮器象徵禮儀制度的完備，而禮儀制度又代表對政權的正當掌握，故楚子有此「大小輕重」之問。然而王孫滿則以九鼎自夏遷商，自商遷周的變遷，重點在於強調爲政者之「有德」，乃典制器物之核心價值，說明「在德不在鼎」之道德律則。在此我們可說，楚子問鼎，所認識的是獲得九鼎之「果」，即「掌握制度可保證權力」此一政治的表象；而王孫滿的論述，卻爬梳歷史流變爲證而屹立於能夠擁有九鼎之「因」，即道德方爲制度的核心價值，在其論述中，三代對九鼎的繼承方式，彷彿形成一種堅定不移的「道德——禮制」傳統，以此反擊楚子企圖透過掌握禮器而彰顯權力的野心。而在這場關於制度（九鼎）之因與果的論戰中，援引三代歷史變遷爲證的王孫滿，似乎占了上風。

另一類似的事例則是昭四年《左傳》載楚靈王爲申之會時與椒舉間的對話：

上，可謂是《國語》講述古史的一大特色。

夏，諸侯如楚，魯、衛、曹、邾不會。曹、邾辭以難，公辭以時祭，衛侯辭以疾。鄭伯先待于申。

六月丙午，楚子合諸侯于申。椒舉言於楚子曰：「臣聞諸侯無歸，禮以為歸。今君始得諸侯，其慎禮矣。霸之濟否，在此會也。<u>夏啓有鈞臺之享，商湯有景亳之命，周武有孟津之誓，成有岐陽之蒐，康有酆宮之朝，穆有塗山之會，齊桓有召陵之師，晉文有踐土之盟。</u>君其何用？宋向戌、鄭公孫僑在，諸侯之良也，君其選焉。」王曰：「吾用齊桓。」……。

楚子示諸侯侈。椒舉曰：「夫六王、二公之事，皆所以示諸侯禮也，諸侯所由用命也。<u>夏桀爲仍之會，有緡叛之。商紂爲黎之蒐，東夷叛之；周幽爲大室之盟，戎狄叛之，皆所以示諸侯汰也，諸侯所由棄命也。</u>今君以汰，無乃不濟乎！」王弗聽。子產見左師曰：「吾不患楚矣。汰而愎諫，不過十年。」左師曰：「然。不十年侈，其惡不遠。遠惡而後棄。善亦如之，德遠而後興。」（《左傳正義》，卷四十二，頁 26～28）

諸侯如楚爲會，「楚子合諸侯于申」，實際上是相當罕見的情況，因爲春秋時期自早期的齊桓公，乃至晉文公開啓而延續至春秋中後期的晉國霸業，能夠「主盟」而會諸侯者，均以中原的齊、晉兩國爲主；由吳、楚等南方國家主盟，即使在春秋後期也依然不多見，且往往受到批判，此次盟會的特殊性由此可見。故我們可以看到爲會之初，椒舉便歷數夏啓、商湯、周武、成王、康王、穆王等三代君王乃至齊桓、晉文等近代霸主之史蹟，希望楚靈王能審慎體察先王、前賢徵會諸侯之「有禮」，以濟其霸業，此可謂舉出歷代正面之事蹟說之。然而，楚靈王在《左傳》乃至先秦時期的形象，正以無禮著稱，〔註21〕由引文後段也可見出，會中靈王依然「示諸侯侈」，則椒舉又再度鋪陳夏、商、周之昏君「示諸侯汰」而遭諸侯背叛、離棄之史事，可謂從反面舉例，試圖警惕靈王。

上述兩個事例，恰好均與楚國之人、事頗有相關，雖並非《左傳》所有鋪陳多起史事的例子皆是如此，然藉此亦可進一步思考，言說者之所以需要鋪陳三代（或以上）之古史，則其所凸顯、強調者，應是各史蹟之間的傳承

〔註21〕《左傳》中「仲尼」便曾批評楚靈王無法做到「克己復禮」之境界（可參考本書第一章〈緒論〉引文）。

性與傳統，如九鼎依據有德與否而自夏傳商、由商傳周，或如夏啓、商湯、周武、成、康等王者至於齊桓、晉文等霸主的中原事業。若然，則其言論所針對者，應當就是被認爲不符合或不應加入此類傳統者，如楚子無德而問鼎；又或者是意圖向此類傳統靠攏者，如楚靈會諸侯而試圖成爲新一代之霸主。言說者列舉各種史事，營造出某種相延不墜的傳統、道德或文化之權威，以此壓制、又或勉勵在現實中還未足以參與其中的人，而傳統上被認爲「蠻夷」的楚國，恰好符應此類形象。

　　另一值得注意的面向是，《左傳》論說時徵引多則史事者，原則上不出夏、商、周三代之事，而不若《國語》動輒數及三代以上之遠古人物、事件（詳下文），同時論說者又往往論及三代之重「德」與否，並將之聯繫於天命／政權之興替，此一論說模式，也可在《尚書》中看到，如《尚書・多士》載周王誥誥之辭：

> 我聞曰：「『上帝引逸。』有夏不適逸，則惟帝降格……惟時天罔念聞，厥惟廢元命，降致罰。乃命爾先祖成湯革夏，俊民甸四方。自成湯至于帝乙，罔不明德恤祀；亦惟天丕建，保乂有殷，殷王亦罔敢失帝，罔不配天，其澤……惟時上帝不保，降若茲大喪。……今惟我周王，丕靈承帝事。有命曰：『割殷！』告敕于帝。……惟爾知惟殷先人有冊有典，殷革夏命。今爾又曰：『夏迪簡在王庭，有服在百僚。』予一人惟聽用德，肆予敢求爾于天邑商。予惟率肆矜爾；非予罪，時惟天命。」（《尚書正義》，卷十六，頁3〜6）

周王以「殷革夏命」之歷史，類比於「周革殷命」，即以「有冊有典」的歷史事實，證成「天命」必降於有德者，可說賦予周代政權在天、人兩方之正當性。此種「夏之於商」猶「商之於周」的類比模式，在上述《左傳》徵引古史的事例中基本是維持不變的；有所不同的是論述情境，從原本周朝君王之誥誡，轉變爲春秋時期卿士大夫之勸諫、論理；而論述者所指，則從「以夏商二代論周」轉變爲「以夏商周三代論諸侯國」。

　　由此我們可以思考的是，不論《尚書》或《左傳》，徵引夏、商、周三代之「成敗、興亡」爲說，對於言說者而言，比起徵引遠古的傳說人物或神異故事，必然較具現實感與權威性──且至少殷、周之事應算是其「近、當代史」──換言之，以三代皆然、「夏商之鑑」等方式論述，實際上產生的權威性與嚴肅程度，應較徵引更遠古的史事爲大，故其勸說效用應是「鑑戒」大

於「好奇」。

二、《國語》：鋪張富贍的言語特色

上一小節省察了《左傳》對於夏、商、周三代之徵引與論述，可知《左傳》似乎稍偏重在三代傳承的傳統與權威；相對的，《國語》將三代（或以上）之史事並稱、鋪陳，大都遠較《左傳》更爲鋪張富麗。茲舉一例說明之。

〈周語下〉「太子晉諫靈王壅穀水」章載：

靈王二十二年，穀、洛鬭，將毀王宮。

王欲壅之，太子晉諫曰：「不可。晉聞古之長民者，不墮山，不崇藪，不防川，不竇澤。夫山，土之聚也；藪，物之歸也；川，氣之導也；澤，水之鍾也。夫天地成而聚於高，歸物於下。疏爲川谷，以導其氣；陂塘汙庳，以鍾其美。是故聚不阤崩，而物有所歸；氣不沈滯，而亦不散越。是以民生有財用，而死有所葬。然則無天昏札瘥之憂，而無飢寒乏匱之患，故上下能相固，以待不虞。古之聖王，唯此之慎。昔共工棄此道也，虞于湛樂，淫失其身，欲壅防百川，墮高湮庳，以害天下。皇天弗福，庶民弗助，禍亂並興，共工用滅。其在有虞，有崇伯鯀，播其淫心，稱遂共工之過，堯用殛之于羽山。其後伯禹念前之非度，釐改制量，象物天地，比類百則，儀之于民，而度之于羣生。共之從孫四嶽佐之，高高下下，疏川導滯，鍾水豐物，封崇九山，決汩九川，陂鄣九澤，豐殖九藪，汩越九原，宅居九隩，合通四海。故天無伏陰，地有散陽，水無沈氣，火無災燀，神無間行，民無淫心，時無逆數，物無害生。帥象禹之功，度之於軌儀，莫非嘉績，克厭帝心。皇天嘉之，祚以天下，賜姓曰『姒』、氏曰『有夏』，謂其能以嘉祉殷富生物也。祚四嶽國，命以侯伯，賜姓曰『姜』、氏曰『有呂』，謂其能爲禹股肱心膂，以養物豐民人也。

此一王四伯，豈繄多寵？皆亡王之後也。唯能釐舉嘉義，以有胤在下，守祀不替其典。有夏雖衰，杞、鄫猶在；申、呂雖衰，齊、許猶在。唯有嘉功，以命姓受氏，迄于天下。

及其失之也，必有慆淫之心閒之。故亡其氏姓，踣斃不振；絕後無主，湮替隸圉。夫亡者豈繄無寵？皆黃、炎之後也。唯不帥天地之

度，不順四時之序，不度民神之義，不儀生物之則，以殄滅無胤，
至於今不祀。

及其得之也，必有忠信之心閒之。度於天地而順於時動，和於民神
而儀於物則，故高朗令終，顯融昭明，命姓受氏，而附之以令名。
若啓先王之遺訓，省其典圖刑法，而觀其廢興者，皆可知也。其興
者，必有夏、呂之功焉；其廢者，必有共、鯀之敗焉。今吾執政無
乃實有所避，而滑夫二川之神，使至於爭明以妨王宮，王而飾之，
無乃不可乎！……。

夫見亂而不惕，所殘必多，其飾彌章。民有怨亂，猶不可遏，而況
神乎？王將防鬪川以飾宮，是飾亂而佐鬪也，其無乃章禍且遇傷乎！
自我先王厲、宣、幽、平而貪天禍，至于今未弭。我又章之，懼長
及子孫，王室其愈卑乎！其若之何？自后稷以來寧亂，及文、武、
成、康而僅克安民。自后稷之始基靖民，十五王而文始平之，十八
王而康克安之，其難也如是。厲始革典，十四王矣。基德十五而始
平，基禍十五，其不濟乎！吾朝夕儆懼，曰：『其何德之修，而少光
王室，以逆天休？』王又章輔禍亂，將何以堪之？無亦鑒于黎、苗
之王，下及夏、商之季，上不象天，而下不儀地，中不和民，而方
不順時，不共神祇，而蔑棄五則。是以人夷其宗廟，而火焚其彝器，
子孫為隸，下夷於民，而亦未觀夫前哲令德之則。則此五者而受天
之豐福，饗民之勳力，子孫豐厚，令聞不忘，是皆天子之所知也。
天所崇之子孫，或在畎畝，由欲亂民也。畎畝之人，或在社稷，由
欲靖民也。無有異焉！《詩》云：『殷鑒不遠，在夏后之世。』將焉
用飾宮？其以徼亂也！度之天神，則非祥也。比之地物，則非義也。
類之民則，則非仁也。方之時動，則非順也。咨之前訓，則非正也。
觀之《詩》《書》，與民之憲言，則皆亡王之為也。上下議之，無所
比度，王其圖之！……。」

王卒壅之。及景王，多寵人，亂於是乎始生。景王崩，王室大亂。
及定王，王室遂卑。（《國語》，卷三，頁 101～113）

太子晉之勸諫長達數千言，此例雖不見於《左傳》，然與上節所舉《左傳》鋪
排古史事例之簡要相較，《國語》之鋪陳富贍顯而易見。太子晉首先指出「古

之長民者，不墮山，不崇藪，不防川，不竇澤」，後舉例以共工「壅防百川，墮高湮庳」於是用滅，與伯鯀「稱遂共工之過」而遭殛的反面例證，映襯以伯禹與四嶽之「疏川導滯，鍾水豐物」以養民的正面事例。值得注意的是，此則論述中涉及「禹平水土」的問題，在《古史辨》中曾引起廣泛的討論，然而單就此則言論可見，太子晉所論，實際上幾乎完全聚焦在「人禍」問題，其論點主張山、川、藪、澤俱是天生而然，不可加以人為的變更或阻滯，而昏君亡王「壅防百川，墮高湮庳」，正是疲敝人民、破壞天地四時之序、生物之則；相反的，伯禹與四嶽則「念前之非度」而推翻共工、伯鯀之作法，以「象物天地」之方式，恢復山川，澤藪，原隰之豐茂，讓人民得以安生利用。在此語境中，所謂的「墮高湮庳」、「疏川導滯」、「釐改制量」等語，似乎未帶有太多神話性質，而毋寧近似於現實中的水土整治工程，與一般印象中天降洪水，而大禹平息之的說法並不相同；然而同樣在《國語》中，也有「鯀鄣洪水而殛死，禹能以德修鯀之功」之語（見下文）。若以常理考之，太子晉的說法似乎比較能於現實情境中實行，然而各類的洪水之說，也還是說明了春秋當時可能確實有此類「洪水神話」。

　　進一步而言，此處太子晉之勸諫，起於周靈王「欲壅穀水」，此正是欲以人力改變、控制自然河川的現實情境，換言之，此處太子晉詳細敘述共工、伯鯀「不帥天地之度，不順四時之序，不度民神之義，不儀生物之則」而至於「殄滅無胤」，正針對周靈王之作為而發出警惕；而稱揚伯禹與四嶽「度於天地而順於時動，和於民神而儀於物則」，呼應文後稱數周室先王如何「始基靖民」、「文始平之」、「康克安之」的養民主題，提醒周靈王宜以先祖為鑑、以百姓為念。這些對於古史人物或周代先王事跡的詳細徵引，實際上都在同一主題脈絡上進行，也針對同一論說目的而敘述。暫且不論究竟是神話式的大禹治水，抑此處較為平實的敘述，何者較為人所熟知或接受，在太子晉的言論中，我們確實可看出言說者所針對的情境、對象，都對其所徵引的史事發生影響。由此我們也或可反思，對於古史傳說之認識或發展階段的詮釋，並不能一味考量歷時性的發展，認為時代前者必定較為樸實，較後者必定加以渲染；實際上，如此例所示，只要符合言說之意圖、目的，則對神話傳說未必不能加以理性之解釋。

　　另一則《國語》詳贍的鋪排歷代古史事例，可以《魯語上》「展禽論祭爰居非政之宜」章為代表，該章載錄展禽因海鳥爰居，而針對祭祀對象所發的

論述：

> 海鳥曰「爰居」，止於魯東門之外三日，臧文仲使國人祭之。

> 展禽曰：「越哉，臧孫之為政也！夫祀，國之大節也；而節，政之所成也。故慎制祀以為國典。今無故而加典，非政之宜也。夫聖王之制祀也，法施於民則祀之，以死勤事則祀之，以勞定國則祀之，能禦大災則祀之，能捍大患則祀之。非是族也，不在祀典。昔烈山氏之有天下也，其子曰柱，能殖百穀百蔬；夏之興也，周棄繼之，故祀以為稷。共工氏之伯九有也，其子曰后土，能平九土，故祀以為社。黃帝能成命百物，以明民共財，顓頊能修之。帝嚳能序三辰以固民，堯能單均刑法以儀民，舜勤民事而野死，鯀鄣洪水而殛死，禹能以德修鯀之功，契為司徒而民輯，冥勤其官而水死，湯以寬治民而除其邪，稷勤百穀而山死，文王以文昭，武王以武烈，去民之穢。故有虞氏禘黃帝而祖顓頊，郊堯而宗舜；夏后氏禘黃帝而祖顓頊，郊鯀而宗禹；商人禘舜而祖契，郊冥而宗湯；周人禘嚳而郊稷，祖文王而宗武王；幕，能帥顓頊者也，有虞氏報焉；杼，能帥禹者也，夏后氏報焉；上甲微，能帥契者也，商人報焉；高圉、大王，能帥稷者也，周人報焉。⋯⋯非是不在祀典。今海鳥至，己不知而祀之，以為國典，難以為仁且智矣。夫仁者講功，而智者處物。無功而祀之，非仁也；不知而不能問，非智也。今茲海其有災乎！夫廣川之鳥獸，恆知避其災也。」（《國語》，卷四，頁 165～170）

其言論之大意，蓋在表明「聖王」之「慎制祀以為國典」，強調對人民、國家有功勞貢獻者，方能成為祭祀之對象，希望臧文仲對祭祀更加謹慎；然下文竟詳舉烈山氏之子柱、共工氏之后土、黃帝、顓頊、帝嚳、堯、舜、鯀、禹、契、冥、湯、稷、乃至文王、武王的事蹟，鋪陳三百餘言，可謂詳贍至極；而以此十數名古代聖賢之偉烈事蹟，對比於「今」之臧文仲使國人祭祀一「海鳥」，亦可謂諷刺至極。較為特殊的是，此段言論之後，復記載臧文仲的反應：

> 是歲也，海多大風，冬煖。文仲聞柳下季之言，曰：「信吾過也，季子之言，不可不法也。」使書以為三筴。（《國語》，卷四，頁 170）

相當值得注意的是，臧文仲首先「聞柳下季之言」，而後從善如流、勇於認錯，「使書以為三筴」，此段紀錄表明展禽之言除口語的傳播之外，其後也被有意識地加以書面記錄；換言之，從口頭的勸諫論說，轉化成具有紀念、警惕性

質的書面文字，則其文鋪陳富贍的特色或許由此而來，這同時也再次揭示了
《國語》載錄「嘉言善語」的書籍性質。綜觀《國語》中論述古聖賢之制度、
事蹟者，大抵皆鋪陳鴻肆，動輒百千餘言地陳述歷代帝王對某一制度的遵循
或慣例，或許也可推測乃因其言論受到──不論是如臧文仲一類的當政者或
者《國語》之作者──有意識的保存、記錄，以做爲某種銘記、警剔之用，
則自然可能在修辭上有所增飾、鋪張。本節所舉二則《國語》事例，與下節
載內史過對周王論「神降於莘」事（詳下文），實際上也有同樣的傾向。值得
注意的是，《逸周書・史記》篇亦載周穆王命左史戎夫歷數前代敗亡事蹟，以
爲箴諫之文：

> 嚴兵而不（仁）〔註22〕者，其臣懾，其臣懾而不敢忠，不敢忠則民
> 不親其吏。刑始於親，遠者寒心，殷商以亡。
>
> 樂專於君者，權專於臣，權專於臣則刑專於民，君娛於樂，臣爭於
> 權，民盡於刑，有虞氏以亡。……
>
> 好變故易常者亡，昔陽氏之君，自伐而好變，事無故業，官無定位，
> 民運於下，陽氏以亡。
>
> 業形而愎者危，昔谷平之君，愎類無親，破國弗克，業形用國，外
> 內相援，谷平以亡。〔註23〕

文中鋪排有巢、共工、有林氏、上衡氏等等數十古代君王，加以箴言式的道
德、倫理論述如「業形而愎者危」、「好變故易常者亡」，搭配以未遵循該倫理
者的敗亡之事，以此達箴諫、警惕之效。其文同樣具有鋪排鴻肆、修辭嚴整
的傾向，同時也可見上位者重視此種言論的警惕功效，這些特色與上文所舉
太子晉對周王諫壅川，展禽鋪陳古史諫祀爰居等事例的論說形式、言說情境
與目的，可說相當類似。雖《逸周書》各篇著成時代或有不一、無法確定者，
〔註24〕不過我們或可說，論說者鋪排古史以爲箴諫之文，同時上位者也重視、

〔註22〕 「仁」字原爲缺文，據黃懷信，張懋鎔，田旭東撰，李學勤審定：《逸周書彙
校集注》（上海：上海古籍出版社，1995年）彙校引王應麟、丁宗洛補，卷八，
頁1012。

〔註23〕 《逸周書彙校集注》，卷八，頁1012～1013；1028～1030。

〔註24〕 關於《逸周書》各篇之著成時代與內容，可參黃懷信：《逸周書源流考辨》（西
安：西北大學出版社，1992年），〈史記〉一篇，黃懷信指出其內容「所記諸
國史多失載，論者或疑其妄」，然其篇中所記某些諸國與氏族，對照於《竹書
紀年》又頗有相合，推測可能確有其國，則此篇有可能爲「我國最早眞正以

乃至特意保存此種言論，或許在春秋時期是一較具傳統，或者較為典重、正規的言諫方式。

三、《左傳》、《國語》鋪排古史之敘事差異

從上文分別舉出《左》、《國》徵引多起古史為論說的事例中，可見出《國語》在篇幅鋪陳方面，似乎遠較《左傳》為廣，且修辭成分更重。進一步言，《左》、《國》二書中的言論，均有重視教化、講求德治之傾向，雖《國語》在這些言辭鋪陳方面較《左傳》宏闊，應用範圍也似乎更加多元，但無礙其論述核心依然指向對上位者的勸諫，可知並非徒逞辭章之事。故所謂修辭的鋪張或簡略，或也可由上節所述二書因所載內容性質、敘事目的有異，而導致言辭有所詳略作為解釋，茲以魯莊卅二年著名的「神降於莘」事，說明《左》、《國》中勸諫之言並稱三代為說，而鋪陳程度有異。《左傳》載周王問於內史過：

> 秋七月，有神降于莘。惠王問諸內史過曰：「是何故也？」對曰：「國
> 之將興，明神降之，監其德也；將亡，神又降之，觀其惡也。故有
> 得神以興，亦有以亡，虞、夏、商、周皆有之。」
>
> 王曰：「若之何？」對曰：「以其物享焉。其至之日，亦其物也。」
> 王從之。內史過往，聞虢請命，反曰：「虢必亡矣。虐而聽於神。」
> 神居莘六月。虢公使祝應、宗區、史嚚享焉。神賜之土田。史嚚曰：
> 「虢其亡乎！吾聞之：國將興，聽於民；將亡，聽於神。神，聰明
> 正直而壹者也，依人而行。虢多涼德，其何土之能得？」（《左傳正
> 義》，卷十，頁 21～22）

《左傳》中的內史過，對於虞、夏、商、周四代之降神，僅簡單提及；言論重點在於不論國家是興是亡，均有神降，隱含有勸誡君王勤勉治國，而對神靈無須恃恃，亦不必恐慌之意。相對於此，《國語》中的內史過敘述更加豐富，〈周語上〉載：

> 十五年，有神降於莘，王問於內史過，曰：「是何故？固有之乎？」
> 對曰：「有之。國之將興，其君齊明衷正、精潔惠和，其德足以昭其
> 馨香，其惠足以同其民人。神饗而民聽，民神無怨，故明神降之，
> 觀其政德而均布福焉。國之將亡，其君貪冒辟邪、淫佚荒怠、麤穢

史為鑑的史學著作。」（《逸周書源流考辨》，頁 120～121）

暴虐；其政腥臊，馨香不登；其刑矯誣，百姓攜貳。明神不蠲而民有遠志，民神怨痛，無所依懷，故神亦往焉，觀其苛慝而降之禍。是以或得神以興，亦或以亡。昔夏之興也，融降于崇山；其亡也，回祿信於聆隧。商之興也，檮杌次於丕山；其亡也，夷羊在牧。周之興也，鸑鷟鳴於岐山；其亡也，杜伯射王於鄗。是皆明神之志者也。」

王曰：「今是何神也？」對曰：「昔昭王娶於房，曰房后，實有爽德，協於丹朱，丹朱憑身以儀之，生穆王焉。是實臨照周之子孫而禍福之。夫神壹，不遠徙遷，若由是觀之，其丹朱之神乎？」

王曰：「其誰受之？」對曰：「在虢土。」王曰：「然則何爲？」對曰：「臣聞之：道而得神，是謂逢福；淫而得神，是謂貪禍。今虢少荒，其亡乎？」

王曰：「吾其若之何？」對曰：「使太宰以祝、史帥狸姓，奉犧牲、粢盛、玉帛往獻焉，無有祈也。」

王曰：「虢其幾何？」對曰：「昔堯臨民以五，今其胄見，神之見也，不過其物。若由是觀之，不過五年。」王使太宰忌父帥傅氏及祝、史奉犧牲、玉鬯往獻焉。（《國語》，卷一，頁29～33）

《國語》所載除較《左傳》篇幅豐富外，也可見文字排比整齊，修飾性更強，對《左傳》所謂「虞、夏、商、周」之興、亡皆有神降的敘述，除「虞」以外也有更具體的內容；又其陳述國君爲政有德之「齊明衷正」而「民神無怨」，對比於昏君之「貪冒辟邪」、「民神怨痛」，可謂對比鮮明、形象生動；同時還涉及所降之神爲何、如何祭祀等細節的討論。當然，《國語》所舉回祿、檮杌等等神異，從歷史徵實角度觀之均未必可以盡信，但就論説效果而言，則較具吸引力與説服力無疑。

值得注意的是，同樣爲內史過敘述「（虞）夏、商、周」之降神與興亡，《左傳》、《國語》卻分別將此番言辭置於不同的敘事脈絡中。以《左傳》言，「神降於莘」一事，實前承晉獻公圖滅虞、虢之舉，〔註25〕在此脈絡中，透

〔註25〕晉獻公圖滅虞、虢事，《左傳》所記橫跨數年，莊廿六年《左傳》載：「秋，虢人侵晉。冬，虢人又侵晉。」（《左傳正義》，卷十，頁9）爲晉滅虢之導火線；莊廿七年載：「晉侯將伐虢」（《左傳正義》，卷十，頁11）而遭士蔿諫阻一事，始見晉國君臣圖謀謹慎；輾轉至僖二年《左傳》載：「晉荀息請以屈產

過描述周王與內史過面對神降之合理／合禮作爲——理性討論神降之故，以及用適當之物享神——反襯、對比虢公媚神「請命」之貪，並引出史嚚「虢之將亡」的預言，以此下啓魯僖二年《左傳》載晉國「假道於虞以伐虢」之計，而虢國也因此而亡。由此可知，在《左傳》的敘述脈絡中，「神降於莘」所引發的討論與相關事件，乃是爲了呈現虢公「虐」之形象與史嚚「虢多涼德，其何土之能得」的預言，以此爲虢國之滅的前導，發揮了敘事上的提點、轉承作用。故我們可說《左傳》之敘事主線／觀點實在於「晉滅虢」而非「周」；其所聚焦者，則是虢公之「虐而聽於神」並預示其亡國的結果，並非歷代降神的細節描繪或祭祀方式、對象的討論。《國語》則不同，此則事例置於〈周語〉，雖亦論及虢國之亡，然大體著重呈現周王與內史過問答之語，如互相討論「是何神」、「其誰受之」、「其若之何」、「虢其幾何」，並由內史過對周王論述虢公之過：

> 內史過從至虢，虢公亦使祝、史請土焉。內史過歸，以告王曰：「虢必亡矣，不禋於神而求福焉，神必禍之；不親於民而求用焉，人必違之。精意以享，禋也；慈保庶民，親也。今虢公動匱百姓以逞其違，離民怒神而求利焉，不亦難乎！」
>
> 十九年，晉取虢。（《國語》，卷一，頁 33）

相對於《左傳》中內史過對虢公簡要評曰：「虢必亡矣。虐而聽於神」，《國語》中內史過的言論如同其論「三代降神」般，也有較《左傳》更加周延、鋪陳的傾向；至於《左傳》所載虢國之史嚚，則《國語》中未見其人，完全只見內史過發言。於此我們可以推測，《國語》中的言說情境，當可解讀爲內史過藉由論「三代降神」、虢國將亡等歷史或現實之事件，達到鑑戒周王之效，故對晉滅虢之情節描述尟少，而議論之詞極廣，敘事之視角也主要以周爲主，呈現出周室君臣彼此對問、議論他國事件的情景。簡言之，就此例而言，我們仍可以看到《左傳》與《國語》不同的敘事傾向造成言辭的詳略差異：《左傳》中的「神降於莘」具有敘事上的作用：一方面呈現虢公的形象，另方面則預示、引出下文情節，故議論之辭較爲簡潔；《國語》中的「神降於莘」事件，則引導出周王與內史過的議論，成爲內史過勸勉周王爲政須追求「民神

之乘與垂棘之璧假道於虞以伐虢」（《左傳正義》，卷十二，頁 5）則始有具體行動；至僖五年載：「冬十二月丙子，朔，晉滅虢」（《左傳正義》，卷十二，頁 25）乃告終。

無怨」境界的鑑戒實例，故其言論詳細列舉三代興亡的降神事蹟，蓋爲求論說事理之生動、詳明。

第五節　《左傳》、《國語》徵引古史之意義

上文第三、第四節舉出《左傳》、《國語》各種徵引古史的型態，並考察其語境與可能的意義、特色。在此基礎上，則可就上述徵引古史的各種特色進一步提出討論，而如同本章第三節之初所述，將「敘述單一事件」與「敘述多則事件」分節爲論，基本上出於論述上的方便與需要，不代表二者必有截然劃分的差異，故下文亦將綜合二者進行論述。

一、古史之詳略差異與意義

首先，關於古史在先秦時期的講說、流傳情形，透過比較《左傳》、《國語》二書載錄相同論說語境而講論古史內容不同者，或許可以更廣闊的視角看待之。由上二節可見，不論言說者講述單一事例或多起事件，都有某些詳略差異的現象，而我們可說這些「古史」可能隨著《左》、《國》中的論說者之意圖、主題差異，而有所增刪、去取，此一現象說明此時徵引古史之人，其論說目的並非「談論」或「傳授」某一歷史事件，而是「運用」歷史事件來說明自身關注的論題。在此目的下所產生種種內容細節上的詳略差異，並不能完全歸因於歷史知識之多寡：所言略者，未必不知古史，而可能因應論述所需故簡要其言；相對的，所言詳者，亦未必句句皆眞，乃可能爲求豐富而有增飾之舉。

除此之外，《左》、《國》二書之作者／敘事者的不同意向，也可能影響其中所敘述古史內容的增刪、剪裁，此一層面一般來說似乎較少被學者所注意，但如本章第四節所舉「神降於莘」一例可知，透過比較《左》、《國》二書之差別，同一事件在二書中被置於完全不同的語境：《左傳》以此事轉承晉獻公欲成霸業的環節，以晉之權謀與虢之敗德爲敘事主線，內史過與周王之言作爲事件的評論；《國語》則完全聚焦在內史過與周王在朝堂之上的互相問答，其敘事目的近於上述所謂保存「嘉言善語」，晉滅虢一事只是內史過言論的附帶背景，二書因敘事脈絡明顯不同，也因而可能對論述古史的詳略程度產生相當的影響。綜之，透過《左傳》、《國語》二書中同一事件、同一論說者，而講述古史內容不同的事例，我們可以反思，古史辨學者認爲「時代越後，

傳說中的中心人物愈放愈大」，雖在整體方向上，可能指出了傳說歷時演進的情形，但以《左》、《國》而言，二書時代相近卻仍有稱述古史而詳略不一的情形，則顯然古史傳說的各種形貌，並非只以「歷時性演進」的單一維度可做解釋，換言之，對於共時性中的細部差異，古史辨之說則恐怕不足以妥善處理古史傳講的各種狀況。

同時，如本文第三節之〈三〉所論，在《左傳》、《國語》中，依然有某些徵引古史之事例，目前看來與勸諫、論說的關聯性並不明顯，而主要用於表現論說者的博物多聞或對典章之熟稔，而其所論述的古史內容不少都涉及相當古遠或無從考證的人事，如實沈、臺駘、防風氏、高辛氏等，甚至本文在第二章所舉的史默論古者畜龍，第三章所舉之觀射父論絕地天通，都可說其言說重心在於傳講古史本身，但其所論內容是否對治某些當世人事，則我們無從得知。由於論說者之目的或針對議題並不明確，我們實際上並無法判斷其是否因為某種特殊論說意圖，而對古史內容加以增刪或剪裁；換言之，這些例子我們可能必須將其視為「講述歷史」，又或者將其視為《左傳》、《國語》之作者透過保留、載錄這些言論而表現言說者的博物形象與對往古的嚮往或推崇。藉此，我們可以重新思考，正因徵引古史的情況複雜多變，則並非每一事例都能夠以某單一的觀念或理論加以解釋，換言之，將先秦文獻中徵引古史的現象，一律理解成為達勸說目的之刻意改造或常識缺乏的無心過錯，或許與一律相信其為信史一樣，都有失之武斷的疑慮。

綜而言之，在《左傳》、《國語》徵引古史事例中，影響其修辭程度、徵引內容的因素，既有言說者本身的語境，也有敘事者寫作的意圖，前者在文本敘述之內可透過仔細閱讀而知，後者則須跳脫文本之外進行整體的觀照方能顯現。這兩種對文本的閱讀與體察方式，不論對於敘史文獻或是諸子文集皆可謂適用與必須。換言之，吾人研究古史，或許先須辨明論述文本之各種層次：「古史」的第一層次，可說是其本身內容真偽與否，如黃帝是否存在、堯舜為何人等；此外，還須考慮「古史」在文本中，基於何種語境、情勢、人物而發，被何人述說，發揮何種效用與意義，此為第二層次；另外則須考量先秦時期性質不一、立場各異的各種文獻，即使載錄同一人物、同一情境中引用同一古史，亦可能因敘事者的意向、目的而產生微妙的不同或轉變，此則為第三層次的考察。本文所論諸例，可說係針對古史分析的第二、三層次的考察。

二、古制、古史與道德論述之關係

其次，關於稱述古制者，上文已經說明通常與稱述史事同時出現，又以鋪陳歷代史事的事例最常與制度相涉，此處則在前述基礎上，獨立討論稱引制度的幾個意義。就論說特徵言，言說者稱述古制時，往往以「昔者／古者／聖王（之某種制度、儀節）」、「先王之制」、「古之制」等語，對照於「現今」之不同，造成反差與對比，使言論更具張力與說服力。就其作用言，稱述古制者，往往涉及「傳統」，所謂「傳統」者，即古聖先王相延不墜之習俗、儀節或典制，正因為必須強調「相傳不息」的特性，故論者往往以鋪陳歷代聖王、明君傳承某一制度的史事為說，以此表現該制度／傳統的權威性與正當性，以此給予當世君主／當政者壓力或勸誘，使其不能／不願違背此一傳統。此一特色與上文徵引《詩》、《書》內容的功用其實相當類似，皆訴諸前代之典範與權威，以古鑑今而使今人不致作出違背古者先王的傳統；這同時也說明了至少在《左傳》、《國語》中，有相當多的言說者與聽話者，具有歷史概念也重視其中成敗興亡之教訓與鑑戒。

而就其意義言，則須辨明的是，雖然講述制度時，經常涉及對歷代史事的陳述與對傳統的維護，但論說者所欲強調的，並不僅是時間的長久性，也並非盲目崇古，長遠的時間毋寧更像是一個流動的背景，而在其中凸顯的乃是「德」的傳承。此一「重德」的特點在上舉王孫滿論九鼎已經述及，而其實在其他徵引古史的論說中，也可看到相似的傾向，此處略舉一則《左傳》、《國語》共同載錄的事件得到說明，襄公廿四年《左傳》載魯叔孫穆叔與晉范宣子關於「不朽」的討論：

> 穆叔如晉，范宣子逆之，問焉，曰：「古人有言曰：『死而不朽』，何謂也？」
>
> 穆叔未對。宣子曰：「昔匃之祖，自虞以上為陶唐氏，在夏為御龍氏，在商為豕韋氏，在周為唐杜氏，晉主夏盟為范氏，其是之謂乎！」
>
> 穆叔曰：「以豹所聞，此之謂世祿，非不朽也。魯有先大夫曰臧文仲，既沒，其言立，其是之謂乎！豹聞之：『大上有立德，其次有立功，其次有立言。』雖久不廢，此之謂不朽。若夫保姓受氏，以守宗祊，世不絕祀，無國無之。祿之大者，不可謂不朽。」〔註26〕（《左傳正

─────────

〔註26〕 《國語》所載與《左傳》大體相同，〈晉語八〉「叔孫穆子論死而不朽」章：「魯襄公使叔孫穆子來聘，范宣子問焉，曰：『人有言曰「死而不朽」，何謂也？』

義》，卷 35，頁 22～24）

范宣子詢問何謂「死而不朽」，卻又在穆叔尚未有所回應前，自道其先祖在虞、夏、商、周乃至於晉國均爲大族的史事，可見其以范氏家族歷史之源遠流長爲榮，並以此詮釋「不朽」；此處若單純考慮事物在時間中的延續性而言，則范氏憑藉其延續不斷的家族歷史，確實可說是「不朽」的一種形式。然而有趣的是，穆叔卻反駁曰「此之謂世祿，非不朽也」，穆叔並未否定范氏家族確實具有長遠的歷史，但顯然不認爲家族之緜延就是「不朽」的保證；進而穆叔提出著名的「立德、立功、立言」三不朽，此種「不朽」的型態，實際上正是本章所舉各古聖賢王之典制、事跡的最佳註腳。

三、徵引古史反映之論說特色

　　透過上文第三、四節所舉出的各種事例，我們可以看到《左傳》、國語》中的古史不僅在內容上相當繁複多樣，其修辭與鋪陳亦令人驚艷。同時如第四節所論，若我們將《左傳》、國語》中徵引古史的現象，與同具敍史性質的《尚書》、《逸周書》稍作比較的話，或許也可發現一些值得探討的議題。在《尚書》中，若我們觀察期時代可能較早的誥命之辭，其性質基本上也具有論說的特色，但其言說者通常較少明確徵引殷周以上的史事，〔註27〕而是以「古我先王」、〔註28〕「在昔先王」〔註29〕等語詞，或稱述古賢人之語〔註30〕

　　穆子未對。宣子曰：『昔匃之祖，自虞以上爲陶唐氏，在夏爲御龍氏，在商爲豕韋氏，在周爲唐杜氏。周卑，晉繼之，爲范氏，其此之謂也？』對曰：『以豹所聞，此之謂世祿，非不朽也。魯先大夫臧文仲，其身歿矣，其言立於後世，此之謂死而不朽。』」（《國語》，卷十四，頁 453～454）

〔註27〕　《尚書·洪範》載箕子講述鯀禹事蹟：「我聞在昔，鯀塞洪水，汩陳其五行；帝乃震怒，不畀洪範九疇，彝倫攸斁。鯀則殛死，禹乃嗣興，天乃錫禹洪範九疇，彝倫攸敘。」（《尚書正義》，卷十二，頁 2～3）屬於少數敍述古史較爲詳盡的事例。然〈洪範〉篇據學者如劉節、屈萬里先生等人之考證，可能成於戰國初葉至中葉間（可參屈萬里先生《尚書集釋》，頁 114～116），則其內容或有可能部分受到春秋、戰國古史傳講內容之影響。

〔註28〕　如《尚書·盤庚》有「古我先后，既勞乃祖乃父」（《尚書正義》，卷九，頁 13）、「古我先王，亦惟圖任舊人共政」（《尚書正義》，卷九，頁 5）等語，其雖稱「古」，然「先王」、「先后」應指涉殷之先王，故實際上對言說者盤庚而言，其應屬於近代之人事。

〔註29〕　如〈康誥〉稱「往敷求于殷先哲王……由古先哲王，用康保民」（《尚書正義》，卷十四，頁 4）、〈酒誥〉稱「我聞惟曰：在昔殷先哲王……自成湯咸至于帝乙。」（《尚書正義》，卷十四，頁 19）二者皆爲周代君主稱引殷商先王。

〔註30〕　如〈酒誥〉稱「古人有言」（《尚書正義》，卷十四，頁 21）、〈盤庚〉稱「遲任

的方式進行論說，其稱引的內容則如本章第四節所舉例可見，以重視三代的權威與明德爲主要特徵。而在《逸周書》中，雖然徵引古史的例子也相當少，但由〈史記〉篇我們則看到稱引、鋪排各種遠古史事並銘記之以爲箴諫的修辭方式與體制特色；雖然其著成時代較有爭議，但從各種相關記載中，我們或許可以相信先秦時期有某種箴諫之傳統，而說者在箴諫之辭中徵引、鋪陳歷史則是其中一種修辭方式。

而若將上文第三、四節《左傳》、《國語》徵引古史事例觀察，可見幾個較之《尚書》、《逸周書》不同的發展與特色：首先，其徵引之古史內容似乎較爲廣泛，某些古史莫說今人難以稽考，即使在春秋時期，蓋亦鮮爲人知；而正因此類遠古史事較爲特殊、稀奇，且時代過於遙遠，故論說者並不一定需要將之與現實情境做過多的比附，而乃作爲論說時引起聽話者注意／興趣之用。此一現象可能由於春秋時期言說者的身分，已不同於《尚書》中萬人之上的君王，反而往往是處於下位的臣子，其大約不能／不敢批君上之逆鱗，故言論需較婉轉，而徵引此類較爲陌異的古史，或許可作爲一種卸除上位者戒心與成見的方式。

其次，在修辭方式的繼承上，本文指出《左傳》引用多則古史時，基本上以夏、商、周三代爲主，具有較多訴諸權威與傳統的性質，而略有不同於第三節所論引用遠古史事作爲引發聽話者興趣、委婉其辭的作用，可說與《尚書》較爲相近。《國語》方面，則其鋪張遠較《左傳》爲多，言說者因應所需主題、時事，而歷敘上古帝王至於春秋史事，其辭鋪陳嚴整、敘述詳細，乃修辭極爲精緻的箴諫之文，而考慮《國語》中載錄某些執政者／上位者有意保存這些言論的資料，以及考量《國語》本身即爲記錄各國之「嘉言善語」的書籍性質，或可說先秦時期具有重視言論，並存錄之以爲銘記、警惕的風氣，而自然出現此類重視修辭的長篇鋪陳，此則與《逸周書‧史記》的鋪陳特色若合符節。

進一步而言，我們或許可以藉由這些簡單的比較，略微推測春秋時期講述古史的風尚與特色。在《左傳》、《國語》所載錄的春秋時人言談中，我們一方面觀察到其繼承了《尚書》時代的言說傳統，即講論、重視前代——通常時間較近的是夏商周三代——之興亡、成敗，而以之作爲鑑戒與明德教化

有言」(《尚書正義》，卷九，頁7) 等。

之用，也成爲論述國家之天命正統的有力論據；然另一方面，則我們也確實發現更多在時間上更爲遠古，甚至內容上更加奇特的史事，開始見於各種論說、勸諫的言辭之中，則或許是因爲言說者的身分、政治情勢與文辭的發展、變遷趨勢下，講述夏、商、周三代歷史已不足以吸引上位者的注意與重視，同時言說者的主題也更加多樣化而不僅限於嚴肅的國之大事，故我們在《左傳》、《國語》中看到以后羿諫畋獵，以黃帝勸取女，以共工氏、烈山氏諫祀海鳥等內容繁複而論說主題各異的徵引古史之辭。本文第二章論先秦引《易》時，曾經論及隨著時代越後，徵引《易》文所應用、談論之主題也較廣泛，如學者 Kidder Smith 所論：

> The use of the *Yi*, however, changed much more rapidly. In the early Spring and Autumn, *Zhouyi* divination was used to foresee the outcome of battles, marriages, sons and other difficult matters. By the end of the period the *Yi* was also used in medical prognosis, as a source of dragon-lore, in suasion, and to pass judgment on an ambitious minister, as well as in debates on morality. Such cases represent new relationship of reader to text, with the interpreter shaping not only the meaning of a single line statement, but in some instances the very structure through which any meaning could emerge. [註31]

此處雖以論《易》之徵引爲主，但其指出了《左傳》所載論說之辭，在「主題」上，隨著時代越後，從論「重大事件」（difficult matters）漸漸擴及各種不同類型的大小事件。而在徵引古史的事例中，我們也似乎可觀察到類似的傾向：當言說者的身分不再是高高在上的君王，而是伺機勸諫的臣子，則其論說的手段勢必有所增進與發展，否則難獲君主青睞；換言之，當論說者談論的內容，從原有的國家政統典制一類較嚴肅、重大的主題，逐漸增加了對上位者之嗜好、迷信、行止等主題較小而內容層面卻更加多元的勸說與建言，甚至出現了似乎只爲展現博學多聞的歷史軼聞陳述，我們可說春秋時期徵引古史，其內容鋪陳與時間跨度的逐漸增多、擴大，確實有可能是因應勸說需求的多樣化而發生的現象。

　　值得注意的是，近年出土之戰國文獻中，也有講述古史的篇章，如上博

〔註31〕Kidder Smith: Zhouyi Interpretation from Accounts in the Zhozhuan（〈《左傳》易例詮釋〉），頁 449。

簡有〈容成氏〉、〔註32〕〈舉治王天下〉（五篇），〔註33〕郭店簡有〈唐虞之道〉，〔註34〕清華簡有〈良臣〉〔註35〕等，皆爲大量敘述、鋪排古史／歷史的篇章，顯示出從春秋到戰國，時人對古史等歷史事件的興趣與需求，似乎確有較爲顯著的發展。當然，《左傳》、《國語》徵引古史之事例內容豐富、性質龐雜，絕非本文所舉事例可以道盡，然一得之愚，若能引起些許討論，或亦能稍具拋磚引玉之功。

───────────

〔註32〕 馬承源主編：《上海博物館藏戰國楚竹書（二）》，上海：上海古籍出版社，2002年。相關研究可參趙平安：《楚竹書〈容成氏〉的篇名及其性質》（饒宗頤主編《華學》第六輯，75～78頁。紫禁城出版社，2003年），姜廣輝：《上博藏簡〈容成氏〉的思想史意義—上海博物館藏戰國楚竹書（二）〈容成氏〉初讀印象札記》（簡帛研究網站，03/01/09，http://www.jianbo.org/Wssf/2003/jiangguanghui01.htm），黃人二：《讀上博楚簡容成氏書後》（簡帛研究網站，03/01/15，http://www.jianbo.org/Wssf/2003/huanrener01.htm），廖名春：《讀上博簡〈容成氏〉札記（一）》（簡帛研究網站，02/12/27，http://www.jianbo.org/Wssf/2002/liaominchun03.htm），陳劍：〈上博楚簡《容成氏》與古史傳說〉（復旦大學出土文獻與古文字研究中心網站，08/07/31，http://www.gwz.fudan.edu.cn/SrcShow.asp？Src_ID=479）等專文。

〔註33〕 馬承源主編：《上海博物館藏戰國楚竹書（九）》（上海：上海古籍出版社，2012年）。相關論述可參日・湯淺邦弘：〈上博楚簡〈舉治王天下〉的堯舜禹傳說〉，宣讀於「先秦兩漢出土文獻與學術新視野國際研討會」（國立臺灣大學中國文學系主辦，2013年6月25～26日），《會議論文集》，頁161～170。湯淺邦弘氏該文就〈舉治王天下〉中的堯舜禹論述與戰國諸子稱述堯舜禹事蹟之文進行比較，而較無涉及《左傳》、《國語》中徵引此類古聖王之敘述，或可與本文所論互相參照。

〔註34〕 荊門市博物館：《郭店楚墓竹簡》，河北：文物出版社，1998年。相關研究可參考周鳳五先生：〈郭店楚簡《唐虞之道》新釋〉（收入臺北：《中央研究院歷史語言研究所集刊》第七十本第三分，頁739～759，1999年9月），李零：《郭店楚簡校讀記》（收入《道家文化研究》第17輯《郭店楚簡專號》，北京：三聯書店，1999年），范毓周：〈郭店楚簡《唐虞之道》的釋文、簡序與分章〉（簡帛研究網站，03/05/28，http://www.jianbo.org/Wssf/2002/fanyuzhou03.htm），詹群慧：〈對郭店楚簡《唐虞之道》簡序、分章的再探討〉（簡帛研究網站，03/05/30，http://www.jianbo.org/Wssf/2002/zhanqunhui01.htm）等專文。

〔註35〕 清華大學出土文獻研究與保護中心編，李學勤主編：《清華大學藏戰國竹簡（參）》，上海：中西書局，2012年。相關論述可參日・黑田秀教：〈清華簡〈良臣〉與戰國時代的歷史觀念〉，宣讀於「先秦兩漢出土文獻與學術新視野國際研討會」（國立臺灣大學中國文學系主辦，2013年6月25～26日），《會議論文集》，頁171～199。黑田秀教氏該文討論〈良臣〉中的黃帝、堯、舜乃至楚昭、齊桓相關事蹟，並與《左傳》、《國語》進行比較，指出〈良臣〉與《左》、《國》歷史觀念之異同。

第五章 《左傳》、《國語》徵引史事論析：近當代史事篇

第一節 《左傳》、《國語》徵引近當代史事之類型與特色

一、近當代史事類型

　　本章承繼上章討論徵引「古史」之議題，續論《左傳》、《國語》中徵引「近當代史」的語文現象。以下先略述本文所界定「近當代史」的範圍與內涵，再透過比較徵引「古史」與「近當代史」在性質、用途方面的差異，說明本章所欲探論的議題。

　　首先，上章之第一節已將「近當代史」的時間斷限大致界定爲：

　　　　殷、周到春秋時期間的史事，並可與某些早於《左傳》、《國語》（如
　　　　《詩》、《書》中的某些篇章）或大致與之同時的文獻、文物互相參
　　　　證，如武王克殷、周公、平王東遷，以及各諸侯國先君、先賢相關
　　　　史事。

更細緻地說，這些《左傳》、《國語》中的史事，還可依據歷史事件發生的時代細分爲二種不同的徵引內容：

　　　　一、事件發生時間在《左傳》所載最早之魯隱公（西元前 722）以

前，或《國語》所載最早之周穆王〔註1〕十二年（約西元前 965）以前，如武王克殷等殷周之際史事，或諸侯國較著名之先君、先賢事蹟。又或其事稍與《左》、《國》記事時段重合，但二書並未載錄，如平王東遷等史事。

二、其徵引事件為《左傳》、《國語》本身已有載錄之人、事，在同書之後復被稱引者，如齊桓、晉文、城濮之戰等。

對於春秋時期而言，第一類或可稱為「近代史」；關於第二類，雖然春秋前、後期相距之時間實不算短，如魯僖年間的晉文公事蹟若於定、哀時期被徵引、稱述，實際上已相隔一百餘年，然由於這些史事終究可說皆屬於「春秋」時期，故以論述之便，姑稱為「當代史」。就數量上來說，言說者論述、徵引「當代史」又稍多於「近代史」。

其次，就各種言論中運用近、當代史事的語境與言說主題、情境言，則可概分為下列幾種：

一、外交辭令：外交場合，如盟會朝聘、戰前遣使時，言說者提及、稱述本國之先君、先賢，或稱述對方國之先君、先賢。

二、論說事理：言說者針對執政者之行為、決策提出建議、勸說或互相辯論，而其言論中引用各類近、當代史為借鏡或佐證。

三、講述制度；通常言說者泛稱「先王」、「先君」，而詳述其名物、制度、儀典之建立緣由。

此三種不同的言說情境與主題，若與上章「徵引古史」的論說情境相比，可以明顯的見出，運用於「外交辭令」乃是一新的主題；換言之，不論是古史或近、當代史，皆可用於論說事理或講述制度，但在外交言辭方面，卻似乎獨有徵引近、當代史為說的情形，可說是一獨特的語文現象。又，其中第三類由於論者常以「先王之制」概稱，而無法確定其指涉的對象，又可能與上章論古代制度者有所重疊，下文將就徵引對象較明確可推知為近、當代史者進行論述。

最後，則是關於言說者的身分與所徵引史事的關係。就數量上來說，除去無法推知明確指涉對象的事例外，言說者徵引本國歷史為說者，占絕大多數，《國語》徵引近、當代史事例約有八十則，其中徵引本國歷史者有六十則

〔註 1〕周穆王，西元前 976～922 在位。

以上；《左傳》徵引近、當代史事例則約有一百零五則，其中徵引本國歷史者更達八十則以上，〔註2〕故下文進行討論時，主要以言說者徵引「本國歷史」者為主要討論對象，而徵引與言說者身分無關涉的他國史事，則將於本文之第四節，擇取一二具有代表性或較為完整的事例論述之。

二、近當代史與古史之比較

就筆者所蒐羅事例觀察所及，《左傳》、《國語》中的言說者，其言論徵引「古史」與「近當代史」者，其運用方式或有異同，以下略述徵引「古史」與「近當代史」在幾個層面上的比較，並藉此指出本章的論述焦點。

首先，就徵引史事的功效言，上章已論述了《左傳》、《國語》中徵引「古史」的各種言論，從中可見徵引古史的言說者，或運用較為稀奇罕聞之故事引發聽話者之興趣，或利用古今相承或相反的對映增添言論的說服力，同時又會因應所論之不同而對徵引內容有所增減。但總體而言，不論論說者以何種方式、目的徵引古史，大部分徵引古史的論說，大抵訴諸古史的神祕、久遠與典範性，以此使其言論更加特殊而引人注意，或更具權威性與道德保障。相對於此，徵引歷時尚淺的「近當代史」，其事均較為實際，也較無久遠的時間背景，甚至是人所共知的顯著事件，則言說者徵引時，是否產生其他的論說效果，又或另有考量與應用形式，此為本章所欲考察的問題之一。

其次，就徵引史事的應用情境言，若回顧本文之第一、二章關於「典冊」的應用，以及「實用」與「文用」方面的辯證，我們可說，論說者對「古史」的應用，如上所論，雖形貌各異，但在《左傳》、《國語》中大多數發揮的乃是文辭之用，而較難考察其在現實情境中應用的實況，唯有少部分鋪陳歷代成敗以為箴諫的篇章，可能具有某些正式的言說方法或傳統。相對於此，徵引「近當代」史事者，如上文所論，廣見於各種實際且正式的外交辭令中，此乃特異於徵引「古史」的一嶄新言說情境，此為本章所欲考察的問題之二。

復次，就徵引史事的類型言，上章討論徵引「古史」主要以徵引單一或多樣事件為別，並指出後者可能具有某種較正式的言說傳統背景，同時也分析《左傳》、《國語》有所重複的事件中，徵引「古史」的詳略差異，說明「古史」內容會隨著言說者、乃至敘事者的敘說意圖不同而有所去取、增刪。相對而言，徵引「近當代史」者，在《左傳》、《國語》中似較無詳略差異的問

〔註2〕可參本文〈附表六〉、〈附表七〉。

題，整體而言，《左》、《國》中徵引「近當代史」者的事例若非各不相同，則
是幾乎完全一致，較少同一事件而二書徵引內容互有詳略的情形。故本文將
先以近代、當代之時間為分，再就其言說情境、內容進行分析，如針對上文
指出的「外交辭令」等言說情境進行分類論述。第二節討論《左傳》、《國語》
徵引「近代史」的論說特色；第三節則討論徵引「當代史」的論說特色；第
四節則舉出一些較為特殊的事例個別論述、分析之；第五節則統整上章徵引
古史的論說特色與本章所論，綜合論述之。

第二節　《左傳》、《國語》徵引近代史事論析

　　本節先討論徵引上述界定的「近代」史事，在《左傳》、《國語》中，此
類史事廣泛應用於各種言說場合。

一、武王克殷事跡的廣泛徵引與應用

　　在各類徵引近代史的言論中，最具代表性，同時也最廣泛被徵引的史事，
即屬周文王與武王克殷等相關事跡。其中周文王事跡，在言論中又時常與稱
《詩》者並行，已見於本文第三章之論述，茲列舉《左傳》、《國語》幾個涉
及周武王的相關事例並簡單說明之：

1. 僖六年《左傳》：

冬，蔡穆侯將許僖公以見楚子於武城。許男面縛，銜璧，大夫衰絰，
士輿櫬。楚子問諸逢伯。對曰：「昔武王克殷，微子啓如是。武王親
釋其縛，受其璧而祓之。焚其櫬，禮而命之，使復其所。」楚子從
之。（《左傳正義》，卷十三，頁 1～2）

2. 僖十九年《左傳》：

秋，衛人伐邢，以報菟圃之役。於是衛大旱，卜有事於山川，不吉。
甯莊子曰：「昔周饑，克殷而年豐。今邢方無道，諸侯無伯，天其或
者欲使衛討邢乎？」從之。師興而雨。（《左傳正義》，卷十四，頁
23）

3. 襄廿八年《左傳》：

（齊人）求崔杼之尸，將戮之，不得。叔孫穆子曰：「必得之。武王
有亂臣十人，崔杼其有乎？不十人，不足以葬。」既，崔氏之臣曰：
「與我其拱璧，吾獻其柩。」於是得之。（《左傳正義》，卷三十八，

頁 30）

4. 《國語・周語下》「景王問鍾律於伶州鳩」

王將鑄無射，問律於伶州鳩。……王曰：「七律者何？」對曰：「昔武王伐殷，歲在鶉火，月在天駟，日在析木之津，辰在斗柄，星在天黿。星與日辰之位，皆在北維。顓頊之所建也，帝嚳受之。我姬氏出自天黿，及析木者，有建星及牽牛焉，則我皇妣大姜之姪，伯陵之後，逢公之所憑神也。歲之所在，則我有周之分野也。月之所在，辰馬，農祥也。我太祖后稷之所經緯也，王欲合是五位三所而用之。自鶉及駟，七列也。南北之揆，七同也，凡人神以數合之，以聲昭之。數合聲和，然後可同也。故以七同其數，而以律和其聲，於是乎有七律。王以二月癸亥夜陳，未畢而雨。以夷則之上宮畢，當辰。辰在戌上，故長夷則之上宮，名之曰〈羽〉，所以藩屏民則也。王以黃鍾之下宮，布戎于牧之野，故謂之〈厲〉，所以厲六師也。以大蔟之下宮，布令于商，昭顯文德，底紂之多罪，故謂之〈宣〉，所以宣三王之德也。反及嬴內，以無射之上宮，布憲施舍於百姓，故謂之〈嬴亂〉，所以優柔容民也。」（《國語》，卷三，頁 132）

5 《國語・晉語四》「曹共公不禮重耳而觀其駢脅」

自衛過曹，曹共公亦不禮焉，聞其駢脅，欲觀其狀，止其舍，諜其將浴，設微薄而觀之。……僖負羈言於曹伯曰：「夫晉公子在此，君之匹也，君不亦禮焉？」曹伯曰：「諸侯之亡公子其多矣，誰不過此？亡者皆無禮者也，余焉能盡禮焉！」對曰：「臣聞之：愛親明賢，政之幹也。禮賓矜窮，禮之宗也。禮以紀政，國之常也。失常不立，君所知也。國君無親，以國為親。先君叔振，出自文王，晉祖唐叔，出自武王，文、武之功，實建諸姬。故二王之嗣，世不廢親。今君棄之，是不愛親也。晉公子生十七年而亡，卿材三人從之，可謂賢矣，而君蔑之，是不明賢也。謂晉公子之亡，不可不憐也。比之賓客，不可不禮也。失此二者，是不禮賓，不憐窮也。守天之聚，將施於宜。宜而不施，聚必有闕。玉帛酒食，猶糞土也，愛糞土以毀三常，失位而闕聚，是之不難，無乃不可乎？君其圖之。」公弗聽。（《國語》，卷十，頁 346～347）

上述五例中，首先可見言說者的國別各不相同，分別爲楚、衛、齊（魯）、

〔註3〕周、曹，而皆引用武王克殷之事，此自然是因爲武王克殷對於春秋時期而言，是最爲知名，且最具有典範性的歷史事件。其次，就論說內容而言，五者也各不相同：例1中逢伯以「武王克殷」而對微子啓「禮而命之，使復其所」的故事，委婉勸說楚子也以同樣的禮儀對待許僖公，一方面涉及對禮儀的論說，同時也含有勸諫之意；例2中甯莊子則以「昔周饑，克殷而年豐」破除占卜不吉的結果而主張攻伐邢國，屬於勸諫遊說；例3中叔孫穆子以「武王有亂臣十人，崔杼其有乎」，評論、對比崔杼之不得人心；例4則是伶州鳩講述周先王制定呂律之法度與緣由，屬於對制度的論述；例5中僖負羈則講述曹、晉與周文王、武王的宗親關係，以親親之原則勸說曹共公禮遇公子重耳。由此可看出此一近代史事的普及度，不僅廣被各國人士所稱述，且應用範圍亦相當廣泛。

　　透過上述幾個各國皆講述武王事跡的例子，我們或可以觀察、討論某些論說的傾向與特色。首先，若我們將此處事例，結合本文第三章所論稱引《詩》、《書》而常與周代歷史互相闡發的論說現象，則確實可以看到周代的史事與經典，在春秋時人的心目中佔有重要的地位；而如同第四章所論，《左傳》、《國語》所載言論以夏商周三代史事爲說者，著重其典範與鑑戒，而非作意好奇或引人矚目，而各種援引周文王、武王史蹟的論說文例，可說也具有同樣的目的，亦即引用對於春秋時人而言最具權威的西周王者事蹟或典制，使其言論更據有說服力與正當性。其次，由上文略舉五例中可見，或許正因周文王、武王史蹟在春秋時期可說眾所皆知，且其典範性相當穩固，故其能夠應用的論說主題、方向也極爲廣泛，於是也產生了各種不同的詮釋向度，甚至也具有一些被誇大的現象，如例2中以「昔周饑，克殷而年豐」作爲攻伐他國之論據，雖可理解甯莊子乃意圖激勵人心，然仍不免稍顯牽強。復次，本文第四章論徵引三代史事時，曾指出此種論說方式，一方面訴諸傳統與道德，使各國君主鑑於前代典範而不敢背離，此可說屬於較爲被動的面向；然另一方面，對於新興之霸主或意圖爭霸之君王，則能夠上比於周文王、周武王，可說正是其追求的目標與企圖，則此種論說對於春秋之霸主而言，或也具有較積極的勸誘效果。

　　上舉五則援引武王克殷的事例，論說者分別爲不同諸侯國之人，論說主題也廣泛多樣；然而，在《左傳》、《國語》中，如同周文王、武王事蹟一般

〔註 3〕崔杼之亂爲齊國之事，然評論者叔孫穆子則爲魯大夫。

廣泛地被各國所徵引的近代史事，實則寥寥可數；相對的，大部分《左》、《國》中的言說者與言論——當然除周人以外——其實主要仍以徵引其本國史事爲主。

同時，承上節所述，言說者徵引近代史的語境與言說主題可概分外交辭令、論說事理、講述制度等三種。此三種用途在《左傳》、《國語》中又各有不同的分布：在外交辭令的應用方面，自以載錄多種外交事件的《左傳》爲多；其次，關於本國之內的君臣問答、勸諫以及對制度的長篇論述，此類可說是關於「內政」的討論，則多見於以國別記言的《國語》之中。其中，關於後者——即用於論述制度或國家內政層面的論辨——此一情境在上章所論「徵引古史」的事例中也並不陌生，反而是用於外交方面的辭令，特別引人注目。故以下先就外交辭令的部分進行討論，而對於論辯事理與講述制度者，則合併討論之。

二、外交辭令中的近代史論述

關於春秋時期外交辭令的載錄，可說以《左傳》最爲詳盡。在筆者蒐羅《左傳》中言說者徵引「近代史」的事例中，有半數以上應用於外交場合的言談，最常見者如聘問、會盟、宴饗、戰爭致使時的辭令，言說者則爲各國之使節。〔註4〕而在《左傳》以及少部分《國語》所載錄的外交事件中，使者、賓主之對答中，徵引「近代史事」爲說者，則是相當常見的情形；除講述事蹟外，又有泛稱「先君」、「先王」的情形，此大部分皆泛指時代稍爲久遠的君主，尤以追稱其立國之君爲最常見，如周稱文武、魯稱周公、齊稱太公、晉稱唐叔等，都是相當習見的例子。另外，言說者除徵引本國先君外，若有特定的對象，也稱引對方國之先君先王以表禮敬。典型的例子如文十二年《左傳》載魯襄仲與秦使之對答：

　　秦伯使西乞術來聘，且言將伐晉。襄仲辭玉，曰：「<u>君不忘先君之好，</u>

〔註4〕關於春秋時期「外交辭令」之定義與細部類型，可參考陳致宏：《語用學與左傳外交辭令》第二章，其指出：「外交場合所運用之辭令，又別爲三類：一爲外交辭令，即具有強烈目的性，要求辭令交際結果，以謀取利益爲目標的外交辭令。二爲目的性較弱的外交應對，其多運用於例行外交事務之場合。三爲外交術語，即指外交辭令中口頭、書面上的特殊語言系統，包括慣用語、特殊稱謂等。」（頁64）雖分爲三類但實際上亦頗有相涉，如第一類可包含第三類；本文所論外交辭令以「事件」爲單位，於上述三類均有可能涉及，是以文中不特別進行區分。

照臨魯國，鎮撫其社稷，重之以大器，寡君敢辭玉。」

對曰：「不腆敝器，不足辭也。」主人三辭。賓客曰：「寡君願徽福于周公、魯公以事君，不腆先君之敝器，使下臣致諸執事，以為瑞節，要結好命，所以藉寡君之命，結二國之好，是以敢致之。」襄仲曰：「不有君子，其能國乎？國無陋矣。」厚賄之。（《左傳正義》，卷十九下，頁6）

由此則賓主對答的辭令可見，主人襄仲與賓客西乞術，皆各稱其本國之「先君」為辭，可說是在公開場合對答的一種有禮表現。值得注意的是，西乞術「寡君願徽福于周公、魯公以事君」一句，則是稱引對方國之先君以示尊敬之意，而最後並獲得襄仲稱以「君子」的肯定。楊伯峻《春秋左傳注》曰：

此當時常用之辭令，如宣十二年傳「徽福於厲、宣、桓、武」，成十三年傳「而欲徽福于先君獻、穆」，昭三年傳「徽福於大公、丁公」，卅二年傳「徽文、武之福」、「今我欲徽福假靈于成王」，哀廿四年傳「寡君欲徽福於周公」，皆是也。〔註5〕

楊氏所舉事例亦概屬本小節所論範圍，可參見本文之附錄。進一步而言，透過上文之例與楊伯峻舉出的更多相似事例，我們或可以說，各種行人、使者對答中徵引「先君」為辭，雖屬細小，卻可從中略窺春秋時期的外交言辭特質；同時，相較於徵引古史並將其作為言論的修飾、佐證或談助，所重者傾向於修辭，此處徵引「先君」、「先王」，雖看似一種套語，卻具有相當的實用性，可說是一種若欲為「有禮」之辭，則必須使用的外交語言。有趣的是，當我們回顧造成襄仲與西乞術此一對談的主要原因，實際上是「秦伯使西乞術來聘，且言將伐晉」，換言之，西乞術之聘問，應當是欲結好魯國而使其無法助晉；相對的，魯國的立場恐怕是企圖中立而求自保，則應不願接受秦國之饋，由此襄仲「三辭」而賓客仍堅決致玉的情節張力才能顯現。但是在二人的言論中，幾無一言與「伐晉」相關，反而是在互相談論「先君之好」的話題中，再委婉地從「先君」轉到當下之秦、魯是否、如何「結二國之好」的議題，以此掩蓋、緩和戰爭將臨的緊張氣氛。此一現象正展現了外交辭令「意在言外」的委婉特質，如陳致宏《語用學與左傳外交辭令》指出：

外交辭令之真意往往寄寓於表層意義之下。……其優點為具有緩和

〔註 5〕楊伯峻：《春秋左傳注》（北京：中華書局，2006 年），頁 588～589。

氣氛之功效，避免直接而激烈的衝突……因外交辭令「意在言外」
的特性，談判雙方可以在其可接受之範圍內，對對方的外交辭令進
行有利我方之詮釋，雙方在各自表述的情況下，有利外交交際的進
一步發展。〔註6〕

外交辭令透過「意在言外」的表述方式，優點為委婉迂徐、保留詮釋空間，
不過亦有缺點，即言說者稍一不慎則易遭誤解，或對方有心曲解，亦能引發
爭端；然而在這兩種優缺點之間，我們似乎可以發現，稱美「對方之先君」
的辭令，可說是最安全的一種論說選擇，因為即使聽話之對方再如何企圖「誤
解」，也不大可能做出對其本國先君不利、不敬之論述，是以外交辭令中「先
君之德」者，可說一方面表示對對方之尊敬、對本國之自重，另一方面也是
在詭譎多變的外交情境中一個較為穩當的修辭方式。

　　上述稱述先君事蹟者，有時相當簡略，可說介於套語與辭令之間；而屬
於外交辭令而論說內容較為繁複的例子，則可見昭九年《左傳》：

　　周甘人與晉閻嘉爭閻田。晉梁丙、張趯率陰戎伐潁。

　　王使詹桓伯辭於晉，曰：「我自夏以后稷，魏、駘、芮、岐、畢，吾
　　西土也。及武王克商，蒲姑、商奄，吾東土也；巴、濮、楚、鄧，
　　吾南土也；肅慎、燕、亳，吾北土也。吾何邇封之有？文、武、成、
　　康之建母弟，以蕃屏周，亦其廢隊是為，豈如弁髦，而因以敝之。
　　先王居檮杌于四裔，以禦螭魅，故允姓之姦居于瓜州。伯父惠公歸
　　自秦，而誘以來，使偪我諸姬，入我郊甸，則戎焉取之。戎有中國，
　　誰之咎也？后稷封殖天下，今戎制之，不亦難乎？伯父圖之！我在
　　伯父，猶衣服之有冠冕，木水之有本原，民人之有謀主也。伯父若
　　裂冠毀冕，拔本塞原，專棄謀主，雖戎狄，其何有余一人？」

　　叔向謂宣子曰：「文之伯也，豈能改物？翼戴天子，而加之以共。自
　　文以來，世有衰德，而暴滅宗周，以宣示其侈；諸侯之貳，不亦宜
　　乎！且王辭直，子其圖之。」宣子說。王有姻喪，使趙成如周弔，
　　且致閻田與襚，反潁俘。王亦使賓滑執甘大夫襄以說於晉，晉人禮
　　而歸之。（《左傳正義》，卷四十五，頁3～6）

在本則事例中，晉、周大夫爭田，竟導致晉大夫「率陰戎伐潁」，周天子乃遣

〔註6〕陳致宏：《語用學與左傳外交辭令》，頁65。

使於晉，雖屬於外交辭令，但頗有責讓意味，言辭自不如上舉事例溫和。但在使者詹桓伯的言論中，仍然可見外交辭令委婉的特質，其言辭並未直接點出周、晉之爭端，反而開始追述周朝「自夏以后稷」、「武王克商」乃至「文、武、成、康」諸王分封建土的開國歷史；再進而敘至晉先君惠公誘戎深入，「偪我諸姬，入我郊甸」。以極長篇幅追述前事，方轉入「伯父若裂冠毀冕，拔本塞原」，透過與前代史事的相互映照，對當下晉國「率陰戎伐潁」的情境，也就透出明顯的針砭。上章論徵引「古史」時，曾提及「古今相對」的論述方式，此處與之頗為類似，在這則辭令中，透過對歷史的耙梳與追述，將周朝與諸侯國之關係，以及晉國對戎狄的責任一一闡明，表面上是敘述歷史，然而在這樣的敘述對照下，現實中的晉國應當負起何種責任，也呼之欲出；其後晉國內部也透過叔向勸以「（晉）文之伯也，豈能改物？翼戴天子，而加之以共」，顯然呼應著詹桓伯的辭令內容，而同樣喚起晉國執政者對霸主應當「尊王攘夷」的歷史記憶，而最後將此事圓滿解決。

相對的，《國語》並未如《左傳》記述如此多的外交言辭，由於以國別為記，我們在《國語》中看到的還是以一國朝堂之上的君臣對問為多，臣子因君王的作為或行事提出勸諫，可說是屬於國家內政方面居多的論述，與上述的外交言辭多有不同。少數涉及外交辭令的事例如〈魯語上〉「展禽使乙喜以膏沐犒師」章載：

> 齊孝公來伐，臧文仲欲以辭告病焉，問於展禽。對曰：「獲聞之，處大教小，處小事大，所以禦亂也，不聞以辭。若為小而崇，以怒大國，使加己亂，亂在前矣，辭其何益？」文仲曰：「國急矣！百物唯其可者，將無不趨也。願以子之詞行賂焉，其可乎？」
>
> 展禽使乙喜以膏沐犒師，曰：「寡君不佞，不能事疆場之司，使君盛怒，以暴露於敝邑之野，敢犒輿師。」
>
> 齊侯見使者曰：「魯國恐乎？」對曰：「小人恐矣，君子則否。」
>
> 公曰：「室如懸磬，野無青草，何恃而不恐？」對曰：「恃二君之所職業。昔者成王命我先君周公及齊先君大公曰：『女股肱周室，以夾輔先王。賜女土地，質之以犧牲，世世子孫無相害也。』君今來討敝邑之罪，其亦使聽從而釋之，必不泯其社稷；豈其貪壤地而棄先王之命？其何以鎮撫諸侯？恃此以不恐。」齊侯乃許為平而還。（《國

語》，卷四，頁 159〜160） 〔註7〕

時魯國叛齊而與衛、莒盟於洮，面對齊國興師問罪，此處臧文仲明言「願以子（展禽）之詞行賂」，向齊求和，則顯然齊魯是否一戰，全繫於使者一人之辭。而觀察乙喜從展禽所受之辭，面對齊孝「何恃而不恐」之問，答以齊魯二國先君「之所職業」，追述「成王命我先君周公及齊先君大公」的兩國歷史，說明齊、魯二國之間「股肱周室」、「夾輔先王」而無相侵害的過往盟誓。透過追述二國過往先君的功業，一方面稱美、承認齊國之霸，另方面也維持著魯國之白尊，此番辭令可說依憑著對二國對過往歷史的記憶，來達成其言說目的。

　　從上舉三例來看，就言說場合、情境言，都是較為正式的外交使節往來陳辭，不同於上章論徵引古史時，較多發生在國家內部，又或臣子因應國君的行為進行的隨機式勸說；就論說方式言，或許因為場合較為嚴肅，而兩國交涉的主要議題，實際上已隱含在一切外交行動之中，是故反而不一定要於言論中明白顯現，而可以用談論歷史的方式緩和、化解現實議題的緊張感。這可說是春秋時期外交語言的特色。

三、勸說論理或講論制度之應用

　　承上所述，外交辭令之外，徵引本國近代歷史而用於勸說或講述制度者，則以《國語》最多也最具代表性，如〈周語上〉開篇第一章「公諫穆公征犬戎」即為此類：

> 穆王將征犬戎，祭公謀父諫曰：「不可。先王耀德不觀兵。夫兵戢而時動，動則威，觀則玩，玩則無震。是故周文公之〈頌〉曰：『載戢干戈，載櫜弓矢。我求懿德，肆于時夏，允王保之。』先王之於民

〔註7〕此事亦見僖廿六年《左傳》：「夏，齊孝公伐我北鄙，衛人伐齊，洮之盟故也。公使展喜犒師，使受命于展禽。齊侯未入竟，展喜從之，曰：『寡君聞君親舉玉趾，將辱於敝邑，使下臣犒執事。』齊侯曰：『魯人恐乎？』對曰：『小人恐矣，君子則否。』齊侯曰：『室如縣罄，野無青草，何恃而不恐？』對曰：『恃先王之命。昔周公、大公股肱周室，夾輔成王。成王勞之，而賜之盟，曰：「世世子孫無相害也！」載在盟府，大師職之。桓公是以糾合諸侯，而謀其不協，彌縫其闕，而匡救其災，昭舊職也。及君即位，諸侯之望曰：「其率桓之功！」我敝邑用不敢保聚，曰：「豈其嗣世九年，而棄命廢職？其若先君何？君必不然。」恃此以不恐。』齊侯乃還。」（《左傳正義》，卷十六，頁 6 ～7）《左》、《國》二書所載大致類同。

也，懋正其德而厚其性，阜其財求而利其器用，明利害之鄉，以文修之，使務利而避害，懷德而畏威，故能保世以滋大。昔我先王世后稷，以服事虞、夏。及夏之衰也，棄稷弗務，我先王不窋用失其官，而自竄于戎、狄之間，不敢怠業，時序其德，纂修其緒，修其訓典，朝夕恪勤，守以敦篤，奉以忠信，亦世載德，不忝前人。至于文王、武王，昭前之光明，而加之以慈和，事神保民，莫弗欣喜。商王帝辛大惡於民。庶民不忍，欣戴武王，以致戎于商牧。是先王非務武也，勤恤民隱而除其害也。夫先王之制：邦內甸服，邦外侯服，侯、衛賓服，蠻、夷要服，戎、狄荒服。甸服者祭，侯服者祀，賓服者享，要服者貢，荒服者王。日祭、月祀、時享、歲貢、終王，先王之訓也，有不祭則修意，有不祀則修言，有不享則修文，有不貢則修名，有不王則修德，序成而有不至則修刑，於是乎有刑不祭，伐不祀，征不享，讓不貢，告不王。於是乎有刑罰之辟，有攻伐之兵，有征討之備，有威讓之令，有文告之辭。布令陳辭而又不至，則增修於德，而無勤民於遠。是以近無不聽，遠無不服。今自大畢、伯士之終也，犬戎氏以其職來王，天子曰：『予必以不享征之，且觀之兵。』其無乃廢先王之訓，而王幾頓乎！吾聞夫犬戎樹惇，帥舊德而守終純固，其有以禦我矣！」王不聽，遂征之，得四白狼四白鹿以歸。自是荒服者不至。（《國語》，卷一，頁1～8）

祭公謀父歷數周代先王后稷、不窋、至於文王、武王「非務武也，勤恤民隱而除其害」的作為，勸穆王勿征伐犬戎；同時其中也涉及「邦內甸服，邦外侯服……戎、狄荒服」等制度層面的論說。此與上章徵引古史而論制度者，可說具有類似的特質，即均以鋪陳式的敘述，強調先王之制的重要，希望執政者遵從、延續此一「傳統」或「德政」。進一步來說，此類講述本國近代先王並以之論述各種禮制傳統的言論，又多集中在〈周語〉、〈魯語〉，則或許與周王室的言說傳統有關，此二〈語〉向被學者評為「辭勝事」，即記言論遠多於記事，內容又多論述制度、傳統，呈現出某種宗周典範。同時，《國語》的性質本即載錄個別國家之「邦國成敗，嘉言善語」，則其所錄言論自然劃定在一國之內，其他如〈晉語〉、〈吳語〉中稱述先王的言論，也較多屬於一國之內的君臣對談。

　　相對的，《左傳》徵引本國之先君史事用以講述制度或論理者，實際上言

說者的身分也以周人、魯人爲多，只是數量上相對較少，可謂與《國語》呈
現相反的分布。不過其中仍有論理頗爲詳盡的事例，如僖廿四年《左傳》載
周襄王將「以狄伐鄭」而富辰進行勸諫之語：

> 鄭之入滑也，滑人聽命……王使伯服、游孫伯如鄭請滑。鄭伯怨惠
> 王之入而不與厲公爵也，又怨襄王之與衛滑也。故不聽王命，而執
> 二子。
>
> 王怒，將以狄伐鄭。富辰諫曰：「不可。臣聞之：大上以德撫民，其
> 次親親，以相及也。昔周公弔二叔之不咸，故封建親戚以蕃屏周。
> 管、蔡、郕、霍、魯、衛、毛、聃、郜、雍、曹、滕、畢、原、酆、
> 郇，文之昭也。邘、晉、應、韓，武之穆也。凡、蔣、邢、茅、胙、
> 祭，周公之胤也。召穆公思周德之不類，故糾合宗族于成周而作詩，
> 曰：『常棣之華，鄂不韡韡。凡今之人，莫如兄弟。』其四章曰：『兄
> 弟鬩于牆，外禦其侮。』如是，則兄弟雖有小忿，不廢懿親。今天
> 子不忍小忿以棄鄭親，其若之何？庸勳、親親、暱近、尊賢，德之
> 大者也。即聾、從昧、與頑、用嚚，姦之大者也。棄德、崇姦，禍
> 之大者也。鄭有平、惠之勳，又有厲、宣之親，棄嬖寵而用三良，
> 於諸姬爲近，四德具矣。耳不聽五聲之和爲聾，目不別五色之章爲
> 昧，心不則德義之經爲頑，口不道忠信之言爲嚚。狄皆則之，四姦
> 具矣。周之有懿德也，猶曰『莫如兄弟』，故封建之。其懷柔天下也，
> 猶懼有外侮；扞禦侮者，莫如親親，故以親屏周。召穆公亦云。今
> 周德既衰，於是乎又渝周、召，以從諸姦，無乃不可乎？民未忘禍，
> 王又興之，其若文、武何？」王弗聽，使頹叔、桃子出狄師。……
> 秋，頹叔、桃子奉大叔以狄師伐周，大敗周師，獲周公忌父、原伯、
> 毛伯、富辰。王出適鄭，處于氾。大叔以隗氏居于溫。（《左傳正義》，
> 卷十五，頁 17～22）

富辰追述周公、召穆公之親睦兄弟、糾合宗族之史事，並說明周、鄭之姻緣，
藉此勸諫周襄王。此事亦見《國語·周語中》，然《左傳》所載言論較爲豐富、
複雜。此則事例中《左傳》的言說情境類似於《國語》。

　　整體而言，在徵引「近代史」的事例中，《國語》徵引本國之先王、先君
而應用於講論制度者，共有十六例，占總數一半以上，其次爲對國家內政的
討論、勸諫共九例，最後則是應用於外交辭令三則。相反的，《左傳》中約有

二十餘則事例乃應用於外交場合，十則（大多數較爲簡短的）事例則屬論說事理，講述制度者僅有三則援引本國之先王先君歷史。由這樣的數量分布，我們首先可以看出，由於二書載錄方向與性質不同，《左傳》中大量的外交辭令，顯示出其重視各諸侯國之間的往來互動，《國語》則收錄一邦一國之內的講論談說，故在基本史料之擇取上，就已有差異。其次，由國別的角度省視之，由前文所舉諸例已可大致發現，在言論中稱述、徵引近代史的事例，通常見於周人、魯人，此一方面是因爲最著名、也最具典範性的周文王、武王、周公與春秋時期的周、魯關係密切，自然徵引較多；再者，則可能是此二國之言說風氣、傳統之故，上章討論「徵引古史」時，曾提及春秋時期或有重視、保留言論作爲銘記警惕的作法，事實上也多與周、魯相關。

第三節　《左傳》、《國語》徵引當代史事論析

上節概述《左》、《國》中徵引「近代史事」爲論說的事例與特色，此節則討論另外一些同樣屬於徵引本國歷史，然時間上更爲接近言說者的「當代史事」。上文曾提及言說者徵引本國之「近代歷史」時，通常應用於外交辭令、講論制度以及勸諫說理等三個主要的情境與論說目的；相對的，此處討論的「當代史事」，由於相較於前者，尚缺乏長遠的時間背景，故基本上無法應用於重視傳統與傳承的「講論制度」層面，而主要應在外交辭令或是一般論說事理。

另外，若說徵引「近代史」者以周文王、武王事蹟爲最多、最普遍，那麼在各類徵引「當代史」的言論中，最受矚目、同時也是數量最多的，則當屬晉文公之相關史事。《左傳》所載各種言論中，述及晉文公、城濮之戰、踐土之盟等相關史事者，約有二十則，幾佔全部事例的五分之一，《國語》中雖僅有二則，但皆爲非晉人而談論晉文公之事，亦可見其事流傳之廣泛；同時，由於數量眾多，晉文公相關事蹟在論說內容的應用也趨向多樣，在其他事例中，當代史甚少用以講述制度，但由於晉文霸業的典範性已受公認，在《左傳》所載某些事例中，可以見到用城濮之戰作爲某種制度的說明或背書。以下先就《左》、《國》徵引晉文公相關史事者進行論述，再依次討論應用於外交辭令、論說事理的其他事例。

一、晉文公事跡的廣泛徵引與應用

在《左傳》中，論述晉文公事蹟者多爲晉人，符合本文所論徵引本國史

事的傾向；同時其言論內容、主題也包羅甚廣。茲略舉數例說明之：首先，有以城濮之役作爲勸諫者，宣十二年《左傳》載晉楚邲之戰後，由於晉國慘敗，中軍將荀林父（桓子）自責請死，而士貞子勸諫晉侯勿許：

> 晉師歸，桓子請死，晉侯欲許之。士貞子諫曰：「不可。<u>城濮之役，晉師三日穀，文公猶有憂色。左右曰：『有喜而憂，如有憂而喜乎？』公曰：『得臣猶在，憂未歇也。困獸猶鬭，況國相乎？』及楚殺子玉，公喜而後可知也。曰：『莫余毒也已。』是晉再克而楚再敗也，楚是以再世不競。</u>今天或者大警晉也，而又殺林父以重楚勝，其無乃久不競乎？林父之事君也，進思盡忠，退思補過，社稷之衛也，若之何殺之？夫其敗也，如日月之食焉，何損於明？」晉侯使復其位。（《左傳正義》，卷二十三，頁 23）

士貞子以城濮之戰對照邲之戰。城濮之戰晉勝楚，而晉文公猶懼其主將令尹子玉尚在人世，待子玉自殺後方有喜色，而楚國也因失去大將而無法再與晉爭霸；相對的，此時邲之戰的晉國，就如同城濮之戰時大敗的楚國，若殺荀林父，則形同將晉國推入當年楚國的慘敗景況，此番勸說自然頗具說服力。進一步而言，此則事例乃關於戰敗後主將是否引罪請死的討論，就春秋時期而言，將領因戰敗或表現不佳而罪己、請死或受處分的事例相當多見，春秋各國均有先例，〔註8〕是故此處荀林父之請死，應屬有例可循而並不特殊，然而士貞子卻以城濮之戰爲其開釋，此處雖然並非講述「古制」，然卻也與制度頗爲相關，若說執政者戰敗自罪、請死屬於某種常例或通則，那麼此處則意

〔註 8〕如此處所論城濮之役子玉自殺，事見僖廿八年《左傳》：「（子玉）既敗，王使謂之曰：『大夫若入，其若申、息之老何？』……及連穀而死。晉侯聞之而後喜可知也……。」（《左傳正義》，卷十六，頁 27）其事又於文十年《左傳》重述：「城濮之役，王思之，故使止子玉曰：『毋死。』不及。止子西，子西縊而縣絕，王使適至，遂止之，使爲商公。」（《左傳正義》，卷十九上，頁 24）另外，成十六年《左傳》：「楚師還，及瑕，王使謂子反曰：『先大夫之覆師徒者，君不在。子無以爲過，不穀之罪也。』子反再拜稽首曰：『君賜臣死，死且不朽。臣之卒實奔，臣之罪也。』子重復謂子反曰：『初隕師徒者，而亦聞之矣。盍圖之！』對曰：『雖微先大夫有之，大夫命側，側敢不義？側亡君師，敢忘其死？』王使止之，弗及而卒。」（《左傳正義》，卷二十八，頁 14）也涉及戰敗之將領必須自戕謝罪；僖卅三年載秦晉殽之戰後，秦穆公罪己而「不替孟明」，也是類似之例；又載晉執政先軫因晉襄公逸失秦囚而於朝堂之上「不顧而唾」，其後遇狄伐晉，先軫乃自討其罪「免冑入狄師，死焉。」（《左傳正義》，卷十七，頁 17）可說也是因爲戰爭相關表現而自我罪責乃至自殺的例子。

圖運用城濮之故實，而變其常、改其例，由此也可見晉文與城濮之史事，已具有典範性與權威性，方得發揮效用。

　　由於城濮之戰不僅是晉國史上，也是整個春秋史上最重要的戰役之一，故其各種相關細節均為人所稱道，《左傳》中涉及與晉國相關的戰爭敘事時，也經常可見徵引城濮之戰的言論，甚至連其兵乘之數也可作為某種前例而被稱引，如成二年《左傳》載晉齊鞌之戰前，郤獻子請乘事：

> 孫桓子還於新築，不入，遂如晉乞師。臧宣叔亦如晉乞師。皆主郤獻子。晉侯許之七百乘。郤子曰：「此城濮之賦也。有先君之明與先大夫之肅，故捷。〔註9〕克於先大夫，無能為役，請八百乘。」許之。（《左傳正義》，卷二十五，頁8）

時郤獻子因曾在齊受辱，本已圖謀報復，〔註10〕故面對魯、衛前來乞師伐齊，自然躍躍欲試、自告奮勇，甚至以「七百乘」為不足，遂言其乃「城濮之賦」而以自身「於先大夫，無能為役」為由，請求加至八百乘。由於郤獻子基本上乃出於私怨而伐齊，故此番言論雖看似自謙，實際上卻顯出其蓄意報復的心態。不過由其稱述「城濮之賦」而仍獲晉侯首肯增加兵力，可見城濮一戰對於晉人而言，尤其在面臨其他戰爭時，實是重要的歷史記憶與可循的前例。

　　另外，除戰爭與制度相關論述外，晉文公事跡在外交場合上的應用，可以襄八年《左傳》為例：

> 晉范宣子來聘，且拜公之辱，告將用師于鄭。公享之。宣子賦〈摽有梅〉。季武子曰：「誰敢哉？今譬於草木，寡君在君，君之臭味也。歡以承命，何時之有？」武子賦〈角弓〉。賓將出，武子賦〈彤弓〉。宣子曰：「城濮之役，我先君文公獻功于衡雍，受彤弓于襄王，〔註11〕

〔註9〕　見僖廿八年《左傳》：「四月戊辰，晉侯、宋公、齊國歸父、崔夭、秦小子憖次于城濮。……晉車七百乘，韅、靷、鞅、靽。晉侯登有莘之虛以觀師，曰：『少長有禮，其可用也。』遂伐其木，以益其兵。」（《左傳正義》，卷十六，頁21～22）

〔註10〕　事見宣十七年《左傳》：「春，晉侯使郤克徵會于齊。齊頃公帷婦人使觀之。郤子登，婦人笑於房；獻子怒，出而誓曰：『所不此報，無能涉河！』獻子先歸，使欒京廬待命于齊，曰：『不得齊事，無復命矣。』郤子至，請伐齊，晉侯弗許；請以其私屬，又弗許。」（《左傳正義》，卷二十四，頁16）

〔註11〕　見僖廿八年《左傳》：「晉師三日館、穀，及癸酉而還。甲午，至于衡雍，作王宮于踐土。……五月……己酉，王享醴，命晉侯宥。王命尹氏及王子虎、內史叔興父策命晉侯為侯伯，賜之大輅之服、戎輅之服，彤弓一、彤矢百，玈弓矢千，秬鬯一卣，虎賁三百人。」（《左傳正義》，卷十六，頁23～25）

以爲子孫藏。匄也，先君守官之嗣也，敢不承命？」君子以爲知禮。
（《左傳正義》，卷三十，頁 17）

范宣子聘魯，且「告將用師于鄭」，亦即也希望魯國能夠出兵援助，故在宴饗
場合中，范宣子與季武子所賦之《詩》，也環繞著此一議題而進行。〔註12〕最
後在武子表達願意幫助晉國後，宣子因應季武子賦〈彤弓〉，而講述城濮之役
晉文公「受彤弓于襄王」之事，同時也提及范氏世爲「先君守官之嗣」的歷
史，透過講述本國自豪之史事而合宜地接受、回應武子所賦〈彤弓〉之期許，
事件之末《左傳》則以「君子」評其爲「知禮」。此段敘述中，我們可以看見
幾個重要的特質：首先，此一情境符合前述外交辭令的應對中，言說雙方往
往不直接談論議題，而以稱述相關史事、賦詩等內容，委婉、間接地表達自
身之立場；其次，若說賦《詩》乃是應用於外交辭令應對的實用表現，那麼
此處范宣子徵引本國史事回應對方之賦《詩》，並且被視爲「禮」的表現，則
應也可說具有同樣實用的意義，可見熟悉史事並能稱述之，對於外交辭令而
言，確有實質上的助益；復次，值得注意的是，〈彤弓〉之義，據其內容與〈詩
序〉，爲「大子錫有功諸侯」，〔註13〕而在此處賦《詩》的季武子與應對的范
宣子詮解中，則解釋爲「晉悼繼續晉文之霸業」，〔註14〕本義第三章曾論及稱
《詩》之斷章取義，以及《詩》與史的密切關係，此處的賦《詩》與相關詮
釋，一方面確實是斷章取義，一方面又將《詩》本來內容的周代歷史，代換
借喻爲晉文公的霸業之史，可說顯現出賦《詩》與論史在外交辭令中的融合
與運用。

類似的外交場合論述還有襄廿五年《左傳》載著名的子產戎服獻捷一事：

鄭子產獻捷于晉，戎服將事。……晉人曰：「何故戎服？」對曰：「我
先君武、莊爲平、桓卿士。城濮之役，文公布命，曰：『各復舊職。』
命我文公戎服輔王，以授楚捷〔註15〕——不敢廢王命故也。」士

〔註12〕 此段賦《詩》義涵與相關論述可參考楊伯峻《春秋左傳注》之闡釋，頁 959
～960。
〔註13〕 《毛詩正義·小雅·彤弓》，卷十之一，頁 12。
〔註14〕 楊伯峻：《春秋左傳注》，頁 960。
〔註15〕 見傳廿八年《左傳》：「晉師三日館、穀，及癸酉而還。甲午，至于衡雍，作
王宮于踐土。鄉役之三月，鄭伯如楚致其師。爲楚師既敗而懼，使子人九行
成于晉。晉欒枝入盟鄭伯。五月丙午，晉侯及鄭伯盟于衡雍。丁未，獻楚俘
于王：駟介百乘，徒兵千。鄭伯傅王，用平禮也。」雖未見「戎服」，然鄭伯
輔王以授楚捷則有之。（《左傳正義》，卷十六，頁 23）

> 莊伯不能詰，復於趙文子。文子曰：「其辭順。犯順，不祥。」乃受之……。
>
> 仲尼曰：「志有之：『言以足志，文以足言。』不言，誰知其志？言之無文，行而不遠。晉爲伯，鄭入陳，非文辭不爲功。愼辭也！」
>
> （《左傳正義》，卷三十六，頁 11～14）

面對晉人「何故戎服」的詰問，子產提出鄭先君「武、莊爲平、桓卿士」而於城濮之役後鄭國又受晉文「各復舊職」、「戎服輔王」之命，既提出本國先君之職分、榮耀，又稱述晉國最重要的晉文公事蹟與城濮之役，順勢施加壓力於晉，暗諷其未能續霸主之業，以此解說「戎服獻捷」之故，自然使晉人「不能詰」，而子產此番言辭更受到「仲尼」之稱許。

　　上述簡單舉出晉文公與城濮之戰等相關史事，作爲春秋時人面臨類似情境與制度時的前例與典範，以及應用於外交辭令的實際效用。以下則繼續探討運用、討論晉文公事蹟來講述事理的例子，昭十三年《左傳》載韓宣子與叔向討論楚國之公子干能否歸國並順利即位：

> 子干歸，韓宣子問於叔向曰：「子干其濟乎！」對曰：「難。」
>
> 宣子曰：「同惡相求，如市賈焉，何難？」對曰：「無與同好，誰與同惡？取國有五難：有寵而無人，一也；有人而無主，二也；有主而無謀，三也；有謀而無民，四也。有民而無德，五也。子干在晉，十三年矣。晉、楚之從，不聞達者，可謂無人。族盡親叛，可謂無主。無釁而動，可謂無謀。爲羈終世，可謂無民。亡無愛徵，可謂無德。……子干之官，則右尹也；數其貴寵，則庶子也；以神所命，則又遠之。其貴亡矣，其寵棄矣。民無懷焉，國無與焉，將何以立？」
>
> 宣子曰：「齊桓、晉文不亦是乎？」對曰：「齊桓，姬之子也，有寵於僖；有鮑叔牙、賓須無、隰朋以爲輔佐；有莒、衛以爲外主；有國、高以爲內主；從善如流，下善齊肅；不藏賄，不從欲，施舍不倦，求善不厭。是以有國，不亦宜乎？我先君文公，狐季姬之子也，有寵於獻；好學而不貳，生十七年，有士五人。有先大夫子餘，子犯以爲腹心，有魏犫、賈佗以爲股肱，有齊、宋、秦、楚以爲外主，有欒、郤、狐、先以爲內主，亡十九年，守志彌篤。惠、懷棄民，

　　　民從而與之。獻無異親，民無異望。天方相晉，將何以代文？〔註16〕
　　　此二君者，異於子干。共有寵子，國有奧主；無施於民，無援於外；
　　　去晉而不送，歸楚而不逆，何以冀國？」（《左傳正義》，卷四十六，
　　　頁9～12）

此則言談中，叔向主張子干在其身分、德行、從臣等「五難」的狀況下絕對
無法返國即位；韓宣子則反問，若論身分或遭遇，公子干與「齊桓、晉文」
似乎非常相似，何以不能立而爲君。叔向遂詳細敘述齊桓、晉文之出身、德
行、從臣與依憑，表示「此二君者，異於子干」，再次強調公子干無法成爲楚
王。此處乃是晉人議論楚國之人事，然也相當詳盡地討論齊桓、晉文之事，
一方面可見晉人對於本國重要史事之熟稔，一方面也可見齊桓、晉文兩個春
秋當代人物，到了春秋後期，已經具有足夠的典範性，故能發揮如徵引古史
或近代史的論說效用。

　　相對的，《國語》中談論晉文公之事較少，一方面由於其言論多以討論制
度、講述道德爲主，故以徵引「先王」、「古之聖王」等較古之歷史爲大宗（詳
第四章），對於當代之「後王」較少論及；其次，《國語》中的言說情境通常
爲臣下勸諫君上，如上述《左傳》所載群臣互相討論辨難、外交應答的情境，
《國語》中較爲少見，是故徵引晉文的言論或也較難被收錄；復次，《國語》
中的〈晉語〉雖多達九卷，然其整體傾向而言，卻一反其「記言」特色而多
敘事之文，故也不見晉人徵引晉文事蹟的言論。而其中少數談論晉文公事蹟
的，皆見於〈楚語〉，茲略舉一例說明之，《國語・楚語上》「白公子張諷靈王
宜納諫」章載：

　　　靈王虐，白公子張驟諫。王患之，謂史老曰：「吾欲已子張之諫，若
　　　何？」對曰：「用之實難，已之易矣。若諫，君則曰：『余左執鬼中，
　　　右執殤宮，凡百箴諫，吾盡聞之矣，寧聞他言？』」

　　　白公又諫，王如史老之言。對曰：「昔殷武丁能聳其德，至於神明，
　　　以入於河，自河徂亳，於是乎三年默以思道。卿士患之，曰：『王言
　　　以出令也，若不言，是無所稟令也。』武丁於是作書，曰：『以余正
　　　四方，余恐德之不類，茲故不言。』如是而又使以象夢旁求四方之
　　　賢，得傳說以來，升以爲公，而使朝夕規諫……今君或者未及武丁，

〔註16〕見僖24年《左傳》，文長不引，另可參考李師隆獻：《晉文公復國定霸考》。

而惡規諫者，不亦難乎！齊桓、晉文，皆非嗣也，還軫諸侯，不敢
淫逸，心類德音，以德有國。近臣諫，遠臣謗，輿人誦，以自詰也。
是以其入也，四封不備一同，而至於有畿田，以屬諸侯，至於今爲
令君。桓、文皆然，君不度憂於二令君，而欲自逸也，無乃不可乎？
〈周詩〉有之曰：『弗躬弗親，庶民弗信。』臣懼民之不信君也，故
不敢不言。不然，何急其以言取罪也？」（《國語》，卷十七，頁 554
～556）

白公子張面對楚靈王「凡百箴諫，吾盡聞之矣，寧聞他言」的狂語，先舉出近
代的武丁廣求賢人之朝夕規諫；次舉當代之齊桓、晉文爲例，說明其以德有國、
虛心納諫，以此冀望楚靈能反省自身之不足而勿剛愎自用。此處值得注意處有
二：第一，將武丁、齊桓、晉文並稱，顯示出齊桓、晉文的評價與歷史定位，
在春秋時人的認知中，已能與前代賢王並稱；第二、此處與上引昭十三年《左
傳》所述二位君主的經歷類似，均論及齊桓、晉文「非嗣」的身分，「還軫諸
侯」的流亡過程，以及爲求入國的努力作爲，由此可略窺齊桓、晉文相關事蹟
在當時的流傳，蓋以其流亡經歷、非嫡嗣而能享國等事件較爲人所樂道。

以上分別舉出晉文公事蹟應用於外交辭令，勸說論理的文例，乃至少數
略微涉及制度面之討論，我們可以說，在《左傳》、《國語》中，如齊桓、晉
文等較爲著名的當代人物事蹟，已稍具與近代史、甚至古史中之人事相同的
典範性與權威性，故能作爲論說之有力憑據。進一步而言，晉文事蹟可說與
上節討論的周文王、武王事蹟，具有類似的特質：首先，一方面由於其發生
於當代，較之遠古傳說不致有誇大怪奇、不切實際之處，故與近代史事一般，
能在最實際的外交言談中發揮效用；另一方面，又由於其流傳廣泛，故徵引、
稱說者不限於本國之人，而能廣爲各方所接受而應用於各種主題的勸說、談
論之中。唯一較爲不同的是，晉文事蹟並未應用於傳統制度的討論，僅在少
數事例中，作爲晉國內部的某些前例，此自因其歷時尚短之故。

事實上，除晉文公事蹟外，《左傳》、《國語》中徵引「當代」史事者，尚
有不少精彩的事例與文辭，以下分別就外交辭令、論說事理舉出具有代表性
的事例說明之。

二、呂相絕秦：外交辭令的典範

首先，關於外交辭令方面，言說者援引其本國之當代史作爲論說、交涉

之依據者，可以《左傳》中著名的「呂相絕秦」爲典範，成十三年《左傳》
載：

> 夏四月戊午，晉侯使呂相絕秦，曰：「昔逮我獻公及穆公相好，戮力
> 同心，申之以盟誓，重之以昏姻。
>
> 天禍晉國，文公如齊，惠公如秦。無祿，獻公即世。穆公不忘舊德，
> 俾我惠公用能奉祀于晉。又不能成大勳，而爲韓之師。亦悔于厥心，
> 用集我文公，是穆之成也。文公躬擐甲冑，跋履山川，踰越險阻，
> 征東之諸侯，虞、夏、商、周之胤而朝諸秦，則亦既報舊德矣。
>
> 鄭人怒君之疆場，我文公帥諸侯及秦圍鄭。秦大夫不詢于我寡君，
> 擅及鄭盟。諸侯疾之，將致命于秦。文公恐懼，綏靜諸侯，秦師克
> 還無害，則是我有大造于西也。
>
> 無祿，文公即世，穆爲不弔，蔑死我君，寡我襄公，迭我殽地，奸
> 絕我好，伐我保城，殄滅我費滑，散離我兄弟，撓亂我同盟，傾覆
> 我國家。我襄公未忘君之舊勳，而懼社稷之隕，是以有殽之師。猶
> 願赦罪于穆公。穆公弗聽，而即楚謀我。天誘其衷，成王隕命，穆
> 公是以不克逞志于我。
>
> 穆、襄即世，康、靈即位。康公，我之自出，又欲闕翦我公室，傾
> 覆我社稷，帥我蝥賊，以來蕩搖我邊疆，我是以有令狐之役。
>
> 康猶不悛，入我河曲，伐我涷川，俘我王官，翦我羈馬，我是以有
> 河曲之戰。東道之不通，則是康公絕我好也。
>
> 及君之嗣也，我君景公引領西望曰：『庶撫我乎！』君亦不惠稱盟，
> 利吾有狄難，入我河縣，焚我箕、郜，芟夷我農功，虔劉我邊陲，
> 我是以有輔氏之聚。君亦悔禍之延，而欲徼福于先君獻、穆，使伯
> 車來命我景公曰：『吾與女同好棄惡，復脩舊德，以追念前勳。』言
> 誓未就，景公即世，我寡君是以有令狐之會。
>
> 君又不祥，背棄盟誓。白狄及君同州，君之仇讎，而我之昏姻也。
> 君來賜命曰：『吾與女伐狄。』寡君不敢顧昏姻，畏君之威，而受命
> 于吏。君有二心於狄，曰：『晉將伐女。』狄應且憎，是用告我。楚
> 人惡君之二三其德也，亦來告我曰：『秦背令狐之盟，而來求盟于我：
> 『昭告昊天上帝、秦三公、楚三王曰：『余雖與晉出入，余唯利是視。』

不穀惡其無成德，是用宣之，以懲不壹。』諸侯備聞此言，斯是用
痛心疾首，暱就寡人。寡人帥以聽命，唯好是求。君若惠顧諸侯，
矜哀寡人，而賜之盟，則寡人之願也，其承寧諸侯以退，豈敢徼亂？
君若不施大惠，寡人不佞，其不能諸侯退矣。敢盡布之執事，俾執
事實圖利之。」（《左傳正義》，卷二十七，頁 11～15）

呂相歷數秦晉二國數十年間的重要事件，大致有：秦穆、晉獻之好；晉惠時，
秦晉韓原之戰；晉文、襄年間，晉秦圍鄭而無成乃至文公歿後有殽之役；再
及於秦康公年間的令狐之役、河曲之戰。〔註 17〕最後「及君之嗣也」一句以
下，方進入當下的議題，亦即成十一年秦國背令狐之盟而意圖伐晉。〔註 18〕
進一步而言，這些史事皆關涉秦、晉間的重要戰爭以及秦晉之間的互信問題，
而呂相之所以擇取這些過往事件，正是由於其當下「絕秦」的原因，亦因戰
事、背盟而起。從此則事例中，我們可以看到言說者的辭令和上節所述徵引
「近代史」有幾處異同：相同的是，其言論皆以談論本國與對方國之歷史開
始，且論述頗為詳盡，若無後半部轉入主題，幾可視為獨立的外交史論述；
較為不同處則是，徵引近代史時論者所訴求的往往是先王、先君的典範、權
威性與道德、制度傳承，而徵引當代史時，則可說強調歷史情境的「重複」
與「相似」，亦即言說者透過鋪陳多起當代歷史，強調某一情境的一再發生，
如此處呂相論述歷代以來秦晉間的戰爭，一方面強調二國一再地因不能互信
而發生衝突，一方面也緊扣、呼應其當下言說情境。

　　值得注意的是，如「呂相絕秦」此種鋪排式的外交辭令，在《左傳》中
並非孤例，襄廿二年《左傳》載錄一段子產的言論，也具有同樣的特色：

夏，晉人徵朝于鄭。鄭人使少正公孫僑對，曰：「在晉先君悼公九年，
我寡君於是即位。即位八月，而我先大夫子駟從寡君以朝于執事，
執事不禮於寡君，寡君懼。因是行也，我二年六月朝于楚，晉是以
有戲之役。楚人猶競，而申禮於敝邑。敝邑欲從執事，而懼為大尤，

〔註17〕相關事件如晉惠之立、韓之戰、晉文之復國、晉秦圍鄭、殽之戰等事件於《左
傳》中之敘述，因相關段落過多，無法一一引述，可參考楊伯峻《春秋左傳
注》成十三年注文，頁 861～865。

〔註18〕成十一年《左傳》載：「秦、晉為成，將會于令狐。晉侯先至焉。秦伯不肯涉
河，次于王城，使史顆盟晉侯于河東。晉郤犨盟秦伯于河西。范文子曰：『是
盟也何益？齊盟，所以質信也。會所，信之始也。始之不從，其何質乎？』
秦伯歸而背晉成。」（《左傳正義》，卷二十七，頁 4）

曰：『晉其謂我不共有禮』，是以不敢攜貳於楚。

我四年三月，先大夫子蟜又從寡君以觀釁於楚，晉於是乎有蕭魚之役。謂我敝邑，邇在晉國，譬諸草木，吾臭味也，而何敢差池？楚亦不競，寡君盡其土實，重之以宗器，以受齊盟。遂帥群臣隨于執事，以會歲終。貳於楚者，子侯、石盂，歸而討之。

溴梁之明年，子蟜老矣，公孫夏從寡君以朝于君，見於嘗酎，與執燔焉。間二年，聞君將靖東夏，四月，又朝以聽事期。不朝之間，無歲不聘，無役不從。以大國政令之無常，國家罷病，不虞荐至，無日不惕，豈敢忘職？大國若安定之，其朝夕在庭，何辱命焉？若不恤其患，而以爲口實，其無乃不堪任命，而翦爲仇讎？敝邑是懼，其敢忘君命？委諸執事，執事實重圖之。」（《左傳正義》，卷三十五，頁2～3）

此段言論歷數晉鄭之間的外交往來，以及鄭國在國君即位期間，搖擺於晉、楚二大國間的各種矛盾情事，透過說明國君即位以來的種種往事、甚至正在進行中的事件，不僅強調了鄭國的無奈以及對晉國怨望與期待交織的態度，同時也不卑不亢的呈現了鄭國的自主，拒絕晉國之徵朝。同時，若我們回顧本章之第一節所引王孫圉的言論，所謂「能作訓辭，以行事於諸侯，使無以寡君爲口實」，實際上正可爲子產此段言論背書。

在此，我們或許可稍微比較外交辭令中講論、徵引「近代史」與「當代史」的差異與意義。昭五年《左傳》曾載錄一段叔向對外交使節具備之素養與談吐的論述：

晉韓宣子如楚送女，叔向爲介。鄭子皮、子大叔勞諸索氏。大叔謂叔向曰：「楚王汰侈已甚，子其戒之！」叔向曰：「汰侈已甚，身之災也，焉能及人？若奉吾幣帛，慎吾威儀；守之以信，行之以禮；敬始而思終，終無不復。從而不失儀，敬而不失威；道之以訓辭，奉之以舊法，考之以先王，度之以二國，雖汰侈，若我何？」（《左傳正義》，卷四十三，頁7～8）

叔向此處所謂的「訓辭」、「舊法」、「先王」、「二國」者，可說均涉及外交辭令上應用的論說內容，而且其實大部分也已見於本文各章的論述：「訓辭」者，如本文第四章第一節引王孫圉所論，其所指涉關乎「朝夕獻善敗於寡君，使寡君無忘先王之業」，也包涵各種徵引經典的語文內容；所謂「舊法」、「先王」

者，呼應上文第二節對制度與先君的稱述，這些內容大部分皆與上文所論的「近代史」相關，亦即透過稱述先王、先君之事，以及引用既有典章、成法為外交談判之手段與修飾，透過這些具有歷史傳統與權威的內容，獲得言論之正當性，也委婉地達成某些外交目的。

又，叔向所言的最後一項「度之以二國」，其意涵可說較為不同，乃指衡量二國形勢之強弱、利害之得失，作為論說談判時的準則、籌碼，〔註 19〕看似與徵引史事較無關連。不過實際省察《左傳》、《國語》中各種外交辭令，我們可以發現，外交場合中相互往來應對的二國間，其「形勢與利害」如何界定與解釋，有時往往亦建立在對雙邊往來之歷史的省察與詮釋上，如上述所舉呂相絕秦之例，其辭令內容將「秦晉關係」詮釋為晉始終有意與秦結好，卻一再遭到秦的背棄與伺機攻伐，如此無疑營造了秦國於理有虧而晉絕交有理的形勢；同樣的，子產拒晉徵朝的言辭，也透過歷數晉鄭數年之往來互動的當代史事，營造出鄭國一心求好而遭晉國漠視不禮的委屈與怨望，而在其歷時性的敘述中，也不時點出了只要晉對鄭不加庇護，則鄭將轉投晉之大敵楚國的「歷史規律」，雖未言明，但其間利害對晉國而言可謂昭然若揭。換言之，《左傳》、《國語》中的外交辭令，似較少如同戰國策士慣常以直陳各種地利、戰力等實際而細節的強弱利害為論，反而較常見透過敘述雙邊往來的當代史事與經驗，營造出己方於理有據，而對方失禮或無利可圖的詮釋傾向，以此種論述與解釋，將情勢轉向於己方有利的一面，則我們可說《左傳》、《國語》中所謂行人使者，度以二國之形勢、利害的說辭與意涵，或許也有部分與近代史的論述相關。綜之，透過叔向此段言論，讓我們可以一窺春秋時期外交辭令的內涵與意義，一方面，其徵引先王之史事、舊法，如上節所舉「近代史」諸例，既表現對對方之尊敬，亦展現己方之素養；另一方面，透過較為當代的雙邊外交經驗，營造或詮釋出某些利害或趨勢，使對方鑑於這些相當實際而明確的當代史經驗，而為之說動、服膺其理。

三、楚材晉用：議論事理之辭令

相對的，《國語》中雖較少載錄外交辭令，但引用當代歷史為論說者則不在少數，典型的事例如〈楚語上〉「蔡聲子論楚材晉用」章：

〔註 19〕杜《注》云：「度晉楚之勢而行之」（《左傳正義》，卷四十三，頁 8）；楊伯峻則云：「衡量晉楚二國之強弱、利害、得失之關係。」（《春秋左傳注》，頁 1267）

椒舉娶於申公子牟，子牟有罪而亡，康王以爲椒舉遣之，椒舉奔鄭，將遂奔晉。蔡聲子將如晉，遇之於鄭，饗之以璧侑，曰：「子尚良食，二先子其皆相子，尚能事晉君以爲諸侯主。」辭曰：「非所願也。若得歸骨於楚，死且不朽。」聲子曰：「子尚良食，吾歸子。」椒舉降三拜，納其乘馬，聲子受之。

還，見令尹子木，子木與之語，曰：「子雖兄弟於晉，然蔡吾甥也，二國孰賢？」對曰：「晉卿不若楚，其大夫則賢，其大夫皆卿材也。若杞梓皮革焉，楚實遺之，雖楚有材，不能用也。」子木曰：「彼有公族甥舅，若之何其遺之材也？」

對曰：「昔令尹子元之難，或譖王孫啓於成王，王弗是，王孫啓奔晉，晉人用之。及城濮之役，晉將遁矣，王孫啓與於軍事，謂先軫曰：『是師也，唯子玉欲之，與王心違，故唯東宮與西廣實來。諸侯之從者，叛者半矣，若敖氏離矣，楚師必敗，何故去之！』先軫從之，大敗楚師，則王孫啓之爲也。

昔莊王方弱，申公子儀父爲師，王子燮爲傅，使師崇、子孔帥師以伐舒。燮及儀父施二帥而分其室。師還至，則以王如廬，廬戢黎殺二子而復王。或譖析公臣於王，王弗是，析公奔晉，晉人用之。實讒敗楚，使不規東夏，則析公之爲也。

昔雍子之父兄譖雍子於恭王，王弗是，雍子奔晉，晉人用之。及鄢之役，晉將遁矣，雍子與於軍事，謂欒書曰：『楚師可料也，在中軍王族而已。若易中下，楚必歇之。若合而臽吾中，吾上下必敗其左右，則四萃以攻其王族，必大敗之。』欒書從之，大敗楚師，王親面傷，則雍子之爲也。

昔陳公子夏爲御叔娶於鄭穆公，生子南。子南之母亂陳而亡之，使子南戮於諸侯。莊王既以夏氏之室賜申公巫臣，則又畀之子反，卒於襄老。襄老死于邲，二子爭之，未有成。恭王使巫臣聘於齊，以夏姬行，遂奔晉。晉人用之，實通吳、晉。使其子狐庸爲行人於吳，而教之射御，導之伐楚。至于今爲患，則申公巫臣之爲也。

今椒舉娶於子牟，子牟得罪而亡，執政弗是，謂椒舉曰：『女實遣之。』彼懼而奔鄭，緬然引而望，曰：『庶幾赦吾罪。』又不圖也，乃遂奔

晉，晉人又用之矣。彼若謀楚，其亦必有豐敗也哉！」

子木愀然，曰：「夫子何如，召之其來乎？」對曰：「亡人得生，又何來爲。」子木曰：「不來，則若之何？」對曰：「夫子不居矣，春秋相事，以還軫於諸侯。若資東陽之盜使殺之，其可乎？不然，不來矣。」子木曰：「不可。我爲楚卿，而賂盜以賊一夫於晉，非義也。子爲我召之，吾倍其室。」乃使椒鳴召其父而復之。（《國語》，卷十七，頁 534～541）

聲子依次論述王孫啓、析公、雍子、申公巫臣四個由楚奔晉之臣，並述其如何助晉敗楚，對楚國造成莫大傷害，以此對照當下的相同情境：椒舉因受子牟得罪牽連而奔晉，楚若不赦其罪並將之召回，則同樣的歷史又將重演，在此對照之下，令尹子木該做出何種決策可謂昭然若揭。此則論説事例與上則外交辭令的特質類似，皆重視歷史的重複性與相似性，希望對方以史爲鑑，勿讓歷史一再重演。

　　值得注意的是，此段言論與情境亦見襄廿六年《左傳》，其所論與《國語》大同小異，不同之處在於，《國語》中聲子所論第一個當代史事「王孫啓奔晉」而於城濮之役助晉敗楚事，在《左傳》所載言論中並未出現，而改換以在「申公巫臣」事例之後加上苗賁皇奔晉，而於鄢陵之役建言於晉而大敗楚師一事：

「若敖之亂，伯賁之子賁皇奔晉，晉人與之苗，以爲謀主。鄢陵之役，楚晨壓晉軍而陳。晉將遁矣，苗賁皇曰：『楚師之良在其中軍王族而已，若塞井夷竈，成陳以當之，欒、范易行以誘之，中行、二郤必克二穆，吾乃四萃於其王族，必大敗之。』晉人從之，楚師大敗，王夷師熸，子反死之。鄭叛、吳興，楚失諸侯，則苗賁皇之爲也。」（《左傳正義》，卷三十七，頁 16～17）

換言之，《國語》徵引的當代史事，依次是王孫啓、析公、雍子、申公巫臣、椒舉；在《左傳》則是：析公、雍子、申公巫臣、苗賁皇、椒舉。之所以有此差異，一方面可推斷是傳鈔之有所出入，另一方面，則須考量的是《左傳》敘事者的安排，由於《國語》中的「王孫啓」事在《左傳》中不見載錄，而從上文所引《左傳》涉及徵引當代史的事例，如晉文公事蹟，晉秦外交、戰爭事跡等，可見《左傳》徵引當代史時，通常都與原初載錄相符，此處的析公、雍子、申公巫臣、苗賁皇乃至椒舉的敘述，在《左傳》中都可見其相符之事蹟，此或可説明《左傳》作者書寫時乃有意識地留意前後文之一致性。

透過本章與上章所舉各種《左傳》、《國語》徵引歷史爲說的事例，我們可觀察到，整體而言，議論事理的類型在前述三種論說主題中，所占最爲大宗，其徵引典故之範圍與內容亦包羅最廣：換言之，在外交辭令上我們幾乎看不到徵引「古史」，在專門講論制度的言辭中也較少見引及「當代史」，然而在各種議論、勸說與建言中，則徵引內容似並無限制。更進一步，我們可以稍微回顧上章論「徵引古史」時曾經提及，在言論中廣泛鋪陳多起史事、且修辭富贍的箴諫之文，似乎具有某種言說傳統的背景，且應當在言說、書寫時即有刻意保存並使之流傳的意向。而由前述可以觀察到，本則事例與上小節之「呂相絕秦」，同樣具有鋪陳史事的傾向，只是其「廣徵博引」的內容，從對上古帝王之事的追述，轉變成爲對當代諸侯之互動、卿士之出處的討論，或許可說是此類言說傳統的應用與變形。

第四節　特殊事例論析

上文簡單舉出流傳、應用廣泛的晉文公、周武王事例，應用於外交辭令的「呂相絕秦」與各國之先君事蹟，以及援引多則史事勸說論理的「楚材晉用」，這些例子可說是《左傳》、《國語》中較有代表性的徵引「近當代史」事例。然而，尚有少數事例較爲特殊，雖在數量上尚不足以推斷其整體應用概況或價值，但仍值得提出以爲附帶討論，茲略述之。

一、以當代史事講論制度

首先，在《左傳》、《國語》有少數的特殊事例，乃是徵引當代史事而應用於「講論制度」。一般而言，「當代史」歷時尚淺，不足以爲重視傳承與「先王之法」的各種典禮制度背書，僅有上節所述少數一二則與晉文公相關之事例，可算勉強與制度相涉。但在《左傳》中，則有二起相當特殊且前後相承的近當代史事例與論述制度有關。其一見於本章第二節提出的徵引「武王克殷」事例，僖六年《左傳》載：

> 冬，蔡穆侯將許僖公以見楚子於武城。許男面縛，銜璧，大夫衰絰，士輿櫬。楚子問諸逢伯。對曰：「昔武王克殷，微子啓如是。武王親釋其縛，受其璧而祓之。焚其櫬，禮而命之，使復其所。」楚子從之。（《左傳正義》，卷十三，頁 1～2）

此處以「武王——微子啓」的近代歷史，類比於當下的「楚成王——許僖公」，

成功發揮效用而令楚成王效法周武王之所爲（詳本章之第二節）。此一事件中論說者徵引具有典範性的「近代史」人事作爲依據，如同前節所論，在《左傳》、《國語》中徵引周文王、武王等近代著名王者之事而作爲論說之用，並非罕見；然而，「楚成王克許」此一事件本身，在大約一百年後，復作爲「當代史」而被稱引，其情境同樣是楚王面對戰敗國之投降，昭四年《左傳》載：

> 秋七月，楚子以諸侯伐吳……遂以諸侯滅賴。賴子面縛銜璧，士袒，
> 輿櫬從之，造於中軍。王問諸椒舉，對曰：「成王克許，許僖公如是。
> 王親釋其縛，受其璧，焚其櫬。」王從之。遷賴於鄢。（《左傳正義》，
> 卷四十二，頁 28～29）

在此事件中，「楚成王──許僖公」作爲一種前例，類比於當下的「楚靈王──賴子」，同樣達成了「遷賴於鄢」而未盡滅其國的目的；同時言說者所論的受降制度內容如「面縛，銜璧」、「王親釋其縛，受其璧，焚其櫬」等，亦非常相似，可知應確實存在此一制度。於是我們可以看到，從近代史到當代史的相承論述：「武王──微子啓」、「楚成王──許僖公」乃至「楚靈王──賴子」，同時我們可以推知，作爲「當代史」的楚成王事蹟，之所以能發揮說服功效，應當不只是楚成王一人之典範，而同時由於其隱含的「武王克殷」事蹟論述背景，而因此能夠作爲一種制度而被後世再次稱述且遵循；同時，此事例也再次證實《左傳》行文敘事的前後一貫性。

二、以他國當代史事爲說

本章第一節之〈二〉曾論及，《左傳》、《國語》徵引近、當代史事者，多以言說者與聽話者雙方的「本國史事」爲主；言說者不徵引本國事例，而引用他國發生之近、當代史事爲說者，則極爲少數，且多數是徵引最爲知名的周文王、武王、周公史事，[註20] 少數稱引與本國人事無關之他國史事者，在筆者蒐羅《左傳》、《國語》中將近二百則徵引近、當代史事例中，僅有不足十則左右。此略舉一、二事例說明之：

首先，《國語‧楚語下》：「葉公子高論白公勝必亂楚國」章載：

> 子西使人召王孫勝……子高曰：「不可。……彼其父爲戮於楚，其心
> 又狷而不絜。若其狷也，不忘舊怨，而不以絜悛德，思報怨而已。……

[註20] 但如魯人而稱引周公者，可算做徵引本國之先君，故排除這些事例後，徵引非本國之事例更形稀少。

彼將思舊怨而欲大寵，動而得人，怨而有術，若果用之，害可待也。
余愛子與司馬，故不敢不言。」

子西曰：「德其忘怨乎！余善之，夫乃其寧。」子高曰：「不然。……
舊怨滅宗，國之疾眚也，爲之關籥蕃籬而遠備閑之，猶恐其至也，
是之爲日惕。……昔齊騶馬繻以胡公入於具水，邴歜、閻職戕懿公
於囿竹，晉長魚矯殺三郤於樹，魯圉人犖殺子般於次，夫是誰之故
也，非唯舊怨乎？是皆子之所聞也。人求多聞善敗，以監戒也。今
子聞而棄之，猶蒙耳也。吾語子何益，吾知逃而已。」子西笑曰：「子
之尚勝也。」不從，遂使爲白公。子高以疾閒居於蔡。及白公之亂，
子西、子期死。……。（《國語》，卷十八，頁 583～589）

此處葉公子高諫阻子西進用白公勝，原因乃是白公勝之父「爲戮於楚」，又其
心地褊狹，必報舊怨而作亂；其列舉四例中，前二例爲齊國本國史事，後二
例則分別是晉國、魯國之當代史，指出其皆因「舊怨」而起。此則論說中對
這些事例可說僅是略微提及而不詳敘，一方面或許因爲其事發生在當代，爲
人所共知而不須多言；另一方面，則可能由於全篇言論有很大一部分乃以較
抽象的「六德」評議白公勝之爲人，以及論「唯仁者可好也，可惡也」云云，
講述治國用人之道，徵引史事在全篇言論中僅占很少的比重。

相對於此，〈吳語〉有一則敘述他國史事非常詳細之例，「夫差伐齊不聽
申胥之諫」章載：

吳王夫差既許越成，乃大戒師徒，將以伐齊。申胥進諫曰：「昔天以
越賜吳，而王弗受。……今王非越是圖，而齊、魯以爲憂。夫齊、
魯譬諸疾，疥癬也，豈能涉江、淮以與我爭此地哉？將必越實有吳
土。王盍亦鑑於人，無鑑於水。昔楚靈王不君，其臣箴諫以不入。
乃築臺於章華之上，闕爲石郭，陂漢，以象帝舜。罷弊楚國，以閒
陳、蔡。不修方城之內，踰諸夏而圖東國，三歲於沮、汾以服吳、
越。其民不忍饑勞之殃，三軍叛王於乾谿。王親獨行，屏營仿偟於
山林之中，三日乃見其涓人疇。王呼之曰：『余不食三日矣。』疇趨
而進，王枕其股以寢於地。王寐，疇枕王以璞而去之。王覺而無見
也，乃匍匐將入於棘闈，棘闈不納，乃入芋尹申亥氏焉。王縊，申
亥負王以歸，而土埋之其室。此〈志〉也，豈遽忘於諸侯之耳乎？
今王既變鯀、禹之功，而高高下下，以罷民於姑蘇。天奪吾食，都

鄙荐饑。今王將很天而伐齊。夫吳民離矣，體有所傾，譬如羣獸然，一個負矢，將百羣皆奔，王其無方收也。越人必來襲我，王雖悔之，其猶有及乎？」

王弗聽。十二年，遂伐齊。齊人與戰於艾陵，齊師敗績，吳人有功。（《國語》，卷十九，頁 597～600）

此則事例以楚靈土作爲前車之鑑，試圖勸說吳王勿因伐越有成，便志得意滿。值得注意的是，申胥此番言論中，將楚靈王如何罷弊楚國，暴虐諸夏乃至最後落得「仿偟山林」而悲慘自縊的過程描述得淋漓盡致，甚至連「王呼日」之話語都具備，若不附屬於言論之中，幾可自成一段楚國歷史。同時，由「此〈志〉也，豈遽忘於諸侯之耳乎」一語觀之，一方面我們可推論春秋之時，有載錄各國重要史事的〈志〉，另一方面，也可見到諸侯國之間互相傳講他國之事，用以爲借鑑的風氣。

類似的例子，《左傳》僅有一則，昭卅二年《左傳》載晉國之趙簡子與史墨針對魯國「季氏出其君」的討論：

趙簡子問於史墨曰：「季氏出其君，而民服焉，諸侯與之；君死於外而莫之或罪也，何也？」對曰：「物生有兩、有三、有五、有陪貳……王有公，諸侯有卿，皆有貳也。天生季氏，以貳魯侯，爲日久矣。民之服焉，不亦宜乎！魯君世從其失，季氏世修其勤，民忘君矣。雖死於外，其誰矜之？社稷無常奉，君臣無常位，自古以然。……昔成季友，桓之季也，文姜之愛子也。始震而卜，卜人謁之，曰：『生有嘉聞，其名曰友，爲公室輔。』及生，如卜人之言，有文在其手曰『友』，遂以名之。既而有大功於魯，受費以爲上卿。至於文子、武子，世增其業，不費舊績。魯文公薨，而東門遂殺適立庶，魯君於是乎失國，政在季氏，於此君也四公矣。民不知君，何以得國？是以爲君，慎器與名，不可以假人。」（《左傳正義》，卷五十三，頁26～27）

此一討論發生在魯昭公即世之後，由晉國之人討論魯國之政爲何掌於季氏之手而國君反而無人擁載，史墨透過追述成季初生時的卜筮，季文子、季武子之不廢舊績，至於「東門襄仲殺適立庶」而使魯君失國在外，歷時長達一百五十年的季氏家族史，[註21] 以此說明「魯君世從其失，季氏世修其勤」。不

〔註21〕成季之生與其卜筮見閔二年（西元前 660 年）《左傳》，至魯昭公薨（西元前

過，細查此處的敘事，實際上是以魯國爲主，趙簡子與史墨的討論，在《左傳》的敘事編排上，可說是魯昭死後一種附錄式的評議，藉此二人之口道出魯國「政在季氏」的情境，以此總結魯昭與季氏的地位與評價；與上引《國語・吳語》中吳國君臣議論本國政策而忽插入大段對楚國歷史的敘述，仍有所不同，故《國語》之例可說仍較《左傳》更爲特殊。透過上章與本章前二節之論述，可知此類長篇的詳細敘述，較常見於「徵引古史」或者論說制度的情境中，此自是由於聽話者可能對古史、古制較不熟悉之故；而在徵引「近、當代歷史」的事例中，長篇論述的比例就相對較少。然就〈吳語〉之性質言，其內容已相當接近戰國之世，其文風也與《國語》中其他諸語較不相同，故應算是一種特例。

　　上述幾則在《左傳》、《國語》中顯得較爲特殊的議論他國史事之例，在時代上均較晚，則我們或許可進一步討論，這種特殊的現象是否有可能表現了由春秋進入戰國的時代風氣與論說發展的趨勢。就時代特色而言，此種議論他國之當代史事作爲論說與鑑戒的現象，可說呼應著諸侯國各自爲政又互相競爭的時代面貌。春秋晚期，周王室的影響力逐漸減弱，而各諸侯國競爭日趨激烈，重卿專權之事也逐漸多見，各國往來頻繁之下，對於他國之事的關注也自然較多；同時，上述所舉晉殺二郤、魯出其君，可說都是春秋中晚期階層權力轉移之下產生的動盪與變革現象，則這類事件勢必引發其他國家之議論與關注，則各國君臣除了回顧本國先君事蹟或殷周等較爲久遠的歷史外，其關注目光逐漸轉向鄰近各國的動態與前車之鑑，可說也是符應時代變遷的合理發展。

三、針對史事內容提出假設、議論

　　承上所論，徵引他國史事而敘述詳盡者，雖然在《左》、《國》全部事例中屬於少數；然尚有另一種徵引史事的類型，雖未詳述史事，但也並非僅是提及，而是對歷史人物、事蹟提出某一特殊的假設與討論，如《國語・晉語一》「優施教驪姬譖申生」章：

> 優施教驪姬夜半而泣謂公曰：「吾聞申生甚好仁而彊，甚寬惠而慈於
> 民，皆有所行之。今謂君惑於我，必亂國，無乃以國故而行彊於君。
> 君未終命而不歿，君其若之何？盍殺我，無以一妾亂百姓。」

510 年）而政在季氏，相距已有百又五十年。

> 公曰：「夫豈惠其民而不惠於其父乎？」驪姬曰：「妾亦懼矣。吾聞
> 之外人之言曰：爲仁與爲國不同。爲仁者，愛親之謂仁；爲國者，
> 利國之謂仁。故長民者無親，眾以爲親。苟眾利　而百姓和，豈能
> 憚君？以眾故不敢愛親，眾況厚之，彼將惡始而美終，以晚蓋者也。
> 凡利民是生，殺君而厚利眾，眾孰沮之？殺親無惡於人，人孰去之？
> 苟交利而得寵，志行而悅眾，欲其甚矣，孰不惑焉？雖欲愛君，惑
> 不釋也。今夫以君爲紂，若紂有良子，而先喪紂，無章其惡而厚其
> 敗。鈞之死也，無必假手於武王，而其世不廢，祀至于今，吾豈知
> 紂之善否哉？君欲勿恤，其可乎？若大難至而恤之，其何及矣！」
> （《國語》，卷七，頁 274～275）

此則言論中，提出了一個非常有趣的歷史假設，即「若紂有良子」而以此良子代紂的話，則後世將不會知曉「紂之善否」。當然，不論是今日的我們，或是當時言說雙方的（優施）驪姬與晉獻公，都理應知道這只是一個假設，眞正的歷史中，紂因暴虐不得民心而被武王取代，可說大概沒有疑義。若然，透過此則言論我們可以反思，原本論說者徵引歷史，乃是借助歷史情境與當今情境的相似性，希望聽話者以史爲鑑，雖然偶有去取、增刪或誇飾，然終究沒有此種完全假設性的論述；然而在此則言論中，則明顯的是以現今的情境：申生被視爲有仁、寬惠，而晉獻公被比於紂之無道，而對歷史做出假設性的變造，提出若「良子」代紂，則可「其世不廢，祀至于今」而世人不知紂之善惡，看似論說史事，實際上正是委婉地建議以申生取代獻公，挽回晉獻之惡名。當然，此段話語乃以「正言若反」的方式刺激晉獻，令其疏遠、顧忌申生，故意將申生說得極善而相形之下貶抑了晉獻公，而在自身被比於紂，還被要求讓位的言說情境下，晉獻自然絕對不可能讓申生再居太子之位。此則事例看似引用歷史人物爲說，但言說者卻蓄意要達到反面效果，使此一史事完全無法被聽話者接受，在《左傳》、《國語》中各種徵引史事的篇章中，可說是極爲特別的事例。

第五節　徵引史事與論說風氣試論

本論文之第四章討論了《左傳》、《國語》中「徵引古史」的現象，本章則討論《左》、《國》中時人言談徵引「近、當代史」的現象、類型與特色。

雖因篇幅考量與安排，而分為二章論述，然實際上都針對徵引史事的現象進行分析與討論，而從上文論述中也可見到，徵引「古史」與「近、當代史」，實際上仍有許多共同性，茲先就上述「近當代史事」之徵引與運用特色略作統整，次則將綜合二章所論進行討論，並將嘗試比較近、當代史與古史在徵引類型、論說情境、素材性質等層面的差異。

一、徵引近、當代史之特色與意義

　　本章第二節與第三節分別論述了徵引近代史事與當代史事，透過舉出二三較具代表性的徵引事例，或許可以對於春秋時人徵引近當代史事的意義稍做歸納與討論。

　　就《左傳》、《國語》中所見載錄觀之，對於春秋時人而言，其最重視的近代史事可說主要為殷周史事，尤其以周文王、武王事跡為大宗，而殷商史事則通常附屬於講論周文王、武王之如何建立周朝時一併提及，又或與之對照、比較；其次，則是個別諸侯國之先君與先祖，除了較為接近習語、套語如「先君之好」等外交辭令外，稱述本國之先君者，其實亦多注重其與周王室之姻親關係。換言之，在近代史的徵引事例中，我們可見出周代之先王政典在春秋時期的影響力，此與第三章論徵引《詩》、《書》──尤其是《詩》、《書》之文與相關歷史並稱的事例──可說具有共同的歷史與文化意義：對春秋時人而言，周王室之歷史與典制，通常是最具說服力與權威的援引素材，也是其講求明德教化、文教威儀的理論來源與依據；是以凡涉及周室輝煌功業、周王明德文教之內容者，不論是徵引《詩》、《書》或講述具體歷史事件，在《左》、《國》二書中，其徵引數量或應用主題範圍，都高出其他典籍或史事。

　　然而，若我們稍稍回徵引「古史」的事例，上章第五節之〈二〉討論歷史制度與道德之關係時已經提及，若僅是單純的徵引史事，訴諸時間的長遠或先祖、經典之權威，對於春秋時人而言，似乎已漸漸不足以應對世變、符應事理；同時，在該節討論的事例中，有部分事例──如以夏商周三代並稱的例子──亦涉及近代史，則我們可說，前文第四章的討論議題，或許也適用於觀察某些近代史事的應用與詮釋。事實上，在《左傳》與《國語》中，確實可見某些徵引近代史的事例，頗涉及春秋時人對於「禮」與「辭」之間的關係與輕重，進行討論與辯證，茲舉昭廿六年《左傳》載王子朝在作亂而

奔楚後，對諸侯發布之誥辭爲例說明：

> 冬十月丙申，王起師于滑。……王子朝及召氏之族、毛氏得、尹氏固、南宮囂奉周之典籍以奔楚。……癸酉，王入于成周。甲戌，盟于襄宮。晉師成公般戍周而還。十二月癸未，王入于莊宮。
>
> 王子朝使告于諸侯曰：「昔武王克殷，成王靖四方，康王息民，並建母弟，以蕃屏周，亦曰：『吾無專享文、武之功，且爲後人之迷敗傾覆而溺入于難，則振救之。』至于夷王，王愆于厥身，諸侯莫不並走其望，以祈王身。至于厲王，王心戾虐，萬民弗忍，居王于彘。諸侯釋位，以間王政。宣王有志，而後效官。至于幽王，天不弔周，王昏不若，用愆厥位。攜王奸命，諸侯替之，而建王嗣，用遷郟鄏──是兄弟之能用力於王室也。至于惠王，天不靖周，生頹禍心，施于叔帶。惠、襄辟難，越去王都。則有晉、鄭咸黜不端，以綏定王家。則是兄弟之能率先王之命也。在定王六年，秦人降妖，曰『周其有頹王，亦克能修其職，諸侯服享，二世共職。王室其有間王位，諸侯不圖，而受其亂災。』至于靈王，生而有頹。王甚神聖，無惡於諸侯。靈王、景王克終其世。今王室亂，單旗、劉狄剝亂天下，壹行不若，謂『先王何常之有，唯余心所命，其誰敢討之』，帥羣不弔之人，以行亂于王室。侵欲無厭，規求無度，貫瀆鬼神，慢棄刑法，倍奸齊盟，傲很威儀，矯誣先王。晉爲不道，是攝是贊，思肆其罔極。兹不穀震盪播越，竄在荊蠻，未有攸底。若我一二兄弟甥舅獎順天法，無助狡猾，以從先王之命，毋速天罰，赦圖不穀，則所願也。敢盡布其腹心及先王之經，而諸侯實深圖之。昔先王之命曰：『王后無適，則擇立長。年鈞以德，德鈞以卜。』王不立愛，公卿無私，古之制也。穆后及大子壽早夭即世，單、劉贊私立少，以間先王。亦唯伯仲叔季圖之！」
>
> 閔馬父聞子朝之辭，曰：「文辭以行禮也。子朝干景之命，遠晉之大，以專其志，無禮甚矣，文辭何爲？」（《左傳正義》，卷五十二，頁6～11）

王子朝之亂起於昭廿二年，〔註22〕周景王死後，由於以晉爲首之諸侯，大體

〔註22〕見昭廿二年《左傳》：「王子朝、賓起有寵於景王，王與賓孟說之，欲立之。劉獻公之庶子伯蚠事單穆公，惡賓孟之爲人也，願殺之；又惡王子朝之言，

支持原本之大子悼王及其子敬王，而不與有寵而未立的王子朝，故廿六年遂
有納敬王而逐子朝事，則此篇誥文蓋因此而發，希望拉攏諸侯對己的支持。
值得注意的是，《左傳》特別載述王子朝與其從臣「奉周之典籍以奔楚」；而
在其誥辭中，王子朝又歷數周武、成、康、夷、厲、宣、幽、惠諸王之政，
至於其當代之定王、靈王、景王之事，加以敘述晉、鄭輔王之功業、秦人降
妖之預示、乃至援引「先王之命」、古之制。這些載述與論說，似乎一再地顯
示出王子朝對先王典制事蹟之熟稔與掌握，而純就文章觀點視之，此篇文字
也確實可謂洋洋灑灑、極盡文辭之能，與上文所舉「呂相絕秦」、「楚材晉用」
等篇章相比毫不遜色。然而，此篇文辭之後，《左傳》卻復載閔馬父之語，寥
寥數句之間，完全推翻了王子朝的長篇大論；其言「文辭以行禮」，揭示出王
子朝本身作為已然無禮之甚，則其文辭再如何援引、鋪陳周代先王與相關歷
史事證，都無法為其獲取正當性與說服效用。換言之，不論是鋪陳歷代相沿
之傳統而訴諸時間之久遠，或是稱述特定典範人物如周文王、周武王而借重
其權威，對於春秋時人——或至少是如閔馬父、叔向等時賢君子——而言，
最重要的核心價值，並非外在的典籍或客觀的時間長度，而是以「禮」、「德」
等抽象價值觀，作為衡量論說者與其文辭內容是否合宜、相應的判準。

　　承上所述，透過此一事例，我們或可再進一步探討，在春秋時期徵引「近
代史」的論說中，反映出何種時代意義與詮釋傾向，其與徵引「當代史」的
論述發展又可由何種角度省視。

　　首先，本論文第一章〈緒論〉曾提及，「辭」原本概屬「禮」之一部份，
配合典章制度而發揮輔佐、文飾之效；然而，在春秋世變之中，「文辭」的地
位逐漸興起，內容也日益豐富、重要，則其與「禮」之關係，也似乎發展出
新的論述。就上舉閔馬父所言「文辭以行禮」一語，其實具有雙重的意義：
若從傳統來看，應該可解釋為在各種典禮儀節中，文辭發揮的作用是配合、
輔佐「禮」的進行；然而在閔馬父的語境中，其所謂「禮」，並非特定儀節或
典章，而顯然是由王子朝之行事作為，而判斷其不具備合「禮」的精神與道

以為亂，願去之。賓孟適郊，見雄雞自斷其尾。問之，侍者曰：『自憚其犧也。』
遽歸告王，且曰：『雞其憚為人用乎！人異於是。犧者實用人，人犧實難，己
犧何害？』王弗應。夏四月，王田北山，使公卿皆從，將殺單子、劉子。王
有心疾，乙丑，崩于榮錡氏。戊辰，劉子摯卒，無子，單子立劉蚠。五月庚
辰，見王，遂攻賓起，殺之。盟群王子于單氏。」（《左傳正義》，卷五十，頁
12～14）

德價值，則文辭失卻此一核心價值，則淪爲空言。

其次，就論說本身觀之，若如本文前幾章所論，論說之辭中徵引先王、鋪陳史事、引用典籍與故訓，一般均被視爲有禮、尚文，則王子朝的論說內容，其實與一般認識的「有禮之辭」，可說並無太大差異，但閔馬父之語卻能夠不依傍典籍與先王，而以其行事道義爲核心之判準，而推斷其文辭無效；更進一步而言，《左》氏在這起事件中，不只一次地透過載錄閔馬父之言而對王子朝表達批判，〔註23〕則我們可說閔馬父之語當爲《左》氏所認同、重視。上述這些現象，一方面顯示「禮」之意涵更趨義理化，而一方面，既然王子朝能夠發出此種表面上文采斐然，而實際上不合於「禮」的文辭，其實也說明了「文辭」的獨立性：儘管其人「無禮」，但仍可以純就文章修辭、形式而援引各種典章，這樣的例子在前文各章亦可略見一二，〔註24〕雖然此類事例，在《左傳》與《國語》中往往仍受到批判，並以「德」或「禮」加以導正、詮釋，然仍顯示出春秋時期雖「周禮」仍未改，但文辭的發展卻漸有喧賓奪主之勢。

綜而言之，我們可說，在多數援引「近代史」的論說文辭中，大部分春秋時期的論說之辭，對於周室典制、先王史蹟仍具有相當程度的尊崇與借重；然而，在上舉王子朝的事例中，我們也可看到春秋時人對於「禮」與「文辭」之關係，逐漸體現出義理、德性之抽象價值。而此種重視「明德」與義理化的論說現象，或許展現了春秋時人在種種政治、社會變遷下，對於周室之過往功業與典制，漸漸產生屬於其時代特有之新詮、論證與揚棄，而《左傳》的載錄則肯定了此一發展傾向。

若說各種近代史之徵引與論述，雖呈現出春秋時期仍保有對周室政典的重視、尊崇，但透過如上述王子朝誥於諸侯等較爲特殊的事例，也可見出近代之典範，似乎漸漸無法完全符合劇烈變動的時勢與政治動態；那麼大量的「當代史」論述——尤其是晉文公與各國當代較著名君主之事蹟論述——則或許從另一方面說明了春秋時人逐步建立、尋求屬於其當代之典範的傾向。

〔註23〕如昭廿二年王子朝爲亂後，《左傳》即載閔馬父的批評：「丁巳，葬景王。王子朝因舊官、百工之喪職秩者與靈、景之族以作亂。帥郊、要、餞之甲，以逐劉子。……乙亥，甘平公亦敗焉、叔鞅至自京師，言王室之亂也。閔馬父曰：『子朝必不克。其所與者，天所廢也。』」（《左傳正義》，卷五十，頁 14～16）

〔註24〕如本文第二章第三節所舉「南蒯之筮」，即是一例。

在《左傳》、《國語》中，關乎春秋當代史事的論述，如上舉「呂相絕秦」、「楚材晉用」等，往往被視爲春秋辭令之典範而下啓戰國風氣的表徵，則我們或許可說，近代史的廣泛應用，甚至對其廣爲鋪陳修飾、繁徵博引的傾向，顯示出隨著時代的遞進，春秋時人不論在談論素材、應用情境皆更加複雜多元，則其論述素材也勢必在周室典制之外，另闢新徑。

透過上文第三節各種對《左傳》、《國語》徵引「當代史」事例的論析，以及結合上文對徵引「近代史」意義的概述，我們似乎可說，春秋時代面臨所謂「禮崩樂壞」此一涉及社會、政治與價值觀種種層面的變革，就其反映在論說與徵引現象觀之，其消極面可說是周代典制、歷史的權威，有可能逐漸無法對應變化倏忽的政治情勢與社會變化，又或者有僵化之傾向；而就較積極的面向來說，則是「齊桓、晉文」之事，成爲春秋當代論述中的新典範。

此中須辯析的是，儘管春秋諸國對周室之倚重與依賴有減輕的趨勢，然此也並非意味著諸侯國君能毫無顧忌地「自我作古」，如上所論，各國之有識君子仍會強調德行與禮義，做爲國君行事之準繩，《國語·魯語上》「夏父展諫宗婦覿哀姜用幣」有一段頗具代表性的論述：

> 哀姜至，公使大夫、宗婦覿用幣。
>
> <u>宗人夏父展曰：「非故也。」公曰：「君作故。」對曰：「君作而順則</u>
> <u>故之，逆則亦書其逆也。臣從有司，懼逆之書於後也，故不敢不告。</u>
> 夫婦贄不過棗、栗，以告虔也。男則玉、帛、禽、鳥，以章物也。
> 今婦執幣，是男女無別也。男女之別，國之大節也，不可無也。」
> 公弗聽。（《國語》，卷四，頁 156）

此段載述中「故」字三見，前二者爲名詞，即前例、故常之意；後者則用爲動詞，指將國君之作爲定爲常法，作爲後人能遵循之先例。此處魯莊公所爲不合故常，而面對夏父展之勸說，乃言「君作故」，意即明知所行「非故」，但企圖運用君主之權威，使今日之事自此訂爲常法、通則，如此則無不合故常之虞，這則事例展現出春秋時期之君主，確實可能有擺落周禮故制，而意圖自立某些典範的想法。當然，此一想法馬上遭夏父展否定，不過值得注意的是，其以「君作而順則故之，逆則亦書其逆也」爲說，則也並非說春秋時期的君主就完全不能「作故」，事實上，上文第三節之〈一〉所述各種晉文公事蹟，也時常被晉國君臣視爲一種可依循之先例，可說正是「君作而順則故之」的代表，此處夏父展反對莊公，乃因其莊公所爲將造成「男女無別」，於

禮／理有所悖逆，亦即不論是否爲「故」，又不論何者之「故」，國君必須維護、展現「男女之別，國之大節也」，方是夏父展立論最核心之原則。

透過此則事例，我們可以說春秋時期的價值觀，一方面不再爲周室故常、典章所侷限，然一方面則展現出對禮之精神或道德之價值的重視，國君縱然意圖建立新的典範而不一味依憑典章、故實，也必須符合種種抽象的道德與禮義。進一步而言，對當代史的重視與論述，除了意圖尋求時代之新典範外，也同時說明了諸侯國的眼光專注在與其相鄰近或相爲敵的國家，而非周王室，是以論說談辯時，開始以他國之事爲借鏡，以當代霸主爲口實，而在這些新興的論說情境、應用素材與關注議題的討論辯證中，似乎也逐漸抽繹、建立屬於春秋時代的「禮」之意蘊與「文辭」之核心價值。

二、古史與近當代史的應用異同與意義

上文對《左傳》、《國語》中徵引近當代史事爲論的各種事例進行分析，並且已簡單地對其類型特色、徵引意義做出探討；則或可結合上章對徵引「古史」的討論，將徵引「近當代史」與「古史」在各方面的異同做出概略的比較與論述。

首先，就論說情境言，上文已經提及，徵引史事的論說情境，大抵是君臣對問、卿士大夫間的對談，而可就主題或情境細分爲：勸諫論說、講述制度、外交辭令三大類。此三類中，不論《左傳》或《國語》，可說皆以「勸諫論說」的情境最爲常見，不論徵引古史或近當代史，甚或由古史鋪排至於近當代事蹟，都是臣子欲勸諫君主、或彼此講論事理時運用的手法；而講述制度者，則《國語》在篇幅與數量上，都較《左傳》更爲繁複，除去有部分事蹟較爲籠統，無法確知言說者徵引內容對象外，大部分講論制度者，以援引古史與周代開國君主爲主，言說者重視的是制度的傳承與制度創建者的典範性，故「當代歷史」中的人事則較無法用於此類言說情境。最後，徵引史事而應用於「外交辭令」的部分，則與「講述制度」相反，以《左傳》最爲富贍、多樣，而《國語》則僅有少數幾則，這讓我們再次意識到《左》、《國》二書具有不同的編纂標準與書籍性質。同時，「外交辭令」所徵引的歷史事件，以言說者本國與聽話對象之國家的「近、當代史」爲主，內容通常是二國間重要的史事或國家之先君，表現出言說者的教養、博學與對對方國之尊重，似乎未見徵引「古史」的外交辭令，此或許是因爲「外交辭令」此一言說情

境最爲現實，言說者往往必須援引最有效、現實、有據的事例，而無暇講述遠古而可能不爲人熟悉的故事，此則說明了言說者並非毫無準則地道聽塗說，而是依據其論說目的、對象、情境而做出調整。

其次，就論說與徵引方式言，因應不同的論說情境，對史事的徵引也具有不同的敘述方式與技巧：或詳敘故事、或略舉三代、或鋪陳世系、或舉古映今，而透過這些不同的運用手段與素材選擇，我們已可隱然窺見在《左傳》、《國語》中的卿士大夫、博物君子對於「歷史」、「故事」的應用與態度，一方面熟稔歷史是其教養的表徵，也是增飾其論說與文辭的素材，而另一方面，也是其出仕、「使於四方」的必備技能與言說傳統，可說是因應時局的實際需求。第四章論徵引「古史」時，提出徵引「單一史事」與鋪陳「橫跨數代的多則史事」兩種言說形式，並指出後者往往可見較爲明顯的修飾與意圖保存爲銘記、官方文獻的傾向，可能具有某種傳統背景。本章之中，亦可見鋪陳歷代史事的論說現象，而且值得注意的是，此一鋪陳史事的言說方式，往往見於正式的外交辭令中。外交辭令除鋪陳史事外，又常有稱道「先王」、「先君」之禮辭，可說是較爲正式的言辭，而理論上也應屬於官方保存、載錄之一環；換言之，上章所述史臣陳說以爲箴諫銘記的言論，與本章所論外交辭令的修飾，都可見出可能屬於「官方典制」之文，而較爲鋪張揚麗的特色。這一方面說明了從徵引「古史」到徵引「當代史」，在論述方式上可能有所傳承的痕跡，一方面也展現出文辭的發展，從史官在國家內部對應王者之陳說，轉變爲更實際、更外向的外交游說之辭。

復次，就對「史事」的態度與運用言，承上所論，因應不同的論說情境，論說者徵引的史事種類與方式也隨之產生差異與區別。若欲強調某制度、法則之權威、典範，則必徵引源遠流長之古聖賢王傳承或近代所重視之典型人物爲說；若欲引發聽話者之興趣與重視，則將敘述較具陌異、特殊性質之故事來切入正題；若面對現實外交情境的應對進退，則徵引本國之重要史事、人物以自重，或稱引對方之先君以示尊敬。進一步而言，在《左傳》、《國語》中所見徵引史事的各種運用方式與特色，一方面展現了春秋時期對西周典範可能的繼承與轉化，另一方面，透過較少數的特殊事例，也隱約展現出朝向戰國時代的過渡。我們或許可說，當周王之政典已經逐漸失去權威，引用方式也漸趨僵化單一，而論說之辭將欲引人矚目、動人心弦，則或可依循幾種方式：一類是作意好奇，講述較爲陌生、少見之事，引發聽者之興趣，此類

或如本文第四章所述之古史，而在戰國時期，諸子好古之風也持續不墜，甚至可說更爲興盛，另外也可能對既有之史事進行改造，如本章第四節之〈三〉所舉，即是將耳熟能詳的商紂史事加以變化；一類則是另尋新近、親切之典範，如齊桓、晉文之事，或聽話者之先君先祖，此類事例如本章徵引之當代史事，在戰國策士與諸子言談中也依然可見；再則，說者也可能純以實際利害說之，此則初見於《左傳》中各種精彩的外交辭令，而在《戰國策》之中繼續發揚光大，凡此，雖已逸出本文之議題，但可說是研究《左傳》、《國語》之徵引史事而可以繼續深化、探討之議題，也可說是《左傳》、《國語》對於研究先秦論說文發展的重要助益與貢獻。

第六章　結　論

　　春秋戰國時期，百家爭鳴而論說風盛，此固為學者所共知，不待本文置喙；然而，自春秋時期至於秦併六國，前後橫跨五百餘年，此一段時期既不可謂短，亦絕非可一概而論。換言之，春秋戰國時期，舉凡政治變革、歷史人文思想與學術風氣之轉變，以及在這些背景下，時人如何看待西周之王政典章，又在何種意識、態度下創造符合自身時代之「文章」，乃至不論史冊或諸子，將如何表述、呈現其認知之時代精神？這種種問題，若僅以概略性的「周衰道弊、百家爭鳴」一言以蔽之，不免有所遺憾。尤其是針對春秋時期，除了《左傳》、《國語》等史學層面為主之研究外，似乎因為「子史二分」的觀念，而較少實際地討論《左傳》、《國語》所載錄的春秋歷史情境與各種論說文辭，乃至二書本身所呈現的思想概念與歷史意識，與戰國諸子的論說具有何種內在邏輯上的關聯與發展趨勢。

　　本文乘此一間，以春秋時期開始蓬勃發展的「論說」為觀察焦點，並就其中最為常見且富有特色的「徵引典故」現象／修辭方式切入，同時借助《左傳》、《國語》的敘史特質，考慮各種敘事要素與觀點的影響，嘗試觀察西周時期之典章、典範在春秋時人的論談中，如何運化流轉、因革損益，又可能表現出什麼樣的學術風氣與流變軌跡；並進而察考言說者與敘事者的立場與意向，如何反映在對各種「典」與「故」的擇取、剪裁與詮釋中。茲撮述本論文之研究成果如下：

　　本論文之第二章、第三章考察、分析《左傳》、《國語》中徵引《易》、《詩》、《書》等經典的語用現象。

　　第二章〈尚辭與尚占：《左傳》、《國語》引《易》論析〉，主要提出四點

研究成果：一、釐清《左傳》、《國語》中的《易》例，將之區分為「論說引《易》」與「占筮引《易》」兩種不同的型態，並指出此二種型態表明了《易》之文本在春秋時期的文用與實用，應分別討論而不宜混淆。二、透過對「論說引《易》」的論析，本文指出《易》在春秋時人的言談、詮釋中，以應對時勢、明德論道為主，且與《詩》、《書》一樣具有「斷章取義」的詮釋特質；而透過對「占筮引《易》」的論析，指出《左傳》對卜筮事件的安排與敘述，透露出其有意將神祕之卜筮，轉化為論述發揮道德教化，評斷人物功過之積極作用，遠非迷信鬼神。三、在上述基礎上，本文指出春秋時人引《易》，乃以「用」為主，故說《易》不限於象數或義理，唯求發揮論說之成效，此一風氣逐漸發展，而由尚占之典重趨向尚辭之談辯，然猶未有成法、詁訓，與後世說經者頗為不同。四、略述其他先秦至於漢初之子史文獻引《易》之特色與風尚轉變，對先秦兩漢《易》說之發展做出概略之推論。

第三章〈徵史與明德：《左傳》、《國語》稱引《詩》、《書》論析〉則在前賢豐富的研究成果上，主要提出幾點補充與觀察：一、指出春秋時人稱引《詩》、《書》，時常與史事並行，顯示《詩》、《書》對春秋時人的意義，在於過往典範之留存與見證，更是其尚友先賢的聯繫與依憑。二、比較《左傳》、《國語》徵引《詩》、《書》的形式與特色異同，指出《左傳》擁有較多不同的徵引模式，如「時人徵引」、「仲尼曰／君子曰徵引」、「實用場合之賦《詩》」等，而《國語》則因收錄眾多言論，在對《詩》、《書》內涵論述上較《左傳》豐富。三、比較徵引《詩》、《書》與《易》的不同特質，指出三者在徵引方式、意義上有所差異，然而對於春秋時人而言，則皆屬周室舊典，在各種語用場合中維繫倫理、發明德行，也展現了春秋時期昂揚的人文精神。四、論述先秦諸子徵引《詩》、《書》之特色，指出相較之下，《左傳》、《國語》載錄眾多稱道《詩》、《書》之言，說明了不論是春秋時人、抑《左》、《國》之作者，皆具有歷史意識並重視周文的表徵；然隨著時移事往，《詩》、《書》與歷史典範的聯繫似乎漸趨薄弱，演變為論說之談助，甚至不再為當政者所接受，而於諸子言談中似乎已漸漸退居末席，讓位與「後王」之事。

此二章透過分析、論述《左傳》、《國語》中稱道、徵引《易》、《詩》、《書》等經典的言論與文辭，指出其對於經典的各種運用與詮釋。在種種事例中，可以看到春秋時期的言說者，一方面顯現出借重經典的歷史背景與權威性質，達成論說之效果與目的；另一方面卻也將自身的話語不斷融入、參與經

典之中，對經典之文進行各種靈活的化用與新銓。這些論說言辭中對各種經典的詮釋與運用，雖然可能不盡符應於後世的各種解經標準與範式，卻展現出春秋時期以明德與人文爲引領的論說態度；在逐漸變化而動盪的時代潮流中，這些文辭時常與所謂的「周文」緊密相依，但也不時脫逸而出，展現出屬於自身的風貌與對當世的關懷。

　　本論文之第四章、第五章則探討《左傳》、《國語》中徵引各種不同遠古與近、當代史事的論說特色。

　　第四章首先針對「古史辨」學派之古史研究觀念進行辨析與反思；其次則分別討論《左傳》、《國語》徵引單一古史、鋪陳多則古史的特色與敘事異同，提出幾點觀察與反思：一、在《左傳》、《國語》所載徵引古史之事例中，言說者依據自身之道德學養，針對特定時勢、對象與議題進行論說，而造成對所徵引古史出現各種不同的剪裁、選擇與詮釋方向。二、承前所論，春秋時人對古史各種繁複而多樣的應用，實出於各種不同的敘事或論說目的，一概崇信固不允當，一概懷疑亦非良策，而從各類講述古史的論述中，可見論述者大體仍以人事爲主要關懷，以倫理道德立論，而對於各種古史與古制，亦往往將其投射於當下之情境，希望發揮論說勸勉之效。三、《左傳》、《國語》徵引古史之論說現象，一方面前有所承，與《尚書》、《逸周書》某些言諫傳統或有所關聯，另方面亦有所開拓，並可能影響了戰國諸子、策士的好古風氣與運用「故事」的論說技巧。

　　第五章論析《左傳》、《國語》徵引近、當代史事之特色，主要提出下列論點：一、徵引近、當代史者，具有與徵引「古史」爲論者不同的應用語境，尤其以「外交辭令」徵引近、當代史事者，最爲引人矚目，可概見春秋時期對於近當代史事的重視與應用。二、進一步則綜合比較古史與近當代史事在各種語境、時人認知上的差別，可知春秋時人引述歷史並非無端而及、道聽塗說，反而多有其應用、論述上的考量與言說傳統、軌範可尋。三、在前述的分析基礎上，我們可說春秋時人頗有清楚的歷史意識，對遠古之事加以人文的詮解，近代之史則一方面作爲立身處世之鑑戒，另方面也成爲諸侯國間往來之憑藉與準繩；而在對各種當代史事的應用與詮釋、辯證上，也見出春秋時期逐步建立屬於該時代的新典範，同時也透露出隨著時代變遷，春秋時人所面臨的論說情境、對象、內容題材都有了更複雜、多樣的變化，則其關注的焦點也從前代之帝王轉向當世之霸主。四、提出較爲少數的特殊事例，

說明春秋時期徵引近、當代史之風尚與詮釋傾向，對於戰國諸子策士可能的影響。

此二章透過分析《左傳》、《國語》對不同時期「歷史」之論述，試圖呈現春秋時人對史事的運用與態度，具有哪些不同的特色與類型。在這些徵引古史與近、當代史的論說辭令中，首先可以觀察到，言說者的意圖與論說主題，往往對其所引用論述之史事內容產生影響與改變，換言之，後世學者往往對各種史事的「版本」與「詳略」差異感到困惑，又或意圖辯證、考辨出一正確／真實的說法，但若我們認識到這些差異或許並不取決於言說者歷史知識層面的多寡有無，而是關乎其論說的對象、情境與目的，甚至受到《左傳》、《國語》的敘事傾向、書籍性質影響而有所去取、剪裁，則吾人面對這許多種差異，則可對其加以合理的詮釋與更多同情的理解。其次，則是可觀察到在運用的情境上，言說者針對不同的場合與情境，所徵引的史事內容則隨之改變，如外交辭令稱引近、當代史事而絕少講述遠古故事，又如講論制度、教化之傳承與綿延，則往往從遠古聖賢一直述及近代之殷周先王，而趁少引用當代史事為典制背書，此一特色說明了春秋時人對歷史事件的認知並不渾沌模糊，反而有某些清晰的界定與運用原則、言說傳統。復次，透過某些特殊事例的討論，可以發現少數的遠古史事／故事在《左》、《國》的載述中較看不出論說者的目的或具體針對之情境，而似乎主要在於表現言說者的博物洽聞，亦有少數事例對歷史故事提出改造、辯證，而較為著名的當代史事如晉文公事蹟，則似乎逐漸成為新的典範而被傳誦、講述，這些在春秋時人言談中顯得較為特殊的事例，實則隱約具有某些戰國諸子與策士的言說特色，這些論說特色與現象，也讓我們進一步思索春秋戰國時期，隨著時代變遷、政局動盪，時人對於過往之典範如何接受、辯證，又如何建立、尋求切合時勢所須的新典範與新價值。

上述的各章研究，雖涉及之素材頗有異同，看似廣泛多樣，然實際上，本文之論述議題唯聚焦於考察《左傳》、《國語》之論說言辭對於「典故」如何運用、又有何特色，對所謂的「經典」與歷史，又具有什麼樣的概念與認識。透過對「徵引典故」此一論說現象的分析與詮釋，試圖闡明其中的一些特色，則或許可作為我們認識先秦學術風貌的參照點之一。而在本文的最後，上述各章既已討論了許多「引經據典」的論說特色，或許下面這個有點「正言若反」的事例，可作為本文的結束，昭公十五年《左傳》載周景王、籍談

與叔向三人，環繞著「典」而發的論說：

> 十二月，晉荀躒如周，葬穆后，籍談爲介。既葬，除喪，以文伯宴，
> 樽以魯壺。王曰：「伯氏，諸侯皆有以鎮撫王室，晉獨無有，何也？」
> 文伯揖籍談。對曰：「諸侯之封也，皆受明器於王室，以鎮撫其社稷，
> 故能薦彝器於王。晉居深山，戎狄之與鄰，而遠於王室，王靈不及，
> 拜戎不暇，其何以獻器？」王曰：「叔氏，而忘諸乎！叔父唐叔，成
> 王之母弟也，其反無分乎？密須之鼓與其大路，文所以大蒐也；闕
> 鞏之甲，武所以克商也，唐叔受之，以處參虛，匡有戎狄。其後襄
> 之二路，鏚鉞、秬鬯，彤弓、虎賁，文公受之，以有南陽之田，撫
> 征東夏，非分而何？夫有勳而不廢，有績而載，奉之以土田，撫之
> 以彝器，旌之以車服，明之以文章，子孫不忘，所謂福也。福祚之
> 不登，叔父焉在？且昔而高祖孫伯黶司晉之典籍，以爲大政，故曰
> 籍氏。及辛有之二子董之晉，於是乎有董史。女，司典之後也，何
> 故忘之？」籍談不能對。賓出，王曰：<u>「籍父其無後乎！數典而忘其
> 祖。」</u>
>
> 籍談歸，以告叔向。叔向曰：「王其不終乎！吾聞之：『所樂必卒焉。』
> 今王樂憂，若卒以憂，不可謂終。王一歲而有三年之喪二焉，於是
> 乎以喪賓宴，又求彝器，樂憂甚矣，且非禮也。彝器之來，嘉功之
> 由，非由喪也。三年之喪，雖貴遂服，禮也。王雖弗遂，宴樂以早，
> 亦非禮也。禮，王之大經也。一動而失二禮，無大經矣。<u>言以考典，
> 典以志經。忘經而多言，舉典，將焉用之？</u>」（《左傳正義》，卷四十
> 七，頁10～13）

荀躒、籍談如周，而景王在宴饗二子時，藉由「魯壺」爲端，詢問爲何晉國
無器貢於周，籍談對以「遠於王室」而「拜戎不暇」，委婉表明晉與鄰近於周
的魯衛等國不同。然此一說解並不爲景王接受，景王進一步舉出晉祖唐叔、
文公受周王室之器的歷史事證，反駁籍談所謂「王靈不及」，而與戎狄爲處更
是從唐叔以來皆然，不足成爲藉口，並強調有功於周室者，莫不「撫之以彝
器」而「明之以文章」，欲令後世子孫不忘；接著話鋒一轉，指責籍談世掌典
籍卻不能記憶典籍所載之史，無乃「數典忘祖」。到此一段落爲止，我們可以
說此段對談與景王「夫有勳而不廢，有績而載，奉之以土田，撫之以彝器，
旌之以車服，明之以文章，子孫不忘」一段話，鮮明地呈現了春秋時人對典

籍與歷史的重視態度。然而有趣的是，在荀躒、籍談「不能對」而歸國後，叔向卻對景王此段話語提出了反駁，叔向首先指責此一對話的情境竟是「以喪賓宴，又求彝器」，實乃「樂憂」而非禮；次則闡明雖有實存之典籍，但「禮」方爲「大經」，典乃爲「志經」而設，言又爲「考典」之用，諷刺景王如此非禮而多言，實已失卻「大經」之義，則「舉典而忘經」，實比籍談之「忘典」更加嚴重。在叔向的言論中，景王重視典籍的發言表面上看似完全被否定，然而我們也注意到叔向精準地分析了景王與籍談的對話語境，並從中詮釋出「禮」之大旨，說明典籍的載錄與文辭之論說，乃是爲了保存「禮，王之大經也」這樣的精神價值，深刻地說出了典籍與言論的核心精神與意義所在，這也可說是《左傳》、《國語》中各種論說文辭之徵引典故的最高指標。但是，若如同叔向分析周景王之論說語境一般，對叔向此番言辭之語境進行省察與分析的話，我們也可說，叔向如此直接且不無指責意味地反駁周王之言，甚至質言「王其不終乎」，這一言說態度本身，正反映出春秋中晚期，講論道德與爲政表準的話語權力重心，已經從周王室轉移到了諸侯卿士口中，是以身爲晉國卿士的叔向，能夠批評周王「忘經而多言」。換言之，叔向「舉典，將焉用之」一問，可開展出兩種意義：在其論述脈絡中，表現出對典籍之核心價值有所認識與關懷，不拘拘於典籍本身而深探其精神要旨；然就其整體的論說語境言，則隱然呈現出周室衰微以來，從春秋逐步邁向戰國的世變中，新興的霸主國與活躍其中的卿士大夫，對於各種舊籍掌故與歷史典範，不僅止於消極的賦誦記憶或奉爲圭臬，也積極地將其納爲己用，以自身之道德價值爲論說之核心，徵引典故爲輔，則沒有核心價值而引用的典籍，在叔向的眼中可說是沒有權威性也沒有論說效用的，故曰「將焉用之」。

在這段載錄中，周景王與叔向，彷彿透過身爲「司典之後」的籍談而隔空對話，景王表現了對典籍與歷史的重視態度，叔向則展現出不一味株守舊典，而以自身之道德、禮儀爲準則的價值觀；而在衰微的周王室與新興的霸主國之間，在「數典忘祖」與「舉典爲用」的辯證之間，籍談世掌典籍的身分，彷彿成爲各種「典」與「故」的象徵，其所執掌徘徊在周景王與叔向針鋒相對的言論中，這樣的景象也讓我們深深地思索春秋時期的時代與論說特色，一方面與西周王章舊典似仍心映絲連，一方面也逐步開啓戰國的新局，建立自身的論說價值與特色。

綜而言之，透過上述關於各種典故、論說與敘事層面的考察與詮釋，可

看出在《左傳》、《國語》所呈現的春秋之世，論說談辨已漸蔚然成風，論說者對於各種典、故也產生靈活的運用與詮釋，使其能配合時勢、呼應己意而為自身之論述所用；然而大體上，春秋時期的論說者，仍多以周文為依歸，重視先王之政教，即使如上文所舉叔向，雖有用典何為之詰，但實際上可說是遺貌而取神，仍舊重視經典的精神價值，可謂並不衝突。此一特質可說是春秋時期的風氣尚去古未遠，而亦可說是《左傳》、《國語》作者載錄、詮解史事的敘事傾向。二書雖成於戰國之世，然此種種載述之意向，卻顯示出其價值觀大體仍是好古而重德，法先王而明教化，實能引發我們對春秋與戰國之間的學風世變，產生更多想法與省思。同時，《左》、《國》所載的論說事例，若與後世戰國諸子相較，除可比較其差異外，亦可據以追索、探尋經典文獻之概念與運用性質在先秦時期可能的流衍、變化之跡。在這些不同面向的考察與詮釋中，我們可以說，《左傳》與《國語》除了本身為春秋時期重要的歷史敘事文獻外，其所載錄的各種言論與語文現象，也都是吾人研究先秦學術風氣演變與發展，乃至各類相關文化、學術議題的重要參照。本文之研究雖褊狹隅曲，然以《左傳》與《國語》之深美富贍，若能窺其　隅，留取餘膏賸馥，亦可謂沾溉多矣。

引用暨主要參考書目

壹、傳統文獻

經部類：

1. 唐・孔穎達等：《左傳正義》，臺北：藝文印書館，1976 年景清嘉慶二十年（1815）江西南昌府學刻本。

2. 唐・孔穎達等：《尚書正義》，臺北：藝文印書館，1976 年景清嘉慶二十年（1815）江西南昌府學刻本。

3. 唐・孔穎達等：《周易正義》，臺北：藝文印書館，1976 年景清嘉慶二十年（1815）江西南昌府學刻本。

4. 唐・孔穎達等：《毛詩注疏》，臺北：藝文印書館，1976 年景清嘉慶二十年（1815）江西南昌府學刻本。

5. 唐・楊士勛：《穀梁傳注疏》，臺北：藝文印書館，1976 年景清嘉慶二十年（1815）江西南昌府學刻本。

6. 宋・邢昺：《論語注疏》，臺北：藝文印書館，1976 年景清嘉慶二十年（1815）江西南昌府學刻本。

7. 宋・孫奭：《孟子注疏》，臺北：藝文印書館，1976 年景清嘉慶二十年（1815）江西南昌府學刻本。

8. 宋・朱熹：《周易本義》，收錄於《周易二種》，臺北：大安出版社，1999 年。

9. 宋・朱熹：《四書集注》，臺北：藝文印書館，1980 年。

10. 宋・朱熹著，王鐵校點：《易學啓蒙》，上海：上海古籍出版社，2002 年。

11. 清・陳奐：《詩毛氏傳疏》，臺北：廣文書局，1967 年。

12. 清・顧棟高：《春秋大事表》，臺北：廣學社印書館，1975 年景清同治癸酉（1873）重雕山東尚志堂本；北京：中華書局，1993 年排印初版。

13. 清·王源:《左傳評》,臺南:莊嚴文化出版社據北京師範大學圖書館藏清康熙居業堂刻本影印,1997 年。

14. 清·馮李驊:《左繡》,臺北:文海出版社《國學集要》二編,1967 年。

15. 清·高士奇:《左傳紀事本末》,臺北:里仁書局,1980 年。

16. 清·馬驌:《左傳事緯》,臺北:廣文書局,1967 年。

17. 日·竹添光鴻:《左氏會箋》,臺北:古亭書屋,1969 景明治 44 年(1911)日本明治講學會重刊本。

史部類:

1. 三國·吳·韋昭注:《國語》,上海:上海古籍出版社,1998 年。

2. 徐元誥撰,王樹民、沈長雲點校:《國語集解》,北京:中華書局,2002 年。

3. 黃懷信,張懋鎔,田旭東撰,李學勤審定:《逸周書彙校集注》,上海:上海古籍出版社,1995 年。

4. 漢·司馬遷:《史記》,臺北:鼎文書局,1986 年。

5. 漢·司馬遷著,瀧川資言注:《史記會注考證》,臺北:萬卷樓出版社,2002 年。

6. 漢·班固:《漢書》,臺北:鼎文書局,1986 年。

7. 劉宋·范曄:《後漢書》,臺北:鼎文書局,1981 年。

8. 清·紀昀,永瑢等:《欽定四庫全書總目提要》,臺北:臺灣商務印書館,1983 年。

9. 清·章學誠著,葉瑛校注:《文史通義》,北京:中華書局,2008 年。

子部類:

1. 清·孫詒讓撰、孫啓治點校:《墨子閒詁》,北京:中華書局,2001 年。

2. 清·王先謙:《荀子集解》,北京:中華書局,1996 年。

3. 荀況著,王天海校釋:《荀子校釋》,上海:上海古籍出版社,2005 年。

4. 陳奇猷:《韓非子集釋》,臺北:華正書局,1982 年。

5. 張雙棣等注譯:《呂氏春秋譯注》,北京:北京大學出版社,2011 年。

6. 漢·劉向編集,賀偉、侯仰軍點校:《戰國策》,濟南:齊魯書社,2005 年。

7. 漢·劉向編集,諸祖耿注:《戰國策集注彙考》,江蘇:江蘇古籍出版社,1985 年。

8. 漢·劉向編集,范祥雍箋證,范邦瑾協校:《戰國策箋證》,上海:上海古籍出版社,2006 年。

9. 漢·董仲舒:《春秋繁露》,收錄於嚴一萍輯選:《原刻景印百部叢刊集成》,

臺北：藝文印書館，1966 年。

10. 魏·王弼著，樓宇烈校釋：《王弼集校釋》，臺北：華正書局，2006 年。

11. 宋·朱熹：《朱子語類》，臺北：中文出版社景國立中央圖書館藏明成化
九年江西藩司復刻宋·咸淳六年導江黎氏本，1984 年。

集部類：

1. 宋·戴埴：《戴氏鼠璞》，收錄於王雲五主編：《叢書集成初編》，臺北：
臺灣商務印書館，1935 年據宋咸淳《百川學海》本排印。

2. 清·梁章鉅：《退庵隨筆》，臺北：廣文書局，1967 年。

3. 清·汪中著，王清信、葉純芳點校：《江中集》，臺北：中研院文哲所籌
備處，2000 年。

貳、近人論著：

專書：

1. 王汎森：《中國近代思想與學術的系譜》，臺北：聯經出版事業公司，2003
年。

2. 王汎森：《古史辨運動的興起：一個思想史的分析》，臺北：允晨文化實
業股份有限公司，1987 年。

3. 王靖宇：《中國早期敘事文研究》，臺北：中央研究院《中國文哲專刊》
之 15，1999 年。

4. 毛振華：《左傳賦詩研究》，上海：上海古籍出版社，2011 年。

5. 北京商務文史哲編輯部編：《疑古與走出疑古》，北京：北京商務印書館，
2010 年。

6. 白中道：《左傳引詩研究》，國立臺灣大學中國文學研究所碩士論文，屈
萬里先生指導，1968 年。

7. 朱伯崑：《易學哲學史》，北京：華夏出版社，1995 年。

8. 李隆獻：《國語概說》，國立臺灣大學中國文學系「《左傳》與《國語》比
較研究」課程講義。

9. 李隆獻：《晉文公復國定霸考》，臺北：臺大出版委員會《臺大文史叢刊》
之七十八，1988 年。

10. 李隆獻：《晉史蠡探——以兵制與人事為重心》，臺北：花木蘭文化出版
社，2011 年。

11. 李錫鎮：《兩漢魏晉論體之形成及演變》，國立臺灣大學中國文學研究所
碩士論文，齊益壽先生指導，1981 年。

12. 李華：《左傳修辭研究》，上海：上海古籍出版社，2010 年。

13. 李滌生：《荀子集釋》，臺北：臺灣學生書局，1981 年。

14. 沈玉成、劉寧：《春秋左傳學史稿》，江蘇：江蘇古籍出版社，1992 年。

15. 何澤恆：《先秦儒道舊義新知錄》，臺北：大安出版社，2004 年。

16. 何志華、陳雄根編著：《先秦兩漢典籍引《詩經》資料彙編》，香港：香港中文大學出版社，2004 年。

17. 何志華、陳雄根編著：《先秦兩漢典籍引《尚書》資料彙編》（香港：香港中文大學出版社，2003 年。

18. 余嘉錫：《古書通例》，臺北：臺灣古籍出版社，2003 年。

19. 呂思勉、童書業編著：《古史辨》第七冊，臺北：明倫出版社，1970 年。

20. 林曉平：《先秦諸子與史學》，北京：中國社會科學出版社，2009 年。

21. 屈萬里：《先秦漢魏易例述評》，臺北：臺灣學生書局，1969 年。

22. 屈萬里：《尚書集釋》，臺北：聯經出版事業公司，1983 年。

23. 屈萬里：《詩經詮釋》，臺北：聯經出版事業公司，1983 年

24. 奚敏芳：《左傳賦詩引詩之研究》，國立臺灣師範大學國文研究所碩士論文，劉正浩教授指導，1982 年。

25. 唐玉珍：《左傳國語引易考釋》，國立臺灣師範大學國文研究所碩士論文，賴貴三教授指導，1990 年。

26. 徐復觀：《中國人性論史・先秦篇》，臺北：臺灣商務印書館，1969 年。

27. 徐芹庭：《修辭學發微》，臺北：中華出版社，1971 年。

28. 馬承源主編：《上海博物館藏戰國楚竹書（一）》，上海：上海古籍出版社，2001 年。

29. 馬承源主編：《上海博物館藏戰國楚竹書（二）》，上海：上海古籍出版社，2002 年。

30. 馬承源主編：《上海博物館藏戰國楚竹書（九）》，上海：上海古籍出版社，2012 年。

31. 馬導源編譯：《日本漢學研究論文集》，臺北：中華叢書編審委員會，1960 年。

32. 荊門市博物館：《郭店楚墓竹簡》，河北：文物出版社，1998 年。

33. 倉修良：《章學誠和文史通義》，北京：中華書局，1984 年。

34. 許錟輝：《先秦典籍引尚書考》，臺北：花木蘭文化出版社，2009 年。

35. 清華大學出土文獻研究與保護中心編，李學勤主編：《清華大學藏戰國竹簡（參）》，上海：中西書局，2012 年。

36. 陳望道：《修辭學發凡》，臺北：文史哲出版社，1989 年。

37. 陳其泰主編：《二十世紀中國歷史考證學研究》，北京：北京師範大學出版，2004 年。

38. 陳致宏：《語用學與左傳外交辭令》，臺北：萬卷樓圖書有限公司，2000年。

39. 曾勤良：《左傳引詩賦詩之詩教研究》，臺北：文津出版社，1993年。

40. 程元敏：《尚書學史》，臺北：五南圖書出版，2008年。

41. 張以仁：《春秋史論集》，臺北：聯經出版事業公司，1990年。

42. 張以仁：《左傳國語論集》，臺北：東昇出版社，1980年。

43. 張素卿：《左傳稱詩研究》，臺北：臺大出版委員會《文史叢刊》之八十九，1991年。

44. 張素卿：《敘事與解釋──左傳經解研究》，臺北：書林出版社，1998年。

45. 張高評：《左傳文章義法撢微》，臺北：文史哲出版社，1982年。

46. 張高評：《左傳之文韜》，高雄：麗文文化，1994年。

47. 張倩：《《左傳》徵引古文獻研究》，山東大學，中國古典文獻學研究所碩士論文，鄭杰文教授、姜濤教授指導，2012年。

48. 黃懷信：《逸周書源流考辨》，西安：西安大學出版社，1992年。

49. 黃沛榮編：《易學論著選集》，臺北：長安出版社，1985年。

50. 童書業：《春秋左傳研究》，上海：人民出版社，1983年。

51. 傅修延：《先秦敘事研究──關於中國敘事傳統的形成》，北京：東方出版社，1999年。

52. 過常寶：《原史文化及其文獻研究》，北京：北京大學出版社，2007年。

53. 過常寶：《先秦散文研究──早期文體及話語方式的生成》，北京：人民出版社，2009年。

54. 楊樹達：《中國修辭學》，上海：上海古籍出版社，2006年。

55. 楊伯峻：《春秋左傳注》，北京：中華書局，2006年。

56. 楊向時：《左傳賦詩引詩考》，臺北：中華叢書編審委員會，1972年。

57. 葉文信：《左傳君子曰考述》，國立臺灣師範大學國文研究所碩士論文，劉正浩教授指導，1999年。

58. 葉慶炳：《中國文學史》，臺北：臺灣學生書局，1987年。

59. 葉國良、李隆獻、夏長樸著：《經學通論》，臺北：大安出版社，2005年。

60. 趙輝：《先秦文學發生史論》，北京：中國人民出版社，2010年。

61. 鄭杰文：《中國墨學通史》，北京：人民出版社，2006年。

62. 鄭杰文：《二十世紀墨學研究史》，北京：北京圖書館出版社，2004年。

63. 鄭吉雄：《清儒名著述評》，臺北：大安出版社，2001年。

64. 潘萬木：《左傳敘述模式論》，武漢：華中師範大學出版社，2004年。

65. 蔡妙眞：《左傳中有關神異記事之研究》，國立政治大學中國文學研究所碩士論文，簡宗梧教授指導，1992 年。

66. 劉起釪：《尚書學史》，北京：中華書局，1989 年。

67. 劉大杰：《中國文學發展史》，香港：三聯書店，2000 年。

68. 錢鍾書：《管錐編》，臺北：書林出版有限公司，1990 年。

69. 盧心懋：《左傳「君子曰」研究》，國立政治大學中國文學研究所碩士論文，簡宗梧教授指導，1986 年。

70. 羅根澤編：《古史辨》第四冊，臺北：明倫出版社，1970 年。

71. 羅積勇：《用典研究》，武漢：武漢大學出版社，2005 年。

72. 羅聯添：《中國文學史論文選集》（一），臺北：學生書局，1986 年 5 月。

73. 顧頡剛等編著：《古史辨》第一冊，臺北：明倫出版社，1970 年。

74. 龔慧治：《左傳君子曰問題研究》，國立臺灣大學中國文學研究所碩士論文，張以仁先生指導，1988 年。

75. 美·巫鴻著，李清泉、鄭岩等譯：《中國古代藝術與建築中的「紀念碑性」》，上海：上海人民出版社，2008 年。

76. 美·李惠儀：*The Readability of the Past in Early Chinese Historiography*, Cambridge: Harvard University Press, 2007。

77. 美·倪德衛（David S. Nivison）著，楊立華譯，邵東方校訂：《章學誠的生平與思想》，臺北：唐山出版社，2003 年。

78. 美·夏含夷（Edward L. Shaughnessy）：《古史異觀》，上海：上海古籍出版社，2005 年。

79. 美·史嘉柏（David Schaberg）：*A patterned past : form and thought in early Chinese historiography*, Cambridge, Mass.: Harvard University Asia Center: Distributed by Harvard University Press, 2001.

80. 英·Bronislaw Malinowski: *Coral gardens and their magic*, Bloomington : Indiana University Press, 1965。

81. 奧·C.K. Ogden and I.A. Richards: *The meaning of meaning: a study of the influence of language upon thought and of the science of symbolism*, London: K. Paul Trench, Trubner & Co., 1927。

82. 德·Jan Assmann: *Religion und kulturelles Gedächtnis*, Beck: München, 2000。

83. 德·顧永光（Joern. P. Grundmann）：《「興於詩」：從儀式中《詩》的引用情境看兩周《詩》之體制》，國立臺灣大學中國文學研究所碩士論文，蔡瑜教授指導，2013 年。

期刊論文：

1. 朱宏達：〈論左傳的語言藝術〉，《杭州大學學報》，1982 年 1 月。

2. 李隆獻：〈從《左傳》的神怪敘事論其人文精神〉，收錄於北京大學中國古文獻研究中心編：《北京大學中國古文獻研究中心集刊・第九輯・中國經典文獻詮釋藝術學術討論會論文集》，頁 155～176，2010 年 6 月。

3. 李隆獻：〈敘事理論與實踐──以《左傳》爲對象・緒論〉，發表於「經典詮釋多元主題研究教學學術研討會」，當代經典詮釋多元整合學程研究計畫，頁 1～32，2008 年 6 月 28 日。

4. 李隆獻：〈左傳「仲尼曰」敘事芻論〉，《臺大中文學報》第 33 期，2010 年 12 月，頁 91～138。

5. 李隆獻、蔡瑩瑩：〈《左傳》弒君人物敘事舉隅──以趙盾、崔杼爲例〉，《國文學報》第 48 期，頁 1～34，2010 年 12 月。

6. 李隆獻：〈先秦傳本／簡本敘事舉隅──以「三郤之亡」爲例〉，《臺大中文學報》第 32 期，頁 147～196，2010 年 6 月。

7. 李隆獻：〈《左傳》的「隱語」與隱語敘事〉，宣讀於「經學與文學國際學術研討會」，國立臺灣大學中國文學系主辦，2012 年 3 月 16~18 日。

8. 李隆獻：〈先秦敘史文獻「敘事」與「體式」隅論：以晉欒氏之滅爲例〉，宣讀於「先秦兩漢出土文獻與學術新視野國際研討會」（國立臺灣大學中國文學系主辦，2013 年 6 月 25～26 日），《會議論文集》，頁 7～38。

9. 李零：〈郭店楚簡校讀記〉，收入《道家文化研究》第 17 輯《郭店楚簡專號》，北京：三聯書店，1999 年。

10. 周鳳五：〈郭店楚簡《唐虞之道》新釋〉，收入臺北：《中央研究院歷史語言研究所集刊》第七十本第三分，頁 739～759，1999 年 9 月。

11. 周玉波：〈《左傳》引用謠諺現象略說〉，《淮陰師範學院學報》（哲學社會科學版），2003 年第 4 期，頁 534～540

12. 何澤恆：〈略論周易古占〉，《國立編譯館館刊》12 卷 1 期，頁 51～63，1983 年 6 月。

13. 何敬群：〈詩在周代應用之分析〉，《民主評論》第 13 卷第 6～8 期。

14. 沈松勤：〈試論左傳的行人辭令〉，《杭州大學學報》，1983 年第 1 期。

15. 林玫儀：〈左傳賦詩之剖析〉，《幼獅月刊》，35 卷 4 期，頁 18～27，1972 年 4 月。

16. 夏鐵生：〈左傳國語引詩賦詩之比較研究〉，《逢甲學報》第 13～15 期，1981～1982 年。

17. 屈萬里：〈先秦說詩的風尚和漢儒以詩教說詩的迂曲〉，收入羅聯添：《中國文學史論文選集》（一），臺北：學生書局，1986 年 5 月。

18. 柳詒徵：〈論以《說文》證史必先知《說文》之誼例〉，收入《古史辨》第一冊，頁 185～188。

19. 姜廣輝:〈上博藏簡〈容成氏〉的思想史意義──上海博物館藏戰國楚竹書（二）〈容成氏〉初讀印象札記〉，簡帛研究網站，03/01/09，http://www.jianbo.org/Wssf/2003/jiangguanghui01.htm。

20. 胡適:〈古史討論的讀後感〉，收入顧頡剛等編著:《古史辨》第一冊，頁165。

21. 范毓周:〈郭店楚簡《唐虞之道》的釋文、簡序與分章〉，簡帛研究網，03/05/28，http://www.jianbo.org/Wssf/2002/fanyuzhou03.htm。

22. 高亨:〈左傳國語的周易說通解〉，收錄黃沛榮編:《易學論著選集》，臺北:長安出版社，1985 年，頁 389～424。

23. 徐復觀:〈原史──由宗教通向人文的史學的成立〉，收錄氏著:《中國人性論史，先秦篇》，臺北:商務印書館，1969 年。

24. 容庚:〈論《說文》誼例代顧先生答柳翼謀先生〉，收入《古史辨》第一冊，頁 213～214。

25. 郭預衡:〈左傳的思想傾向和文學成就〉，《語言文學》，1982 年第三、四期。

26. 陳劍:〈上博楚簡《容成氏》與古史傳說〉，復旦大學出土文獻與古文字研究中心網，08/07/31，http://www.gwz.fudan.edu.cn/SrcShow.asp？Src_ID=479。

27. 張英琴:〈左傳引詩研究〉，《思與言》第 6 卷第 3 期，1969 年。

28. 張以仁:〈從國語與左傳本質上的差異試論後人對國語的批評〉，收入《春秋史論集》，臺北:聯經出版事業公司，1990 年。

29. 張素卿:〈「觀射父論絕地天通」探義〉，收入《張以仁先生七秩壽慶論文集》，臺北:學生書局，1999 年。

30. 張素卿:〈從《左傳》敘事論中國史傳研究的一個發展方向〉，《全球化下中華文化的發展研討會論文集》，頁 155～183，香港:香港中文大學，2003 年 5 月。

31. 張中宇:〈《國語》、《左傳》的引詩和《詩》的編訂──兼考孔子刪詩說〉，《文學評論》，2008 年第 4 期。

32. 張高評:〈《左傳》史論之風格與作用〉，《成大學報》23 卷・人文社會篇。

33. 黃人二:〈讀上博楚簡容成氏書後〉，簡帛研究網，03/01/15，http://www.jianbo.org/Wssf/2003/huanrener01.htm。

34. 詹群慧:〈對郭店楚簡《唐虞之道》簡序、分章的再探討〉，簡帛研究網，03/05/30，http://www.jianbo.org/Wssf/2002/zhanqunhui01.htm。

35. 趙輝:〈先秦諸子散文的“史”體性質及淵源〉，《中南民族大學學報》，人文社會科學版第 31 卷第 1 期，2011 年 1 月。

36. 趙平安:〈楚竹書〈容成氏〉的篇名及其性質〉，饒宗頤主編《華學》第

六輯，75～78 頁。紫禁城出版社，2003 年。

37. 廖名春：〈讀上博簡〈容成氏〉札記（一）〉，簡帛研究網，02/12/27，http://www.jianbo.org/Wssf/2002/liaominchun03.htm。

38. 鄭吉雄：〈論章學誠的「道」與經世思想〉，《臺大中文學報》5 期，頁 303～328，1992 年 6 月。

39. 蔡瑩瑩：〈西方漢學家葛瑞漢《墨子》研究述評——以墨子十論爲重心〉，《管子學刊》2012 年第 1 期。

40. 蔡瑩瑩：〈《左傳》《易》例重探——兼論先秦《易》說的特色與價值〉，《中國文學研究》第 35 期，2013 年 1 月。

41. 潘萬木：〈《左傳》微引敍述模式的形成及其影響〉，《荊門職業技術學院學報》第 18 卷第 5 期，2003 年 9 月，頁 43～49。

42. 劉石泉：〈論體文起源初探〉，《廣東教育學院學報》第 29 卷第 6 期，2009 年 12 月。

43. 劉焱：〈左傳外交辭令描寫探析〉，《安徽大學學報》，1983 年 3 月。

44. 錢玄同：〈論《說文》及壁中古文經書〉，收入顧頡剛等編著：《古史辨》第一冊，頁 195。

45. 羅根澤：〈戰國前無私家著述說〉，收入羅根澤編：《古史辨》第四冊臺北：明倫出版社，1970 年，頁 8～68。

46. 顧頡剛：〈與錢玄同先生論古史書〉，收入顧頡剛等編著：《古史辨》第一冊，頁 75～76。）

47. 顧頡剛：〈討論古史答劉胡二先生〉，收入顧頡剛等編著：《古史辨》第一冊，頁 135～136。

48. 日・小島祐馬：〈左傳引經考證〉，收入馬導源編譯：《日本漢學研究論文集》，臺北：中華叢書編審委員會，1960 年。

49. 日・湯淺邦弘：〈上博楚簡〈舉治王天下〉的堯舜禹傳說〉，宣讀於「先秦兩漢出土文獻與學術新視野國際研討會」（國立臺灣大學中國文學系主辦，2013 年 6 月 25～26 日），《會議論文集》，頁 161～170。

50. 日・黑田秀教：〈清華簡〈良臣〉與戰國時代的歷史觀念〉，宣讀於「先秦兩漢出土文獻與學術新視野國際研討會」（國立臺灣大學中國文學系主辦，2013 年 6 月 25～26 日），《會議論文集》，頁 171～199。

51. 美・Henry, Eric. " *'Junzi yue' versus 'Zhongni yue' in Zuozhuan.*" Harvard Journal of Asiatic Studies (Cambridge, MA) 59, no.1 (Jun 1999) p.p 125～16

52. 英・A.C. Graham: *Divisions in early Mohism reflected in the core chapters of Mo-tzu*, IEAP Occasional paper and monograph series No.1 Singapore, 1985.

53. 美・Kidder Smith: *Zhouyi Interpretation from Accounts in the Zhozhuan*, Harvard Journal of Asiatic Studies, Vol. 49, No. 2 (Dec., 1989) , pp.421～

463.

附錄：《左傳》、《國語》引《易》事例

說明：提及《易》／有卜筮行爲而未見《周易》文字者不列入計算，以◎標
明，附於最末

《左傳》引《易》事例：

1　莊廿二年：（陳公子敬仲奔齊）初，懿氏卜妻敬仲。其妻占之，曰：「吉。
是謂『鳳皇于飛，和鳴鏘鏘。有媯之後，將育于姜。五世其昌，並于正卿。
八世之後，莫之與京。』陳厲公，蔡出也，故蔡人殺五父而立之。生敬仲。
其少也，周史有以《周易》見陳侯者，陳侯使筮之，遇觀之否，曰：「是謂『觀
國之光，利用賓于王。』此其代陳有國乎？不在此，其在異國，非此其身，
在其子孫。光，遠而自他有耀者也。坤，土也；巽，風也；乾，天也。風爲
天於土上，山也。有山之材，而照之以天光，於是乎居土上，故曰『觀國之
光，利用賓于王』。庭實旅百，奉之以玉帛，天地之美具焉，故曰『利用賓于
王。』猶有觀焉，故曰其在後乎！風行而著於土，故曰其在異國乎！若在異
國，必姜姓也。姜，大嶽之後也。山嶽則配天。物莫能兩大。陳衰，此其昌
乎！」及陳之初亡也，陳桓子始大於齊；其後亡也，成子得政。

2.　閔元年：晉侯作二軍，公將上軍，大子申生將下軍。趙夙御戎，畢萬
爲右，以滅耿、滅霍、滅魏。還，爲大子城曲沃，賜趙夙耿，賜畢萬魏，以
爲大夫。……卜偃曰：「畢萬之後必大。萬，盈數也；魏，大名也。以是始賞，
天啓之矣。天子曰兆民，諸侯曰萬民。今名之大，以從盈數，其必有眾。」
初，畢萬筮仕於晉，遇屯之比。辛廖占之，曰：「吉。屯固、比入，吉孰大焉？
其必蕃昌。震爲土，車從馬，足居之，兄長之，母覆之，眾歸之，六體不易，

合而能固，安而能殺，公侯之卦也。公侯之子孫，必復其始。」

3. 閔二年：成季之將生也，桓公使卜楚丘之父卜之，曰：「男也，其名曰友，在公之右；間于兩社，爲公室輔。季氏亡，則魯不昌。」<u>又筮之，遇大有之乾</u>，曰：「同復于父，敬如君所。」及生，有文在其手曰「友」，遂以命之。

4. 僖十五年：晉侯之入也，秦穆姬屬賈君焉，且曰「盡納群公子」。晉侯烝於賈君，又不納群公子，是以穆姬怨之。晉侯許賂中大夫，既而皆背之。賂秦伯以河外列城五，東盡虢略，南及華山，內及解梁城，既而不與。晉饑，秦輸之粟；秦饑，晉閉之糴，故秦伯伐晉。卜徒父筮之，吉：「涉河，侯車敗。」詰之。對曰：「乃大吉也。三敗，必獲晉君。<u>其卦遇蠱曰</u>：『千乘三去，三去之餘，獲其雄狐。』夫狐蠱，必其君也。蠱之貞，風也；其悔，山也。歲云秋矣，我落其實，而取其材，所以克也。實落、材亡，不敗，何待？」三敗及韓。

5. 僖十五年：初，<u>晉獻公筮嫁伯姬於秦，遇歸妹之睽</u>。史蘇占之，曰：「不吉。其繇曰：『士刲羊，亦無衁也；女承筐，亦無貺也。西鄰責言，不可償也。歸妹之睽，猶無相也。』震之離，亦離之震。『爲雷爲火，爲嬴敗姬。車說其輹，火焚其旗，不利行師，敗于宗丘。歸妹睽孤，寇張之弧。姪其從姑，六年其逋，逃歸其國，而棄其家，明年其死於高梁之虛。』

6. 僖廿五年：秦伯師于河上，將納王。狐偃言於晉侯曰：「求諸侯，莫如勤王。諸侯信之，且大義也。繼文之業，而信宣於諸侯，今爲可矣。」使卜偃卜之，曰：「吉。遇黃帝戰于阪泉之兆。」公曰：「吾不堪也。」對曰：「周禮未改，今之王，古之帝也。」<u>公曰：「筮之！」遇大有之睽</u>，曰：「吉。『遇公用享于天子』之卦。戰克而王饗，吉孰大焉？且是卦也，天爲澤以當日，天子降心以逆公，不亦可乎？大有去睽而復，亦其所也。」晉侯辭秦師而下。

7. 宣六年：鄭公子曼滿與王子伯廖語，欲爲卿。伯廖告人曰：「無德而貪，<u>其在《周易》豐之離</u>，弗過之矣。」間一歲，鄭人殺之。

8. 宣十二年：（晉楚邲之戰）知莊子曰：「此師殆哉！<u>《周易》有之，在師之臨</u>，曰：『師出以律，否臧，凶。』執事順成爲臧，逆爲否。眾散爲弱，川壅爲澤。有律以如己也，故曰律。否臧，且律竭也。盈而以竭，夭且不整，所以凶也。不行謂之〈臨〉，有帥而不從，臨孰甚焉？此之謂矣。果遇，必敗，彘子尸之，雖免而歸，必有大咎。」

9. 成十六年：（晉楚鄢陵之戰）公筮之。史曰：「吉。其卦遇〈復〉，曰：『南國蹙，射其元王，中厥目。』國蹙、王傷，不敗何待？」公從之。

10. 襄九年：穆姜薨於東宮。始往而筮之，遇艮之八。史曰：「是謂艮之隨，隨，其出也。君必速出！」姜曰：「亡！是於《周易》曰：『隨，元、亨、利、貞，无咎。』元，體之長也；亨，嘉之會也；利，義之和也；貞，事之幹也。體仁足以長人，嘉德足以合禮，利物足以和義，貞固足以幹事。然，故不可誣也，是以雖隨无咎。今我婦人，而與於亂。固在下位，而有不仁，不可謂元。不靖國家，不可謂亨。作而害身，不可謂利。棄位而姣，不可謂貞。有四德者，隨而無咎。我皆無之，豈隨也哉？我則取惡，能無咎乎？必死於此，弗得出矣。」

11. 襄廿五年：齊棠公之妻，東郭偃之姊也。東郭偃臣崔武子。棠公死，偃御武子以弔焉。見棠姜而美之，使偃取之。偃曰：「男女辨姓，今君出自丁，臣出自桓，不可。」武子筮之，遇〈困〉之〈大過〉。史皆曰「吉」。示陳文子，文子曰：「夫從風，風隕妻，不可娶也。且其繇曰：『困于石，據于蒺棃，入于其宮，不見其妻，凶。』困于石，往不濟也；據于蒺棃，所恃傷也，入于其宮，不見其妻，凶，無所歸也。」

12. 襄廿八年：子大叔歸，復命。告子展曰：「楚子將死矣。不脩其政德，而貪昧於諸侯，以逞其願，欲久，得乎？《周易》有之，在〈復〉之〈頤〉，曰：『迷復，凶』，其楚子之謂乎！欲復其願，而棄其本，復歸無所，是謂迷復，能無凶乎？君其往也，送葬而歸，以快楚心。楚不幾十年，未能恤諸侯也，吾乃休吾民矣。」

13. 昭元年：晉侯求醫於秦，秦伯使醫和視之，曰：「疾不可為也，是謂近女室，疾如蠱。非鬼非食，惑以喪志。良臣將死，天命不祐。」……出，告趙孟。趙孟曰：「誰當良臣？」對曰：「主是謂矣。主相晉國，於今八年，晉國無亂，諸侯無闕，可謂良矣。和聞之，國之大臣，榮其寵祿，任其大節。有菑禍興，而無改焉，必受其咎。今君至於淫以生疾，將不能圖恤社稷，禍孰大焉？主不能禦，吾是以云也。」趙孟曰：「何謂蠱？」對曰：「淫溺惑亂之所生也。於文，皿蟲為蠱。穀之飛亦為蠱。在《周易》，女惑男、風落山謂之〈蠱〉。皆同物也。」趙孟曰：「良醫也。」厚其禮而歸之。

14. 昭五年：初，穆子之生也，莊叔以《周易》筮之，遇〈明夷〉之〈謙〉，以示卜楚丘。楚丘曰：「是將行，而歸為子祀。以讒人入，其名曰牛，卒以餒

死。〈明夷〉，日也。日之數十，故有十時，亦當十位。自王已下，其二爲公，其三爲卿。日上其中，食日爲二，旦日爲三。〈明夷〉之〈謙〉，明而未融，其當旦乎，故曰『爲子祀』。日之〈謙〉，當鳥，故曰『明夷于飛』。明之未融，故曰『垂其翼』。象日之動，故曰『君子于行』。當三在旦，故曰『三日不食』。〈離〉，火也；〈艮〉，山也。〈離〉爲火，火焚山，山敗。於人爲言。敗言爲讒，故曰『有攸往。主人有言』。言必讒也。純離爲牛，世亂讒勝，勝將適離，故曰『其名曰牛』。謙不足，飛不翔；垂不峻，翼不廣。故曰『其爲子後乎』。吾子，亞卿也；抑少不終。」

15. 昭七年：（衛襄公死，諸大夫卜立嗣）<u>孔成子以《周易》筮之</u>，曰：「元尚享衛國，主其社稷。」<u>遇〈屯〉</u>。又曰：「余尚立縶，尚克嘉之。」<u>遇〈屯〉之〈比〉</u>。以示史朝。史朝曰：『元亨』，又何疑焉？」成子曰：「非長之謂乎？」對曰：「康叔名之，可謂長矣。孟非人也，將不列於宗，不可謂長。且其繇曰：『利建侯。』嗣吉，何建？建非嗣也。二卦皆云，子其建之！康叔命之，二卦告之，筮襲於夢，武王所用也，弗從何爲？弱足者居。侯主社稷，臨祭祀，奉民人，事鬼神，從會朝，又焉得居？各以所利，不亦可乎？」故孔成子立靈公。十二月癸亥，葬衛襄公。

16. 昭十二年：南蒯之將叛也，其鄉人或知之，過之而歎，且言曰：「恤恤乎，湫乎攸乎！深思而淺謀，邇身而遠志，家臣而君圖，有人矣哉！」<u>南蒯枚筮之</u>，遇坤之比曰：「黃裳元吉」，以爲大吉也。示子服惠伯，曰：「即欲有事，何如？」惠伯曰：「吾嘗學此矣，忠信之事則可，不然，必敗。外彊內溫，忠也；和以率貞，信也，故曰『黃裳元吉』。黃，中之色也；裳，下之飾也；元，善之長也。中不忠，不得其色；下不共，不得其飾；事不善，不得其極。外內倡和爲忠，率事以信爲共，供養三德爲善，非此三者弗當。且夫易，不可以占險，將何事也？且可飾乎？中美能黃，上美爲元，下美則裳，參成可筮。猶有闕也，筮雖吉，未也。」

17. 昭廿九年：秋，龍見于絳郊。魏獻子問於蔡墨曰：「吾聞之，蟲莫知於龍，以其不生得也，謂之知，信乎？」對曰：「人實不知，非龍實知。古者畜龍，故國有豢龍氏，有御龍氏。」……獻子曰：「今何故無之？」對曰：「夫物，物有其官，官修其方，朝夕思之。一日失職，則死及之。失官不食。官宿其業，其物乃至。若泯棄之，物乃坻伏，鬱湮不育。故有五行之官，是謂五官，實列受氏姓，封爲上公，祀爲貴神。社稷五祀，是尊是奉。木正曰句

芒，火正曰祝融，金正曰蓐收，水正曰玄冥，土正曰后土。龍，水物也，水官棄矣，故龍不生得。不然，<u>《周易》有之：在〈乾〉之〈姤〉，曰『潛龍勿用』；其〈同人〉曰，『見龍在田』；其〈大有〉曰，『飛龍在天』；其〈夬〉曰，『亢龍有悔』，其〈坤〉曰，『見羣龍無首，吉』；〈坤〉之〈剝〉曰，『龍戰于野』</u>。若不朝夕見，誰能物之？」

18. 昭卅二年：十二月，公疾，徧賜大夫，大夫不受。……己未，公薨。……趙簡子問於史墨曰：「季氏出其君，而民服焉，諸侯與之；君死於外而莫之或罪也，何也？」對曰：「物生有兩、有三、有五、有陪貳。故天有三辰，地有五行，體有左右，各有妃耦，王有公，諸侯有卿，皆有貳也。天生季氏，以貳魯侯，爲日久矣。民之服焉，不亦宜乎！魯君世從其失，季氏世修其勤，民忘君矣。雖死於外，其誰矜之？社稷無常奉，君臣無常位，自古以然。故詩曰：『高岸爲谷，深谷爲陵。』三后之姓，於今爲庶，主所知也。<u>在《易》卦，雷乘〈乾〉曰〈大壯〉</u>，天之道也。昔成季友，桓之季也，文姜之愛子也。始震而卜，卜人謁之，口：『生有嘉聞，其名曰友，爲公室輔。』及生，如卜人之言，有文在其手曰『友』，遂以名之。既而有大功於魯，受費以爲上卿。至於文子、武子，世增其業，不費舊績。魯文公薨，而東門遂殺適立庶，魯君於是乎失國，政在季氏，於此君也四公矣。民不知君，何以得國？是以爲君，慎器與名，不可以假人。」

19. 哀九年：晉趙鞅卜救鄭，遇水適火，占諸史趙、史墨、史龜。史龜曰：「『是謂沈陽，可以興兵，利以伐姜，不利子商。』伐齊則可，敵宋不吉。」史墨曰：「盈，水名也；子，水位也。名位敵，不可干也。炎帝爲火師，姜姓其後也。水勝火，伐姜則可。」史趙曰：「是謂如川之滿，不可游也。鄭方有罪，不可救也。救鄭則不吉，不知其他。」<u>陽虎以周易筮之，遇泰之需</u>，曰：「宋方吉，不可與也。微子啓，帝乙之元子也。宋、鄭，甥舅也。祉，祿也。若帝乙之元子歸妹而有吉祿，我安得吉焉？」乃止。

◎有卜筮行爲而未見《周易》文字：僖四年：初，晉獻公欲以驪姬爲夫人，卜之，不吉；筮之，吉。公曰：「從筮。」卜人曰：「筮短龜長，不如從長。且其繇曰：『專之渝，攘公之羭。一薰一蕕，十年尚猶有臭。』必不可！」弗聽，立之。

◎提及《易》而未有卜筮或徵引：昭二年：晉侯使韓宣子來聘，且告爲政，而來見，禮也。觀書於大史氏，見《易》、《象》與《魯春秋》。

◎有卜筮行爲而未見《周易》文字：哀十七年：衛侯夢于北宮，見人登昆吾之觀，被髮北面而譟曰：「登此昆吾之墟，緜緜生之瓜。余爲渾良夫，叫天無辜。」公親筮之，胥彌赦占之，曰：「不害。」與之邑，寘之而逃，奔宋。衛侯貞卜，其繇曰：「如魚竀尾，衡流而方羊。裔焉大國，滅之，將亡。闔門塞竇，乃自後踰。」

《國語》引《易》事例：

1. 〈周語下〉「單襄公論晉周將得晉國」章：「成公之歸也，吾聞晉之筮之也，遇乾之否，曰：『配而不終，君三出焉。』一既往矣，後之不知，其次必此。且吾聞成公之生也，其母夢神規其臀以墨，曰：『使有晉國，三而畀驩之孫。』故名之曰『黑臀』，於今再矣。襄公曰驩，此其孫也。而令德孝恭，非此其誰？且其夢曰：『必驩之孫，實有晉國。』其卦曰：『必三取君於周。』其德又可以君國，三襲焉。吾聞之大誓，故曰：『朕夢協朕卜，襲于休祥，戎商必克。』以三襲也。晉仍無道而鮮冑，其將失之矣。必早善晉子，其當之也。」

2. 〈晉語四〉「重耳親筮得晉國」章：公子親筮之，曰：「尙有晉國。」得貞屯、悔豫，皆八也。筮史占之，皆曰：「不吉。閉而不通，爻無爲也。」司空季子曰：「吉。是在周易，皆利建侯。不有晉國，以輔王室，安能建侯？我命筮曰『尙有晉國』，筮告我曰『利建侯』，得國之務也，吉庸大焉！震，車也。坎，水也。坤，土也。屯，厚也。豫，樂也。車班外內，順以訓之，泉原以資之，土厚而樂其實。不有晉國，何以當之？震，雷也，車也。坎，勞也，水也，　也。主雷與車，而尙水與　。車有震，武也。　而順，文也。文武具，厚之至也。故曰屯。其繇曰：『元亨利貞，勿用有攸往，利建侯。』主震雷，長也，故曰元。　而順，嘉也，故曰亨。內有震雷，故曰利貞。車上水下，必伯。小事不濟，壅也。故曰勿用有攸往，一夫之行也。　順而有武威，故曰『利建侯』。坤，母也。震，長男也。母老子彊，故曰豫。其繇曰：『利建侯行師。』居樂、出威之謂也。是二者，得國之卦也。」

3. 〈晉語四〉「秦伯納重耳於晉」章：董因迎公於河，公問焉，曰：「吾其濟乎？」對曰：「歲在大梁，將集天行。元年始受，實沈之星也。實沈之墟，晉人是居。所以興也。今君當之，無不濟矣。君之行也，歲在大火。大火，閼伯之星也，是謂大辰。辰以成善，后稷是相，唐叔以封。瞽史記曰：嗣續

其祖，如穀之滋，必有晉國。臣筮之，得泰之八。曰：是謂天地配亨，小往
大來。今及之矣，何不濟之有？且以辰出而以參入，皆晉祥也，而天之大紀
也。濟且秉成，必霸諸侯。子孫賴之，君無懼矣。」

附　表

表一：《國語》引《詩》一覽表

編號	篇　名	人　物	詩　句	篇　名	備註
1	〈周語上〉祭公諫穆公征犬戎	祭公謀父	周文公之〈頌〉：載戢干戈，載櫜弓矢。我求懿德，肆于時夏，允王保之	〈周頌・時邁〉	論說
2	〈周語上〉芮良夫論榮夷公專利	芮良夫	思文后稷，克配彼天。立我蒸民，莫匪爾極。/陳錫載周。	〈周頌・思文〉/〈大雅・文王〉	論說
3	〈周語中〉富辰諫襄王以狄伐鄭及以狄女爲后	富辰/襄王	兄弟鬩于牆，外禦其侮。	〈小雅・常棣〉	論說
4	〈周語中〉單襄公論郤至佻天之功	單襄公	愷悌君子，求福不回	〈大雅・旱麓〉	論說
5	〈周語下〉太子晉諫靈王壅穀水	太子晉	四牡騤騤，旟旐有翩，亂生不夷，靡國不泯民之貪亂，寧爲荼毒。/殷鑒不遠，在夏后之世	〈大雅・桑柔〉/〈大雅・蕩〉	論說
6	〈周語下〉晉羊舌肸聘周論單靖公敬儉讓咨	叔向	昊天有成命，二后受之，成王不敢康。夙夜基命宥密，於緝熙/其類維何？室家之壼。君子萬年，永錫祚胤	〈周頌・昊天有成命〉/〈大雅・既醉〉	論說

編號	篇　名	人　物	詩　　句	篇　　名	備註
7	〈周語下〉單穆公諫景王鑄大錢	單穆公	瞻彼旱麓，榛楛濟濟。豈弟君子，干祿豈弟	〈大雅·旱麓〉	論說
8	〈周語下〉劉文公與萇弘欲城周	衛彪傒	天之所支，不可壞也。其所壞，亦不可支也。	逸詩〈支〉	論說
9	〈魯語下〉叔孫穆子聘於晉	叔孫穆子	每懷靡及	〈小雅·皇皇者華〉	論說
10	〈魯語下〉叔孫穆子聘於晉	晉悼公	〈文王〉、〈大明〉、〈緜〉、〈鹿鳴〉、〈四牡〉、〈皇皇者華〉	前三者屬〈大雅〉後三者屬〈小雅〉	宴饗
11	〈魯語下〉諸侯伐秦魯人以莒人先濟	叔孫穆子	賦〈匏有苦葉〉	〈邶風·匏有苦葉〉	賦詩
12	〈魯語下〉公父文伯之母欲室文伯	公父文伯之母	公父文伯之母欲室文伯，饗其宗老，而為賦〈綠衣〉之三章	〈邶風·綠衣〉	賦詩
13	〈魯語下〉閔馬父笑子服景伯	閔馬父	自古在昔，先民有作。溫恭朝夕，執事有恪	〈商頌·那〉	論說
14	〈晉語四〉齊姜勸重耳勿懷安	齊姜	上帝臨女，無貳爾心莘莘征夫，每懷靡及／仲可懷也，人之多言，亦可畏也	〈大雅·緜〉／〈小雅·皇皇者華〉／〈鄭風·將仲子〉	論說
15	〈晉語四〉宋襄公贈重耳以馬二十乘	公孫固	湯降不遲，聖敬日躋	〈商頌·長發〉	論說
16	〈晉語四〉鄭文公不禮重耳	叔詹	天作高山，大王荒之。	〈周頌·天作〉	論說
17	〈晉語四〉楚成王以周禮享重耳	楚成王	彼己之子，不遂其媾。	〈曹風·候人〉	論說

編號	篇 名	人 物	詩 句	篇 名	備 註
18	〈晉語四〉秦伯享重耳以國君之禮	秦伯／公子重耳	秦伯賦〈采菽〉 子餘使公子賦〈黍苗〉 秦伯賦〈鳩飛〉 公子賦〈河水〉 秦伯賦〈六月〉	除〈鳩飛〉、〈河水〉疑為逸詩外,餘皆屬〈小雅〉	賦詩
19	〈晉語四〉胥臣論教誨之力	胥臣	刑于寡妻,至于兄弟,以御于家邦。 惠于宗公,神罔時恫。	〈大雅·思齊〉	論說
20	〈楚語上〉伍舉論臺美而楚殆	伍舉	經始靈臺,經之營之。 庶民攻之,不日成之。 經始勿亟,庶民子來。 王在靈囿,麀鹿攸伏。	〈大雅·靈臺〉	論說
21	〈楚語上〉左史倚相儆申公子亹	衛武公	作〈懿〉詩以自儆也	〈大雅·抑〉	作詩
22	〈楚語上〉白公子張諷靈王宜納諫	白公子	弗躬弗親,庶民弗信。	〈小雅·節南山〉	論說
23	〈越語下〉范蠡諫句踐勿許吳成卒滅吳	范蠡	伐柯者其則不遠。	〈豳風·伐柯〉	論說

表二：《左傳》引《書》一覽表

一、所引《書》文屬今傳今文《尚書》者，直接註明出處與文字同異

二、所引《書》文見於偽古文《尚書》與《逸周書》者，以「今見於某書某篇」說明

編號	年 分	人 物	引用文句	篇 名	備 註
1	隱6年	｜君子曰」	《商書》曰：『惡之易也，如火之燎于原，不可鄉邇，其猶可撲滅？』周任有言曰：『為國家者，見惡，如農夫之務去草焉，芟夷蘊崇之，絕其本根，勿使能殖，則善者信矣。』	《商書》	《尚書・商書・盤庚》：「如火之燎于原，不可鄉邇，其猶可撲滅」
2	莊8年	魯莊公	《夏書》曰：「皋陶邁種德，德，乃降。」	《夏書》	今見於《尚書・虞書・大禹謨》
3	僖5年	宮之奇	《周書》曰：『皇天無親，惟德是輔。』又曰：『黍稷非馨，明德惟馨。』又曰：『民不易物，惟德緊物。』	《周書》	《尚書・周書・酒誥》：「維德馨香」
4	僖15年	子桑	史佚有言曰：『無始禍，無怙亂，無重怒。重怒，難任；陵人，不祥。』」	史佚之言	
5	僖23年	卜偃	周書有之：『乃大明服。』	《周書》	語出《尚書・周書・康誥》
6	僖24年	君子	《夏書》曰，『地平天成』，稱也。	《夏書》	今見於《尚書・虞書・大禹謨》

－213－

編號	年　分	人　物	引用文句	篇　名	備　註
7	僖 27 年	趙衰	《夏書》曰：『賦納以言，明試以功，車服以庸。』	《夏書》	《尚書・虞書・堯典》作「敷奏以言，明試以功，車服以庸」
8	僖 33 年	臼季	〈康誥〉曰：『父不慈，子不祗，兄不友，弟不共，不相及也。』	〈康誥〉	疑約《尚書・周書・康誥》之文
9	文 2 年	狼瞫	周志有之：『勇則害上，不登於明堂。』	《周志》	今見於《逸周書》〈大匡〉作「勇如害上，不登於明堂」。
10	文 5 年	甯嬴	《商書》曰：『沈漸剛克，高明柔克。』	《商書》	語出《尚書・周書・洪範》
11	文 6 年	臾駢	吾聞《前志》有之曰：『敵惠敵怨，不在後嗣，忠之道也。』	《前志》	
12	文 7 年	郤缺	《夏書》曰：『戒之用休，董之用威，勸之以〈九歌〉，勿使壞。』	《夏書》	今見於《尚書・虞書・大禹謨》
13	文 15 年	惠伯	史佚有言曰：『兄弟致美。救乏、賀善、弔災、祭敬、喪哀，情雖不同，毋絕其愛，親之道也。』	史佚	
14	文 18 年	季文子使大史克對曰	毀則為賊，掩賊為藏。竊賄為盜，盜器為姦。主藏之名，賴姦之用，為大凶德，有常無赦。在九刑不忘。／〈虞書〉數舜之功曰『慎徽五典，五典克從』，無違教也。曰『納于百揆，百揆時序』，無廢事也。曰『賓于四門，四門穆穆』	〈誓命〉／〈虞書〉	前者為逸《書》，後者語出《尚書・虞書・堯典》
15	宣 6 年	中行桓子	《周書》曰：『殪戎殷』	《周書》	語出《尚書・周書・康誥》
16	宣 12 年	隨武子	仲虺有言曰：『取亂侮亡』，兼弱也／	仲虺之言	今見於《尚書・仲虺之誥》
17	宣 12 年	君子	史佚所謂『毋怙亂』者，謂是類也。	史佚	

編號	年 分	人 物	引用文句	篇 名	備 註
18	宣 15 年	羊舌職	《周書》所謂『庸庸祗祗』者,謂此物也夫	《周書》	語出《尙書‧周書‧康誥》
19	成 2 年	申公巫臣	《周書》曰:『明德愼罰』	《周書》	〈多方〉、〈康誥〉皆有「罔不明德愼罰」句
20	成 4 年	季文子	史佚之志有之曰:『非我族類,其心必異。』	史佚	
21	成 6 年	或謂欒武了	《商書》曰:『三人占,從二人』	《商書》	語出《尙書‧周書‧洪範》
22	成 8 年	韓厥	《周書》曰:『不敢侮鰥寡』	《周書》	語出《尙書‧周書‧康誥》
23	成 15 年	子臧	前志有之曰:『聖達節,次守節,下失節。』	前志	
24	成 16 年	范文子	《周書》曰:『惟命不于常。』	《周書》	語出《尙書‧周書‧康誥》
25	成 16 年	單子	《夏書》曰:『怨豈在明?不見是圖。』	《夏書》	今見於〈五子之歌〉
26	襄 3 年	君子曰	《商書》曰:『無偏無黨,王道蕩蕩』	《商書》	語出《尙書‧周書‧洪範》
27	襄 4 年	君子曰	《志》所謂『多行無禮,必自及也』	《志》	
28	襄 4 年	魏絳	《夏訓》有之曰:『有窮后羿——』/〈虞人之箴〉曰:『芒芒禹迹,畫爲九州,經啓九道。民有寢、廟,獸有茂草,各有攸處,德用不擾。在帝夷羿,冒于原獸,忘其國恤,而思其麀牡。武不可重,用不恢于夏家。獸臣司原,敢告僕夫。』	《夏訓》/〈虞箴〉	
29	襄 5 年	「君子曰」	《夏書》曰:『成允成功。』	《夏書》	今見於《尙書‧虞書‧大禹謨》
30	襄 11 年	魏絳	《書》曰:『居安思危。』	《書》	
31	襄 12 年	晏桓子	先王之禮辭有之。天子求后於諸侯,諸侯對曰:『夫婦所生若而人,妾婦之子若而人。』	先王之禮辭	

編號	年　分	人　物	引用文句	篇　名	備　註
32	襄 13 年	君子曰	《書》曰：『一人有慶，兆民賴之，其寧惟永』	《書》	今見於《尚書·周書·呂刑》
33	襄 14 年	師曠	《夏書》曰：『遒人以木鐸徇于路，官師相規，工執藝事以諫。』		今見於〈胤征〉
34	襄 14 年	中行獻子	史佚有言曰：『因重而撫之。』仲虺有言曰：『亡者侮之，亂者取之。推亡、固存，國之道也。』	史佚／仲虺之言	今見於《尚書·仲虺之誥》
35	襄 21 年	臧武仲	《夏書》曰：『念茲在茲，釋茲在茲，名言茲在茲，允出茲在茲，惟帝念功』	《夏書》	今見於《尚書·大禹謨》
36	襄 21 年	祁奚	《書》曰：『聖有暮勳，明徵定保。』		今見於〈胤征〉作「聖有謨訓，明徵定保」
37	襄 23 年	君子曰	《書》曰：『惟命不于常。』		語出《尚書·周書·康誥》
38	襄 23 年	仲尼	《夏書》曰：『念茲在茲』，順事，恕施也。	《夏書》	今見於《尚書·大禹謨》
39	襄 25 年	大叔文子	《書》曰：『慎始而敬終，終以不困。』		今見於《逸周書·常訓》
40	襄 26 年	聲子	故《夏書》曰，『與其殺不辜，寧失不經』	《夏書》	今見於《尚書·大禹謨》
41	襄 30 年	子皮	〈仲虺之志〉云：亂者取之，亡者侮之。推亡固存，國之利也	〈仲虺之志〉	今見於《尚書·仲虺之誥》
42		子產	鄭書有之曰：『安定國家，必大焉先。』	《鄭書》	
43	襄 31 年	穆叔	〈大誓〉云：『民之所欲，天必從之。』	〈大誓〉	今見於《尚書·大誓》
44	襄 31 年	北宮文子	〈周書〉數文王之德，曰，『大國畏其力，小國懷其德』	〈周書〉	今見於《尚書·武成》作「大邦畏其力，小邦懷其德」
45	昭 1 年	子羽	〈大誓〉曰：『民之所欲，天必從之。』	〈大誓〉	今見於《尚書·大誓》

編號	年 分	人 物	引用文句	篇 名	備 註
46	昭 3 年	穆叔	《志》曰:『能敬無災。』又曰:『敬逆來者,天所福也。』		
47	昭 5 年	仲尼	周任有言曰:『爲政者不賞私勞,不罰私怨。』	周任之言	
48	昭 6 年	叔向	《書》曰:『聖作則。』		
49	昭 8 年	子旗	《周書》曰:『惠不惠,茂不茂』	《周書》	語出《尚書·周書·康誥》
50	昭 10 年	子皮	《書》曰:『欲敗度,縱敗禮』		今見於《尚書·太甲》
51	昭 12 年	仲尼	古也有志:克己復禮,仁也。	古志	
52	昭 14 年	叔向	《夏書》曰,『昏、墨、賊,殺』	《夏書》	
53	昭 17 年	大史	《夏書》曰,『辰不集于房,瞽奏鼓,嗇夫馳,庶人走』	《夏書》	今見於〈胤征〉
54	昭 24 年	萇弘	〈大誓〉曰,『紂有億兆夷人,亦有離德;余有亂臣十人,同心同德』	〈大誓〉	今見於《尚書·大誓》
55	昭 28 年	叔游	「鄭書有之:『惡直醜正,實蕃有徒。』	《鄭書》	
56	定 4 年	子魚	命以〈康誥〉而封於殷虛。皆啓以商政,疆以周索。分唐叔以大路、密須之鼓、闕鞏、沽洗,懷姓九宗,職官五正。命以〈唐誥〉而封於夏虛,啓以夏政,疆以戎索。/其命書云:『王曰:「胡!無若爾考之違王命也!」』/其載書云:『王若曰,晉重、魯申、衛武、蔡甲午、鄭捷、齊潘、宋王臣、莒期。』	〈康誥〉/命書/載書	《尚書·周書·康誥》/今見於《尚書·蔡仲之命》
57	哀 6 年	孔子	《夏書》曰:『惟彼陶唐,帥彼天常,有此冀方。今失其行,亂其紀綱,乃滅而亡。』又曰:『允出茲在茲。』	《夏書》	今見於《尚書·五子之歌》
58	哀 17 年	簡子	叔向有言曰:『怙亂滅國者無後。』		約仲虺之言

編號	年 分	人 物	引用文句	篇 名	備 註
59	哀 18 年	君子	《夏書》曰，『官占唯能蔽志，昆命于元龜』，其是之謂乎！《志》曰，『聖人不煩卜筮』	《夏書》	今見於《尙書·大禹謨》

表三：《國語》引《書》一覽表

一、所引《書》文屬今傳今文《尚書》者，直接註明出處與文字同異

二、所引《書》文見於偽古文《尚書》與《逸周書》者，以「今見於某書某篇」說明

編號	篇　名	人　物	引用文句	類別/篇名	備　註
1	〈周語上〉內史過論晉惠公必無後	內史過	眾非元后，何戴？后非眾，無與守邦。	《夏書》	今見於《尚書‧虞書‧大禹謨》
			余一人有罪，無以萬夫；萬夫有罪，在余一人。	〈湯誓〉	今見於《尚書‧商書‧湯誥》
			國之臧，則惟女眾。國之不臧，則惟余一人是有逸罰。	〈盤庚〉	《尚書‧商書‧盤庚》
2	〈周語中〉富辰諫襄王以狄伐鄭及以狄女爲后	富辰	必有忍也，若能有濟也。	《書》	逸《書》
3	〈周語中〉單襄公論陳必亡	單襄公	九月除道，十月成梁。	〈夏令〉	
			收而場功……期於司里。	〈時儆〉	
			列樹以表道……縣有序民。	周制	
			敵國賓至……則君親監之。	周之〈秩官〉	

編號	篇 名	人 物	引用文句	類別/篇名	備 註
4	〈周語中〉單襄公論郤至佻天之功	單襄公	民可近也，而不可上也。	《書》	逸《書》
			民之所欲，天必從之。	〈大誓〉	今見於《尚書・大誓》
5	〈周語下〉單襄公論晉周將得晉國	單襄公	朕夢協朕卜，襲于休祥，戎商必克。	〈大誓〉	今見於《尚書・大誓》
6	〈周語下〉單穆公諫景王鑄大錢	單穆公	關石和鈞，王府則有。	《夏書》	今見於《尚書・五子之歌》
7	〈晉語一〉史蘇論獻公伐驪戎勝而不吉	郭偃	嗛嗛之德，不足就也，不可以矜，而祗取憂也。嗛嗛之食，不足狃也，不能為膏，而祗罹咎也。	商之銘	
8	〈晉語三〉惠公斬慶鄭	司馬說	失次犯令，死；將止不面夷，死；偽言誤眾，死。	韓之誓	
9	〈晉語四〉齊姜勸重耳勿懷安	齊姜	懷與安，實疚大事。 /唐叔之世，將如商數。	《西方之書》/《瞽史之紀》	
10	〈晉語九〉智伯國諫智襄子	智伯	一人三失，怨豈在明？不見是圖。	〈夏書〉	今見於《尚書・五子之歌》
			怨不在大，亦不在小。	〈周書〉	語出《尚書・康誥》
11	〈鄭語〉史伯為桓公論興衰	史伯	民之所欲，天必從之。	〈泰誓〉	今見於《尚書・大誓》
12	〈楚語上〉左史倚相儆申公子亹	左史倚相	文王至於日中昃，不皇暇食。惠於小民，唯政之恭。	《周書》	《尚書・周書・無逸》作「懿恭，懷保小民」、「自朝至于日中昃，不遑暇食。」

編號	篇　名	人　物	引用文句	類別/篇名	備　註
13	〈楚語上〉白公子張諷靈王宜納諫	白公子張	以余正四方，余恐德之不類，茲故不言。	武丁作《書》	今見於《尚書·說命》
14	〈楚語下〉觀射父論絕地天通	昭王	重、黎實使天地不通	《周書》	《尚書·周書·呂刑》作「乃命重黎，絕地天通」

表四：《左傳》《國語》徵引古史對照表

一、《左傳》、《國語》皆有相關載錄而其一未引用古史者，於備註處說明。

二、年份以《左傳》十二公為主，不再標示「魯」；周王紀年須註記處標示「周某王某年」；論說者與事件之年代不確定者，推估其約略年代，於備註處說明。

三、為表格簡潔，《國語》之分章以編號代替，分章次序依韋《解》為主。

四、泛稱「古者」、「古制」之事例，因年代難以確定，不能排除某些稱「古」者其實仍屬周制，姑列於附表五，以待來者。

編號 年分	事件	《左傳》	《國語》	徵引者	備註
1. 周幽2年	三川皆震，柏陽父論周將亡	無	〈周語上·10〉 昔伊、洛竭而夏亡，河竭而商亡	柏陽父	
2. 周幽8年	史伯為桓公論興衰	無	〈鄭語·1〉 史伯述虞夏商周之史預言	史伯	
3. 周穆王年間	祭公諫穆公征犬戎	無	〈周語上·1〉 昔我先王世后稷，以服事虞、夏。及夏之衰也，棄稷弗務，我先王不窋用失其官，而自竄于戎、狄之間	祭公	
4.	晉獻	無	〈晉語一·2〉	史蘇	

編　號 年　分	事　件	《左傳》	《國語》	徵引者	備　註
莊 28 年	公　立 驪　姬 爲　夫 人		妹喜亡夏、妲己亡殷 與褒姒亡周		
5. 莊 32 年	神　降 於　莘， 周　王 問　於 內史過	有得神以興，亦 有以亡，虞、夏、 商、周皆有之。	〈周語上・12〉 昔夏之興也，融降于 崇山；其亡也，回祿 信於聆隧。商之興 也，檮杌次於丕山； 其亡也，夷羊在牧。 周之興也，鸑鷟鳴於 岐山；其亡也，杜伯 射王於鄗。	內史過	
6. 閔 2 年	虢　公 夢　在 廟		〈晉語二・3〉 虢公夢在廟，有神人 面白毛虎爪，執鉞立 於西阿之下……覺， 召史嚚占之，對曰： 「如君之言，則蓐收 也，天之刑神也，天 事官成。」	史嚚	《左傳》 相關篇章 未引用古 史
7. 僖 11 年	內　史 過　論 晉　惠 公　必 無後	無	〈周語上・13〉 古者，先王既有天 下，又崇立上帝、明 神而敬事之，於是乎 有朝日、夕月，以教 民事君。	內史過	
8. 僖 23 年	重　耳 婚　媾 懷嬴		〈晉語四・9〉 同姓爲兄弟。黃帝之 子二十五人……唯青 陽與夷彭皆爲紀姓。 昔少典娶于有蟜氏， 生黃帝、炎帝。黃帝 以姬水成，炎帝以姜 水成。	司空季 子	《左傳》 相關篇章 未引用古 史
9. 僖 23 年	齊　姜 勸　重 耳　勿 懷安		〈晉語四・2〉 吾聞晉之始封也，歲 在大火，閼伯之星 也，實紀商人。商之	齊姜	《左傳》 相關篇章 未引用古 史

編 號 年 分	事 件	《左傳》	《國語》	徵引者	備 註
			饗國三十一王。《瞽史之紀》曰：『唐叔之世，將如商數。』今未半也。		
10. 僖 24 年	秦 伯 納 重 耳 於 晉		〈晉語四・12〉元年始授，實沈之星也。實沈之墟，晉人是居。所以興也。……大火，閼伯之星也，是謂大辰。辰以成善，后稷是相，唐叔以封。	董因	《左傳》相關篇章未引用古史
11. 僖 25 年	文 公 出 陽 人		〈晉語四・16〉陽人有夏、商之嗣典，有周室之師旅，樊仲之官守焉，其非官守，則皆王之父兄甥舅也。	倉葛	《左傳》相關篇章未引用古史
12. 僖 25 年	晉 文 公 納 工	遇黃帝戰于阪泉之兆……周禮未改，今之王，古之帝也。	無	卜偃	
13. 僖 32 年	殽 之 戰	其南陵，夏后皋之墓也；其北陵，文王之所辟風雨也	無	蹇叔	
14. 僖 33 年	臼 季 薦 冀 缺 有 德	舜之罪也殛鯀，其舉也興禹	〈晉語五・1〉是故舜之刑也殛鯀，其舉也興禹。	臼季	相同
15. 周靈 22 年/ 魯襄 23 年	太 子 晉 諫 靈 王 壅 穀 水	無	〈周語下・3〉述共工、鯀、禹、夏、商為鑑，諫靈王勿壅川	太子晉	
16. 周敬 10 年/	劉 文 公 與	無	〈周語下・9〉昔孔甲亂夏，四世而	衛彪傒	

編 號 年 分	事 件	《左傳》	《國語》	徵引者	備 註
魯昭 32 年	萇 弘 欲 城 周		隕；玄王勤商，十有 四世而興。帝甲亂 之，七世而隕。后稷 勤周，十有五世而 興；幽王亂之，十有 四世矣。		
17. 莊 11～僖 33 年間	臧 文 仲 祀 爰 居	無	〈魯語上·9〉 舉「烈山氏、共工氏、 黃帝、顓頊、帝嚳、 堯舜、鯀禹」等論聖 王之制祀反對祀海鳥	展禽	
18. 文 2 年	夏 父 弗 忌 爲 宗，躋 僖公	子雖齊聖，不先 父食久矣。故禹 不先鯀，湯不先 契，文、武不先 不窋。宋祖帝 乙，鄭祖厲王， 猶上祖也。	〈魯語上·11〉 商、周之蒸也，未嘗 躋湯與文、武，爲踰 也。魯未若商、周而 改其常，無乃不可 乎？	君子曰 / 宗有 司	二書言說 者不同
19. 文 5 年	楚 公 子 燮 滅 蓼	皋陶、庭堅不祀 忽諸。德之不 建，民之無援， 哀哉！	無	臧文仲	
20. 文 18 年	里 革 更 書 逐 莒 太 僕	大史克舉《周 禮》、〈誓命〉、〈虞 書〉之文，以及 高陽氏、高辛氏 有才子八人；帝 鴻氏、顓頊、縉 雲氏之四凶等 等，論舉善去惡	〈魯語上·12〉 「臣聞之曰：『毀則者 爲賊，掩賊者爲藏， 竊寶者爲宄，用宄之 財者爲姦』	大史克 （即里 革）	《國語》 未 舉 古 史、古 書 爲論
21. 文 14 年～ 宣 18 年	論 傅 太 子 之 道	無	楚語上·1 堯有丹朱，舜有商 均，啓有五觀，湯有 大甲，文王有管、蔡	申叔豐	
22. 宣 3 年	楚 子 問 鼎 於 周	昔夏之方有德 也，遠方圖物， 貢金九牧，鑄鼎	無	王孫滿	

編 號 年 分	事 件	《左傳》	《國語》	徵引者	備 註
		象物，百物而爲之備……桀有昏德，鼎遷于商，載祀六百。商紂暴虐，鼎遷于周。			
23. 宣 16 年	晉國之盜逃奔于秦	禹稱善人，不善人遠	無	羊舌職	
24. 成 14 年	甯惠子論苦成家其亡乎	衛侯饗苦成叔，甯惠子相。苦成叔傲。甯子曰：「苦成家其亡乎！古之爲享食也，以觀威儀、省禍福也，……今夫子傲，取禍之道也。」	無	甯惠子	
25. 成 18 年	晉人殺厲公	無	〈魯語上・15〉里革以「桀奔南巢，紂踣于京，厲流于彘，幽滅于戲」論君王不可「以邪臨民」	里革	
26. 襄 4 年	魏絳勸晉侯和戎	后羿相關故事	無	魏絳	《國語》相關篇章未引用古史
27. 襄 9 年	宋火災，晉侯問天道於士弱	陶唐氏之火正閼伯居商丘，祀大火，而火紀時焉。	無	士弱	
28. 襄 24 年	叔孫穆子論死	昔匄之祖，自虞以上爲陶唐氏，在夏爲御龍氏，	〈晉語八・4〉昔匄之祖，自虞以上爲陶唐氏，在夏爲御	范宣子	相同

編號 年分	事件	《左傳》	《國語》	徵引者	備註
	而 不 朽	在商爲豕韋氏，在周爲唐杜氏，晉主夏盟爲范氏。	龍氏，在商爲豕韋氏，在周爲唐杜氏。周卑，晉繼之，爲范氏。		
29. 昭元年	趙 文 子 請 免 叔 孫 穆 子	於是乎虞有三苗，夏有觀、扈，商有姺、邳，周有徐、奄。	〈晉語八‧13〉	趙孟	《國語》相關篇章未引用古史
30. 昭元年	晉 侯 有疾	昔高辛氏有二子，伯曰閼伯，季曰實沈……則臺駘，汾神也	〈晉語八‧17〉	子產	《國語》相關篇章無子產言論
31. 昭元年	天 王 使 劉 定 公 勞 趙 孟 於 穎	美哉禹功！明德遠矣。微禹，吾其魚乎！吾與子弁冕端委，以治民、臨諸侯，禹之力也。子盍亦遠績禹功而大庇民乎！」	無	劉子	
32. 昭4年	楚 靈 王 會 諸 侯 於申	夏啓有鈞臺之享，商湯有景亳之命，周武有孟津之誓，……夏桀爲仍之會，有緡叛之。	無	椒舉	
33. 昭6年	鄭 人 鑄 刑 書	夏有亂政，而作《禹刑》；商有亂政，而作《湯刑》；周有亂政，而作《九刑》：三辟之興，皆叔世也。	無	叔向	
34. 昭7年	子 產 論 晉 侯 有 疾	昔堯殛鯀于羽山，其神化爲黃熊，以入于羽淵，實爲夏郊，三代祀之。晉爲盟主，其或者未	〈晉語八‧19〉 昔者鯀違帝命，殛之於羽山，化爲黃熊，以入於羽淵，寔爲夏郊，三代舉之。	子產	二書大致相同

編 號 年 分	事 件	《左傳》	《國語》	徵引者	備 註
		之祀也乎！			
35. 昭 8 年	晉 侯 問 陳 其 遂 亡乎	陳，顓頊之族也……自幕至于瞽瞍無違命，舜重之以明德，寘德于遂。遂世守之。及胡公不淫，故周賜之姓，使祀虞帝。	無	史趙	
36. 昭 17 年	郯 子 來 朝，論 少 皞 氏 鳥 名官	昔者黃帝氏以雲紀，故為雲師而雲名；炎帝氏以火紀，故為火師而火名；共工氏以水紀，故為水師而水名；大皞氏以龍紀，故為龍師而龍名。	無	郯子	
37. 昭 20 年	晏 嬰 論 古 而 無 死	昔爽鳩氏始居此地，季荝因之，有逢伯陵因之，蒲姑氏因之，而後大公因之。古者無死，爽鳩氏之樂，非君所願也。	無	晏嬰	
38. 昭公年間	仲 尼 論 汪 芒 氏、僬 僥氏	無	〈魯語下‧18〉 論汪芒氏、僬僥氏	仲尼	
39. 約昭 27 年 ～ 定哀年 間	楚 平 王 問 地 絕 天 通	無	〈楚語下‧1〉 古者民神不雜……及少皞之衰也，九黎亂德，民神雜糅，……顓頊受之，乃命南正重司天以屬神，命火正黎司地以屬民，使復舊常……是謂絕地	觀射父	楚平王魯昭 27 年即位，哀 6 年卒

編　號 年　分	事 件	《左傳》	《國語》	徵引者	備　註
		天通。			
40. 昭 28 年	叔　　向 欲　娶 於　申 公　巫 臣氏	昔有仍氏生女，鬒黑，而甚美，光可以鑑，名曰玄妻。樂正后夔取之，生伯封，實有豕心，貪惏無饜，忿纇無期，謂之封豕。有窮后羿滅之，夔是以不祀。	無	叔向之母	
41. 昭 29 年	龍　見 于　絳 郊。魏 獻　子 問　於 蔡墨	古者畜龍，故國有豢龍氏，有御龍氏。	無	史墨	
42 哀公元年	吳　王 夫　差 敗　越 于　夫 椒	昔有過澆殺斟灌以伐斟鄩，滅夏后相，后緡方娠，逃出自竇，歸于有仍，生少康焉。	〈吳語・1、2〉	伍員	《國語》相關篇章未引用古史

表五：《左傳》《國語》徵引古制一覽表

編　號 年　分	事　件	徵引者	《左傳》	備　註
1. 閔 2 年	晉侯使大子申生伐東山皋落氏	里克	從曰撫軍，守曰監國，古之制也	
2. 文 15 年	曹伯來朝	左傳作者	諸侯五年再相朝，以脩王命，古之制也。	
3. 文 15 年	日有食之	左傳作者	鼓、用牲于社，非禮也。日有食之，天子不舉，伐鼓于社；諸侯用幣于社，伐鼓于朝，以昭事神、訓民、事君，示有等威，古之道也。	
4. 宣 12 年	邲之戰楚敗晉軍	楚王	古者明王伐不敬，取其鯨鯢而封之，以爲大戮，於是乎有京觀以懲淫慝。	
5. 襄 9 年	知武子論許鄭成	知武子	無君子勞心，小人勞力，先王之制也	
6. 昭 7 年	芋尹無宇執人於王宮	芋尹無宇	天子經略，諸侯正封，古之制也	
7. 昭 13 年	晉成虒祁，徵會於諸侯	叔向	明王之制，使諸侯歲聘以志業，間朝以講禮，再朝而會以示威，再會而盟以顯昭明。	
8. 昭 23 年	楚囊瓦爲令尹，城郢。	沈尹戌	古者，天子守在四夷；天子卑，守在諸侯。諸侯守在四鄰；諸侯卑，守在四竟。	

編　號 年　分	事　件	徵引者	《左傳》	備　註
9. 周宣王元年	虢文公諫 宣王不籍 千畝	虢文公	〈周語上・6〉古者，太史順時 覛土，陽癉憤盈，土氣震發， 農祥晨正，日月底于天廟，土 乃脉發……。	
10. 周宣王年間	仲山父諫 宣王料民	仲山父	〈周語上・9〉夫古者不料民而 知其多少，司民協孤終孤，司商 協民姓，司徒協旅，司寇協姦， 牧協職，工協革，場協入，廩 協出	
11. 莊 28 年	臧文仲如 齊告糴	臧文仲	〈魯語上・5〉國有饑饉，卿出 告糴，古之制也。	
12. 閔 2 年	晉侯使大 子申生伐 東山皋落 氏	里克	〈晉語一・9〉 非故也。君行，大子居，以監 國；君行，大子從，以撫軍也。	與第 1 則 《左傳》 相似
13. 僖 4 年	史蘇論驪 姬必亂晉	史蘇	〈晉語一・3〉昔者之伐也，起 百姓以為百姓也，是以民能欣 之，故莫不盡忠極勞以致死 也。……亂必自女戎，三代皆 然。	
14. 僖 11 年	內史過論 晉惠公必 無後	內史過	〈周語上・13〉古者，先王既 有天下，又崇立上帝、明神而 敬事之，於是乎有朝日、夕月， 以教民事君。	
15. 宣公年間	里革斷宣 公罟	里革	〈魯語上・13〉古者大寒降， 土蟄發，水虞於是乎講眾罶， 取名魚，登川禽，而嘗之廟， 行諸國，助宣氣也。	
16. 成公年間	趙文子冠	范文子	〈晉語六・1〉吾聞古之王者， 政德既成，又聽於民，於是乎 使工誦諫於朝，在列者獻詩， 使勿兜，風聽臚言於市，辨祆 祥於謠，考百事於朝，問謗譽 於路，有邪而正之，盡戒之術 也。	

編　號 年　分	事　件	徵引者	《左傳》	備　註
17. 昭 11 年	范無宇論國爲大城未有利者	范無宇	〈楚語上‧6〉地有高下，天有晦明，民有君臣，國有都鄙，古之制也。先王懼其不帥，故制之以義，旌之以服，行之以禮，辯之以名，書之以文，道之以言。	
18. 昭 15 年	中行穆子帥師伐狄圍鼓	夙沙釐	〈晉語九‧3〉委質爲臣，無有二心。委質而策死，古之法也。	
19. 昭 18 年	單穆公諫景王鑄大錢	單穆公	〈周語下‧5〉古者，天災降戾，於是乎量資幣，權輕重，以振救民。	
20. 昭 20 年	景王問鍾律於伶州鳩	伶州鳩	〈周語下‧5〉古之神瞽，考中聲而量之以制，度律均鍾，百官軌儀，紀之以三，平之以六，成於十二，天之道也。	
21. 約昭 27～28年間	子常問蓄貨聚馬	鬭且	〈楚語下‧3〉夫古者聚貨不妨民衣食之利，聚馬不害民之財用，國馬足以行軍，公馬足以稱賦，不是過也。	

表六：《左傳》徵引近、當代史一覽表

說明：同一事件中，不同人物之對話皆涉及徵引近、當代史內容者，計爲同一則。

編號	年　分	事　件	徵引近、當代史內容	徵引者	備　註
1	隱公 3 年	宋穆公疾	先君	宋穆公	
2	隱公 6 年	王不禮鄭伯	周之東遷，晉、鄭焉依	周桓公	論說
3	隱公 11 年	鄭伯伐許	吾先君新邑於此	鄭伯	外交
4	桓公 6 年	桓公問名於申繻	晉以僖侯廢司徒，宋以武公廢司空，先君獻、武廢二山	（魯）申繻	制度〈晉語九·3〉
5	莊公 14 年	鄭厲公欲殺原繁	先君桓公命我先人典司宗祐	（鄭）原繁	論說
6	莊公 24 年	魯刻其桷	先君有共德，而君納諸大惡	（魯）御孫	論說
7	莊公 28 年	令尹子元欲蠱文夫人	先君以是舞也，習戎備也	（楚）文夫人	論說
8	閔公 2 年	申生將戰，狐突諫	昔辛伯諗周桓公云：『內寵並后，外寵二政，嬖子配適，大都耦國，亂之本也。』周公弗從，故及於難。	（晉）狐突	論說
9	僖公 4 年	齊侯以諸侯之師侵蔡。蔡潰，遂伐楚	昔召康公命我先君大公曰：『五侯九伯，女實征之，以夾輔周室！』賜我先君履，東至于海，西至于河，南至于穆陵，北至于無棣。爾貢包茅不入，王祭不共，無以縮酒，寡人是徵。昭王南征而不復，寡人是問。	（齊）管仲	外交
			先君之好是繼	齊桓公	外交

編號	年　分	事　件	徵引近、當代史內容	徵引者	備　註
10	僖公 6 年	蔡穆侯將許僖公以見楚子於武城	昔武王克殷，微子啓如是。武王親釋其縛，受其璧而祓之。焚其櫬，禮而命之，使復其所。	（楚）逢伯	制度
11	僖公 15 年	秦晉韓之戰	先君若從史蘇之占，吾不及此夫！	晉惠公	
12	僖公 19 年	衛人伐邢	昔周饑，克殷而年豐。	（衛）甯莊子	論說
13	僖公 19 年	宋人圍曹	文王聞崇德亂而伐之，軍三旬而不降。退修教而復伐之，因壘而降。	（宋）子魚	論說
14	僖公 22 年	僖公卑邾，不設備而禦之	先王之明德，猶無不難也，無不懼也，況我小國乎！	（魯）臧文仲	論說
15	僖公 24 年	富辰諫襄王以狄伐鄭	昔周公弔二叔之不咸，故封建親戚以蕃屏周。……召穆公思周德之不類，故糾合宗族于成周而作詩……鄭有平、惠之勳，又有厲、宣之親，棄嬖寵而用三良，於諸姬為近，四德具矣。	（周）富辰	論說〈周語中・1〉
16	僖公 25 年	晉侯問原守於寺人勃鞮	昔趙衰以壺飧從，徑，餒而弗食。	（晉）勃鞮	
17	僖公 26 年	展喜犒師，受命于展禽	恃先王之命。昔周公、大公股肱周室，夾輔成王。成王勞之，而賜之盟，曰：『世世子孫無相害也！』載在盟府，大師職之。桓公是以糾合諸侯，而謀其不協，彌縫其闕，而匡救其災，昭舊職也。	（魯）展喜	外交〈魯語上・4〉
18	僖公 26 年	夔子不祀祝融與鬻熊	我先王熊摯有疾，鬼神弗赦，而自竄于夔，吾是以失楚，又何祀焉？	夔子	外交
19	僖公 28 年	晉侯有疾，曹伯之豎侯獳貨筮史	齊桓公為會而封異姓，今君為會而滅同姓。曹叔振鐸，文之昭也；先君唐叔，武之穆也。且合諸侯而滅兄弟，非禮也。	（曹）侯獳	論說

編號	年 分	事 件	徵引近、當代史內容	徵引者	備 註
20	文公元年		先王之正時也	左傳作者	論說
21	文公元年		古者,越國而謀。	左傳作者	論說
22	文公2年	魯祭躋僖公	故禹不先鯀,湯不先契,文、武不先不窋。宋祖帝乙,鄭祖厲王,猶上祖也。	君子	論說〈魯語上・11〉
23	文公4年	衛甯武子聘魯	昔諸侯朝正於王,王宴樂之,於是乎賦〈湛露〉,則天子當陽,諸侯用命也。	(衛)甯莊子	外交
24	文公6年	秦伯任好卒,以三良為殉	古之王者知命之不長,是以並建聖哲,樹之風聲,分之采物,著之話言,為之律度,陳之藝極,引之表儀,予之法制,告之訓典,教之防利,委之常秩,道之禮則,則使毋失其土宜,眾隸賴之,而後即命。聖王同之。	君子	論說
25	文公12年	秦伯使西乞術聘魯	君不忘先君之好	(魯)襄仲	外交
			寡君願徼福于周公、魯公以事君,不腆先君之敝器	(秦)西乞術	外交
26	文公15年	宋華耦來盟	君之先臣督得罪於宋殤公,名在諸侯之策。	(宋)華耦	外交
27	文公16年	楚伐庸	先君蚡冒所以服陘隰也。	(楚)師叔	論說
28	文公17年	晉侯不見鄭伯	寡君即位三年,召蔡侯而與之事君。……文公二年六月壬申,朝于齊。四年二月壬戌,為齊侵蔡,亦獲成於楚。	(鄭)子家	外交
29	文公17年	襄仲如齊拜穀之盟	臧文仲有言曰:『民主偷,必死。』	(魯)襄仲	論說
30	文公18年	大史克諫勿納莒僕	先大夫臧文仲教行父事君之禮……先君周公制《周禮》……作〈誓命〉。	(魯)大史克(季文子)	論說

編號	年　分	事　件	徵引近、當代史內容	徵引者	備　註
31	宣公 4 年	楚滅若敖氏之族	吾先君文王克息，獲三矢焉，伯棼竊其二，盡於是矣。	楚王	論說
32	宣公 12 年	楚子圍鄭	若惠顧前好，徼福於厲、宣、桓、武	鄭伯	外交
33	宣公 12 年	晉楚邲之戰	昔歲入陳，今茲入鄭	楚令尹孫叔敖	論說
34	宣公 12 年	晉楚邲之戰	楚自克庸以來，其君無日不討國人而訓之于民生之不易、禍至之無日、戒懼之不可以怠；在軍，無日不討軍實而申儆之于勝之不可保、紂之百克而卒無後，訓之以若敖、蚡冒篳路藍縷以啓山林。箴之曰：『民生在勤，勤則不匱。』不可謂驕。先大夫子犯有言曰：『師直為壯，曲為老。』	（晉）欒武子	論說
35	宣公 12 年，楚少宰如晉師	聞二先君之出入此行也，將鄭是訓定，豈敢求罪于晉？	（楚）少宰	外交
			昔平王命我先君文侯曰：『與鄭夾輔周室，毋廢王命！』	（晉）隨季	外交
36	宣公 12 年，桓子請死	晉楚邲之戰	城濮之役，晉師三日穀，文公猶有憂色。左右曰：『有喜而憂，如有憂而喜乎？』公曰：『得臣猶在，憂未歇也。困獸猶鬥，況國相乎？』及楚殺子玉，公喜而後可知也。	（晉）士貞子	論說
37	宣公 15 年	伯宗數酆舒之罪	夫恃才與眾，亡之道也。商紂由之，故滅	（晉）伯宗	論說
38	宣公 15 年	羊舌職說晉侯之賞	文王所以造周，不是過也。	（晉）羊舌職	論說
39	宣公 16 年	定王論不用全烝之故	冬，晉侯使士會平王室，定王享之。原襄公相禮。殽烝。武子私問其故。王聞之，召武子曰：「季氏！而弗聞乎？王享有體薦，宴有折俎。公當享，卿當宴。王室之禮也。」	周定王	制度

編號	年　分	事　件	徵引近、當代史內容	徵引者	備　註
40	宣公 17 年	晉人執晏弱于野王	昔者諸侯事吾先君，皆如不逮，舉言群臣不信，諸侯皆有貳志。	（晉）苗賁皇	論說
41	成公 2 年	郤獻子請乘	此城濮之賦也。有先君之明與先大夫之肅，故捷。克於先大夫，無能爲役，請八百乘。	（晉）郤獻子	制度／論說
42	成公 2 年	齊侯使賓媚人致賂	唯吾子戎車是利，無顧土宜，其無乃非先王之命也乎？反先王則不義，何以爲盟主？	（齊）賓媚人	外交
43	成公 2 年	莊王欲納夏姬	是夭子蠻，殺御叔，弒靈侯，戮夏南，出孔、儀，喪陳國，何不祥如是？	（楚）申公巫臣	論說
44	成公 2 年	楚令尹子重爲陽橋之役以救齊	君弱，群臣不如先大夫，師眾而後可。……夫文王猶用眾，況吾儕乎？且先君莊王屬之曰：『無德以及遠方，莫如惠恤其民，而善用之。	（楚）令尹子重	論說
45	成公 2 年	晉侯使鞏朔獻齊捷于周	未有職司於王室，又奸先王之禮。	（周）單襄公	外交／論說
46	成公 8 年	韓厥言於晉侯使復趙氏	成季之勳，宣孟之忠，而無後，爲善者其懼矣。	（晉）韓厥	論說
47	成公 11 年	晉郤至與周爭鄇田	昔周克商，使諸侯撫封，蘇忿生以溫爲司寇，與檀伯達封于河。蘇氏即狄，又不能於狄而奔衛。襄王勞文公而賜之溫，狐氏、陽氏先處之，而後及子。	（周）劉子、單子	論說／外交
48	成公年 13	晉侯使呂相絕秦	昔逮我獻公及穆公相好……俾執事實圖利之。	（晉）呂相	外交
49	成公 16 年	晉楚鄢陵之戰	韓之戰，惠公不振旅，箕之役，先軫不反命；邲之師，荀伯不復從，皆晉之恥也。子亦見先君之事矣。今我辟楚，又益恥也。	（晉）郤至	論說〈晉語六·7〉

編號	年　分	事　件	徵引近、當代史內容	徵引者	備　註
50	成公16年	晉楚鄢陵之戰，王使子反毋死	先大夫之覆師徒者，君不在。	楚王	
			初隕師徒者，而亦聞之矣。盍圖之！	（楚）子重	
			雖微先大夫有之，大夫命側，側敢不義？側亡君師，敢忘其死？	（楚）子反	
51	成公16年	曹人請于晉	自我先君宣公即位，……而又討我寡君，以亡曹國社稷之鎮公子，是大泯曹也，先君無乃有罪乎？	曹人	外交
52	成公17年	韓厥辭欒、中行之召	昔吾畜於趙氏，孟姬之讒，吾能違兵	（晉）韓厥	〈晉語六‧12〉
53	襄公2年	鄭成公疾	楚君以鄭故，親集矢於其目，非異人任，寡人也。	鄭成公	論說
54	襄公4年	韓獻子患楚師	文王帥殷之叛國以事紂，唯知時也。今我易之，難哉！	（晉）韓獻子	論說
55	襄公8年	晉范宣子聘魯	城濮之役，我先君文公獻功于衡雍，受彤弓于襄王，以為子孫藏。匄也，先君守官之嗣也，敢不承命？	（晉）范宣子	外交
56	襄公9年	晉侯問襄公年	會于沙隨之歲，寡君以生。	（魯）季武子	外交
57	襄公10年	王叔陳生與伯輿爭政	昔平王東遷，吾七姓從王，牲用備具，王賴之，而賜之騂旄之盟，曰：『世世無失職。』若篳門閨竇，其能來東底乎？且王何賴焉？	（周）瑕禽	外交／論說
58	襄公12年	靈王求后于齊	先王之禮辭有之。天子求后於諸侯，諸侯對曰：『夫婦所生若而人，妾婦之子若而人。』無女而有姊妹及姑姊妹，則曰：『先守某公之遺女若而人。』	（齊）晏桓子	制度
59	襄公13年	楚恭王疾	生十年而喪先君	楚子	
60	襄公13年	楚人歸鄭使	先王卜征五年，而歲習其祥，祥習則行。不習，則增脩德而改卜。	鄭大宰	制度

編號	年　分	事　件	徵引近、當代史內容	徵引者	備　註
61	襄公 14 年	范宣子將執戎子駒支	昔秦人迫逐乃祖吾離于瓜州，乃祖吾離被苫蓋、蒙荊棘以來歸我先君，我先君惠公有不腆之田，與女剖分而食之。」 對曰：「昔秦人負恃其眾，貪于土地，逐我諸戎。惠公蠲其大德，謂我諸戎，……文公與秦伐鄭，秦人竊與鄭盟，而舍戍焉，於是乎有殽之師。晉禦其上，戎亢其下，秦師不復，我諸戎實然。……晉之百役，與我諸戎相繼于時，以從執政，猶殽志也，豈敢離逷？」	（晉）范宣子戎子駒支	外交
62	襄公 14 年	王使劉定公賜齊侯命	昔伯舅大公右我先王，股肱周室，師保萬民。世胙大師，以表東海。王室之不壞，繄伯舅是賴。	周王	外交
63	襄公 20 年	蔡文侯欲事晉	先君與於踐土之盟，晉不可棄，且兄弟也。	蔡文侯	論說
64	襄公 21 年	祁奚免叔向之罪	管、蔡為戮，周公右王。	（晉）祁奚	論說
65	襄公 21 年	欒盈過於周	昔陪臣書能輸力於王室，王施惠焉。其子黶不能保任其父之勞。大君若不棄書之力，亡臣猶有所逃。	（晉）欒盈	外交 /論說
66	襄公 22 年	晉人徵朝于鄭	在晉先君悼公九年，我寡君於是即位。……我二年六月朝于楚，晉是以有戲之役。……我四年三月，先大夫子蟜又從寡君以觀釁於楚，晉於是乎有蕭魚之役。……溴梁之明年，子蟜老矣，公孫夏從寡君以朝于君，見於嘗酎，與執燔焉。間二年，聞君將靖東夏，四月，又朝以聽事期。	（鄭）公孫僑	外交

編號	年　分	事　件	徵引近、當代史內容	徵引者	備　註
67	襄公 23 年	季孫召外史掌惡臣而問盟首	盟東門氏也，曰『毋或如東門遂，不聽公命殺適立庶』。盟叔孫氏也，曰『毋或如叔孫僑如欲廢國常，蕩覆公室。』	（魯）外史	制度
68	襄公 25 年	鄭子產獻捷于晉	昔虞閼父爲周陶正，以服事我先王。我先王賴其利器用也，與其神明之後也，庸以元女大姬配胡公，而封諸陳，以備三恪。則我周之自出，至于今是賴。桓公之亂，蔡人欲立其出，我先君莊公奉五父而立之，蔡人殺之，我又與蔡人奉戴厲公。至於莊、宣，皆我之自立。夏氏之亂，成公播蕩，又我之自入，君所知也。今陳忘周之大德，蔑我大惠，棄我姻親，介恃楚眾，以憑陵我敝邑，不可億逞，我是以有往年之告。未獲成命，則有我東門之役。……我先君武、莊爲平、桓卿士。城濮之役，文公布命，曰：『各復舊職。』命我文公戎服輔王，以授楚捷－不敢廢王命故也。	（鄭）子產	外交
69	襄公 26 年	聲子論楚材晉用	子儀之亂，析公奔晉……鄭叛、吳興，楚失諸侯，則苗賁皇之爲也。	（楚）聲子	論說〈楚語上‧4〉
70	襄公 28 年	鄭伯使游吉如楚	宋之盟，君命將利小國，而亦使安定其社稷，鎮撫其民人，以禮承天之休	（鄭）子大叔	外交
71	襄公 28 年	鄭游吉如晉	昔先大夫相先君適四國，未嘗不爲壇。自是至今亦皆循之。今子草舍，無乃不可乎？	（鄭）外僕	論說
72	襄公 28 年	齊人求崔杼之尸	武王有亂臣十人，崔杼其有乎？不十人，不足以葬。	（魯）叔孫穆子	論說

編號	年　分	事　件	徵引近、當代史內容	徵引者	備　註
73	襄公 30 年	師曠論絳縣長者之年	魯叔仲惠伯會郤成子于承匡之歲也，是歲也，狄伐魯，叔孫莊叔於是乎敗狄于鹹，獲長狄僑如及虺也、豹也，而皆以名其子。七十三年矣。	（晉）師曠	論說
74	襄公 31 年	子產壞晉館之垣	僑聞文公之為盟主也，宮室卑庳，無觀臺榭，以崇大諸侯之館，館如公寢	（鄭）子產	外交／論說
75	襄公 31 年	北宮文子論威儀	紂囚文王七年，諸侯皆從之囚，紂於是乎懼而歸之，可謂愛之。文王伐崇，再駕而降為臣，蠻夷帥服，可謂畏之	（衛）北宮文子	論說
76	昭公 2 年	韓宣子觀書於大史氏	吾乃今知周公之德與周之所以王也。	（晉）韓宣子	
77	昭公 3 年	鄭游吉如晉至少姜之葬	昔文、襄之霸也，其務不煩諸侯，令諸侯三歲而聘，五歲而朝，有事而會，不協而盟。	（鄭）子大叔	論說
78	昭公 3 年	齊侯使晏嬰請繼室於晉	徼福於大公、丁公	（齊）晏嬰	外交
79	昭公 4 年	椒舉如晉求諸侯	日君有惠，賜盟于宋	（楚）椒舉	外交
			齊有仲孫之難，而獲桓公，至今賴之。晉有里、丕之難，而獲文公，是以為盟主。衛、邢無難，敵亦喪之。……紂作淫虐，文王惠和，殷是以隕，周是以興，夫豈爭諸侯？	（晉）司馬侯	論說
80	昭公 4 年	楚子合諸侯于申	夏啓有鈞臺之享，商湯有景亳之命，周武有孟津之誓，成有岐陽之蒐，康有酆宮之朝，穆有塗山之會，齊桓有召陵之師，晉文有踐土之盟。……夏桀為仍之會，有緡叛之。商紂為黎之蒐，東夷叛之；周幽為大室之盟，戎狄叛之，皆所以示諸侯汰也，諸侯所由棄命也。	（楚）椒舉	論說

編號	年　分	事　件	徵引近、當代史內容	徵引者	備　註
81	昭公 4 年	楚執齊慶封而盡滅其族	「無或如齊慶封弒其君，弱其孤，以盟其大夫！」 「無或如楚共王之庶子圍弒其君－兄之子麇－而代之，以盟諸侯！」	楚子、（齊）慶封	
82	昭公 4 年	楚以諸侯滅賴	成王克許，許僖公如是。王親釋其縛，受其璧，焚其櫬。	（楚）椒舉	制度
83	昭公 5 年	杜洩言淑孫穆子不欲毀三軍	夫子唯不欲毀也，故盟諸僖閎，詛諸五父之衢。	（魯）杜洩	
84	昭公 5 年	薳啓彊諫楚子	城濮之役，晉無楚備，以敗於邲。邲之役，楚無晉備，以敗於鄢。自鄢以來，晉不失備	（楚）薳啓彊	論說
85	昭公 7 年	芋尹無宇斷王旌	周文王之法曰：『有亡，荒閱』，所以得天下也。吾先君文王，作僕區之法……昔武王數紂之罪以告諸侯曰：『紂為天下逋逃主，萃淵藪。』故夫致死焉。君王始求諸侯而則紂，無乃不可乎？若以二文之法取之，盜有所在矣。	（楚）芋尹無宇	論說
86	昭公 7 年	楚子成章華之臺，薳啓彊召魯昭公	昔先君成公命我先大夫嬰齊曰：『吾不忘先君之好，將使衡父照臨楚國，鎮撫其社稷，以輯寧爾民。』嬰齊受命于蜀。奉承以來，弗敢失隕，而致諸宗祧。日我先君共王引領北望，日月以冀，傳序相授，於今四王矣。嘉惠未至，唯襄公之辱臨我喪。……今君若步玉趾，辱見寡君，寵靈楚國，以信蜀之役，致君之嘉惠，是寡君既受貺矣，何蜀之敢望？	（楚）薳啓彊	外交〈楚語上・5〉
87	昭公 7 年	孔成子夢康叔	康叔命之，二卦告之，筮襲於夢，武王所用也	（衛）史朝	論說

編號	年　分	事　件	徵引近、當代史內容	徵引者	備　註
88	昭公 9 年	周甘人與晉閻嘉爭閻田	我自夏以后稷，魏、駘、芮、岐、畢，吾西土也。及武王克商……文、武、成、康之建母弟，以蕃屏周，亦其廢隊是爲，豈如弁髦，而因以敝之。先王居檮杌于四裔，以禦螭魅，故允姓之姦居于瓜州。伯父惠公歸自秦，而誘以來，使偪我諸姬，入我郊甸，則戎焉取之。戎有中國，誰之咎也？后稷封殖天下，今戎制之，不亦難乎？	（周）詹桓伯	外交／論說
			文之伯也，豈能改物？翼戴天子，而加之以共。	（晉）叔向	論說
89	昭公 10 年	叔孫昭子語諸大夫	昔慶封亡，子尾多受邑，而稍致諸君，君以爲忠，而甚寵之。將死，疾于公宮，輦而歸，君親推之。其子不能任，是以在此。	（魯）叔孫昭子	論說
90	昭公 12 年	楚子次于乾谿	昔我先王熊繹與呂伋、王孫牟、燮父、禽父並事康王，四國皆有分，我獨無有歟／昔我先王熊繹辟在荊山，篳路藍縷以處草莽，跋涉山林以事天子，唯是桃弧棘矢以共禦王事。齊，王舅也；晉及魯、衛，王母弟也。楚是以無分，而彼皆有。／昔我皇祖伯父昆吾，舊許是宅。今鄭人貪賴其田，而不我與／臣嘗問焉，昔穆王欲肆其心，周行天下，將皆必有車轍馬跡焉。祭公謀父作〈祈招〉之詩以止王心，王是以獲沒於祗宮。臣問其詩而不知也。若問遠焉，其焉能知之？	楚靈王、右尹子革	論說

編號	年　分	事　件	徵引近、當代史內容	徵引者	備　註
91	昭公 13 年	韓宣子與叔向論子干	齊桓，姬之子也，有寵於僖；有鮑叔牙、賓須無、隰朋以爲輔佐；有莒、衛以爲外主；有國、高以爲內主；從善如流，下善齊肅；不藏賄，不從欲，施舍不倦，求善不厭。是以有國，不亦宜乎？我先君文公，狐季姬之子也，有寵於獻；好學而不貳，生十七年，有士五人。有先大夫子餘，子犯以爲腹心，有魏犫、賈佗以爲股肱，有齊、宋、秦、楚以爲外主，有欒、郤、狐、先以爲內主，亡十九年，守志彌篤。惠、懷棄民，民從而與之。獻無異親，民無異望。天方相晉，將何以代文？此二君者，異於子干。	（晉）叔向	論説
92	昭公 15 年	周王言籍談數典而忘其祖	叔父唐叔，成王之母弟也，其反無分乎？……女，司典之後也，何故忘之？	周王	外交
93	昭公 16 年	子產拒獻玉	昔我先君桓公與商人皆出自周，庸次比耦以艾殺此地，斬之蓬、蒿、藜、藋，而共處之；世有盟誓，以相信也，曰：『爾無我叛，我無強賈，毋或匃奪。爾有利市寶賄，我勿與知。』恃此質誓，故能相保以至于今。	（鄭）子產	外交
94	昭公 19 年	沈尹戌論楚必敗	昔吳滅州來，子旗請伐之。王曰：『吾未撫吾民。』	（楚）沈尹戌	論説
95	昭公 25 年	簡子問揖讓、周旋之禮於子大叔	吉也聞諸先大夫子產	（鄭）子大叔	外交／論説
96	昭公 25 年	黃父之會，宋樂大心拒輸粟	自踐土以來，宋何役之不會，而何盟之不同？曰『同恤王室』，子焉得辟之？子奉君命，以會大事，而宋背盟，無乃不可乎？	（晉）士伯	外交

編號	年　分	事　件	徵引近、當代史內容	徵引者	備　註
97	昭公 26 年	王子朝告于諸侯	昔武王克殷，成王靖四方，康王息民，並建母弟，以蕃屏周……穆后及大子壽早夭即世，單、劉贊私立少，以間先王。亦唯伯仲叔季圖之！	（周）王子朝	外交
98	昭公 28 年	成鱄論魏獻子舉賢	昔武王克商，光有天下，其兄弟之國者十有五人，姬姓之國者四十人，皆舉親也。大舉無他，唯善所在，親疏一也。	（晉）成鱄	論說
99	昭公 28 年	魏獻子勉賈辛	昔叔向適鄭，鬷蔑惡，欲觀叔向，從使之收器者，而往，立於堂下，一言而善。叔向將飲酒，聞之，曰：『必鬷明也！』下，執其手以上，曰：『昔賈大夫惡，娶妻而美，三年不言不笑。御以如皋，射雉，獲之，其妻始笑而言。賈大夫曰：「才之不可以已。我不能射，女遂不言不笑夫	（晉）魏獻子	論說
100	昭公 30 年	晉頃公卒，鄭游吉弔，且送葬	悼公之喪，子西弔，子蟜送葬／先王之制：諸侯之喪，士弔，大夫送葬……先君有所助執紼矣……靈王之喪，我先君簡公在楚	（晉）士景伯／（鄭）游吉	外交
101	昭公 32 年	王使富辛與石張如晉，請城成周	復二文之業，弛周室之憂，徼文、武之福……今我欲徼福假靈于成王	周王	外交
102	昭公 32 年	季氏出其君，趙簡子問於史墨	三后之姓，於今為庶……昔成季友，桓之季也……至於文子、武子，世增其業，不費舊績。魯文公薨，而東門遂殺適立庶	（晉）史墨	論說
103	定公 4 年	召陵之盟，祝佗論蔡不宜先衛	蔡叔，康叔之兄也／以先王觀之，則尚德也。昔武王克商，成王定之……吾子欲復文、武之略，而不正其德，將如之何？	（周）萇弘／（衛）祝佗	論說／外交

編號	年　分	事　件	徵引近、當代史內容	徵引者	備　註
104	定公 4 年	趙簡子哀子大叔	黃父之會，夫子語我九言，曰：『無始亂，無怙富，無恃寵，無違同，無敖禮，無驕能，無復怒，無謀非德，無犯非義	（晉）趙簡子	
105	哀公元年	子西論吳將自敗	昔闔廬食不二味，居不重席，室不崇壇，器不彤鏤，宮室不觀，舟車不飾；衣服財用，擇不取費。……吾先大夫子常易之，所以敗我也。	（楚）子西	論說
106	哀公 7 年	季康子辭吳之召	大伯端委以治周禮，仲雍嗣之，斷髮文身，臝以為飾，豈禮也哉？有由然也。	（魯）子貢	外交
107	哀公 9 年	齊侯使公孟綽辭師于吳	昔歲寡人聞命，今又革之，不知所從	吳子	外交
108	哀公 15 年	子服景伯如齊	子，周公之孫也…… 齊為衛故，伐晉冠氏，喪車五百。因與衛地，自濟以西，禚、媚、杏以南，書社五百。吳人加敝邑以亂，齊因其病，取讙與闡，寡君是以寒心。若得視衛君之事君也，則固所願也。	（魯）子服景伯	外交
109	哀公 17 年	楚子問帥於大師子穀與葉公諸梁	觀丁父，鄀俘也，武王以為軍率，是以克州、蓼，服隨、唐，大啟羣蠻。彭仲爽，申俘也，文王以為令尹，實縣申、息，朝陳、蔡，封畛於汝。	（楚）大師子穀	論說
110	哀公 24 年	晉侯將伐齊，使來魯乞師	昔臧文仲以楚師伐齊，取穀；宣叔以晉師伐齊，取汶陽。寡君欲徼福於周公，願乞靈於臧氏。	晉人	外交

表七：《國語》徵引近當代史一覽表

說明：同一事件中，不同人物之對話皆涉及徵引近、當代史內容者，計為同一則。

編號	事件	稱引近、當代史內容	徵引者	備註
1	〈周語上〉 祭公諫穆公征犬戎	先王耀德不觀兵……先王之於民也，懋正其德而厚其性，阜其財求而利其器用……昔我先王世后稷，以服事虞、夏。及夏之衰也，棄稷弗務，我先王不窋用失其官，而自竄于戎、狄之間，不敢怠業，……至于文王、武王，昭前之光明，而加之以慈和，事神保民，莫弗欣喜。商王帝辛大惡於民。庶民不忍，欣戴武王，以致戎于商牧。是先王非務武也，勤恤民隱而除其害也。	祭公謀父	制度
2	〈周語上〉邵公以其子代宣王死	昔吾驟諫王，王不從，是以及此難。	邵公	
3	〈周語上〉虢文公諫宣王不籍千畝	古者，太史順時覗土……今天子欲修先王之緒而棄其大功，匱神之祀而困民之財，將何以求福用民？	虢文公	制度
4	〈周語中〉富辰諫襄王以狄伐鄭及以狄女為后	古之明王不失此三德者，故能光有天下，而和寧百姓，令聞不忘。王其不可以棄之。……昔鄢之亡也由仲任，密須由伯姞，鄶由叔妘，聃由鄭姬，息由陳嬀，鄧由楚曼，羅由季姬，盧由荊嬀，是皆外利離親者也。	富辰	論說
		昔吾驟諫王，王弗從，以及此難。若我不出，王其以我為懟乎！	富辰	

編號	事 件	稱引近、當代史內容	徵引者	備 註
5	〈周語中〉襄王拒晉文公請隧	昔我先王之有天下也，規方千里以爲甸服，以供上帝山川百神之祀，以備百姓兆民之用，以待不庭不虞之患。其餘以均分公侯伯子男，使各有寧宇，以順及天地，無逢其災害。先王豈有賴焉。	襄王	制度
6	〈周語中〉定王論不用全烝之故	禘郊之事，則有全烝；王公立飫，則有房烝；親戚宴饗，則有殽烝。今女非他也，而叔父使士季實來，修舊德以獎王室。是先王之宴禮，欲以貽女。	定王	制度
7	〈周語中〉單襄公論陳必亡	此先王所以不用財賄而廣施德於天下者也。今陳國，火朝覿矣，而道路若塞，野場若棄，澤不陂障，川無舟梁，是廢先王之教也。……今陳國，道路不可知，田在草閒，功成而不收，民罷於逸樂，是棄先王之法制也。	單襄公	制度
8	〈周語中〉單襄公論郤至佻天之功	昔先大夫荀伯自下軍之佐以政，趙宣子未有軍行而以政	郤至	論說
9	〈周語下〉太子晉諫靈王壅穀水	自我先王厲、宣、幽、平而貪天禍，至于今未弭。我又章之，懼長及子孫，王室其愈卑乎！其若之何？自后稷以來寧亂，及文、武、成、康而僅克安民。自后稷之始基靖民，十五王而文始平之，十八王而康克安之，其難也如是。厲始革典，十四王矣。基德十五而始平，基禍十五，其不濟乎！	太子晉	論說
10	〈周語下〉晉羊舌肸聘周論單靖公敬儉讓咨	昔史佚有言曰：『動莫若敬，居莫若儉，德莫若讓，事莫若咨。』……是道成王之德也。……成王能明文昭，能定武烈者也。夫道成命者而稱昊天，翼其上也。二后受之，讓於德也。成王不敢康，敬百姓也。	叔向	論說
11	〈周語下〉單穆公諫景王鑄大鍾	是故先王之制鍾也，大不出鈞，重不過石。律度量衡於是乎生，小大器用於是乎出，故聖人慎之。	單穆公	制度
12	〈周語下〉景王問鍾律於伶州鳩	古之神瞽，考中聲而量之以制……昔武王伐殷，歲在鶉火，……顓頊之所建也，帝嚳受之。我姬氏出自天黿，及析木者，	伶州鳩	制度

編號	事 件	稱引近、當代史內容	徵引者	備 註
		有建星及牽牛焉，則我皇姒大姜之姪，伯陵之後，逄公之所憑神也。歲之所在，則我有周之分野也。月之所在，辰馬，農祥也。我太祖后稷之所經緯也，王欲合是五位三所而用之。		
13	〈周語下〉劉文公與萇弘欲城周	昔武王克殷而作此詩也…… 自幽王而天奪之明…… 昔孔甲亂夏，四世而隕；玄王勤商，十有四世而興。帝甲亂之，七世而隕。后稷勤周，十有五世而興；幽王亂之，十有四世矣。	衛彪傒	論說
14	〈魯語上〉曹劌諫莊公如齊觀社	是故先王制諸侯，使五年四王、一相朝。終則講於會，以正班爵之義，帥長幼之序，訓上下之則，制財用之節，其間無由荒怠。夫齊棄大公之法而觀民於社……非先王之訓也。	曹劌	制度
15	〈魯語上〉匠師慶諫莊公丹楹刻桷	臣聞聖王公之先封者，遺後之人法……今先君儉而君侈，今德替矣	匠師慶	制度
16	〈魯語上〉臧文仲如齊告糴	大懼殄周公、太公之命祀……不腆先君之敝器，敢告滯積，以紓執事；以救敝邑，使能共職。豈唯寡君與二三臣實受君賜，其周公、大公及百辟神祇實永饗而賴之！	臧文仲	外交
17	〈魯語上〉展禽使乙喜以膏沐犒師	昔者成王命我先君周公及齊先君大公	展禽／乙喜	外交
18	〈魯語上〉文公欲弛孟文子與郈敬子之宅	臣立先臣之署…… 先臣惠伯以命於司里	郈敬子	論說
19	〈魯語上〉夏父弗忌改昭穆之常	自玄王以及主癸莫若湯，自稷以及王季莫若文、武，商、周之蒸也，未嘗躋湯與文、武，爲踰也。	宗有司	制度
20	〈魯語下〉服惠伯從季平子如晉	昔欒氏之亂，齊人閒晉之禍，伐取朝歌。	子服惠伯	外交／論說

編號	事　件	稱引近、當代史內容	徵引者	備　註
21	〈魯語下〉公父文伯之母對季康子問	吾聞之先姑曰：『君子能勞，後世有繼。』	文伯母	論說
22	〈魯語下〉公父文伯飲南宮敬叔酒	吾聞之先子曰：『祭養尸，饗養上賓。』	文伯母	論說
23	〈魯語下〉公父文伯之母論勞逸	是故天子大采朝日，與三公、九卿祖識地德……君子勞心，小人勞力，先王之訓也。	文伯母	制　度／論說
24	〈魯語下〉孔丘論楛矢	昔武王克商，通道于九夷百蠻，使各以其方賄來貢，使無忘職業。	仲尼	
25	〈魯語下〉閔馬父笑子服景伯	昔正考父校商之名〈頌〉十二篇於周太師	閔馬父	
26	〈魯語下〉孔丘非難季康子以田賦	先王制土，籍田以力……先王以爲足……若子季孫欲其法也，則有周公之籍矣	仲尼	制度
27	〈齊語一〉管仲對桓公以霸術	昔吾先君襄公，築臺以爲高位	桓公	
		昔吾先王昭王、穆王，世法文、武，遠績以成名。	管仲	論說
28	〈晉語一〉優施教驪姬譖申生	今夫以君爲紂，若紂有良子，而先喪紂……吾豈知紂之善否哉？……自桓叔以來，孰能愛親？唯無親，故能兼翼。	驪姬	論說
29	〈晉語二〉驪姬譖殺太子申生	夫史蘇之言將及矣！	里克	
30	〈晉語二〉里克殺奚齊而秦立惠公	昔君問臣事君於我，我對以忠貞。	荀息	
31	〈晉語二〉里克殺奚齊而秦立惠公	不忘先君之好	梁由靡	外交
32	〈晉語三〉秦侵晉止惠公於秦	昔君之惠也／昔君之未入／昔吾之不納公子重耳而納晉君		外交
33	〈晉語四〉齊姜勸重耳勿懷安	先王其知之矣／昔管敬仲有言……吾聞晉之始封也	齊姜	論說

編號	事　件	稱引近、當代史內容	徵引者	備　註
34	〈晉語四〉曹共公不禮重耳而觀其駢脅	先君叔振，出自文王，晉祖唐叔，出自武王	負羈	論說
35	〈晉語四〉宋襄公贈重耳以馬二十乘	其先君之戎御趙夙之弟也	公孫固	論說
36	〈晉語四〉鄭文公不禮重耳	晉、鄭兄弟也，吾先君武公，與晉文侯戮力一心，股肱周室，夾輔平王，平王勞而德之，而賜之盟質，曰：『世相起也。』若親有大，獲三祚者，可謂大天。若用前訓，文侯之功，武公之業，可謂前訓。	叔詹	論說
37	〈晉語四〉寺人勃鞮求見文公	驪姬之讒……又為惠公從余於渭濱……	文公	論說
		伊尹放大甲而卒以為明王，管仲賊桓公而卒以為侯伯。	寺人勃鞮	論說
38	〈晉語四〉文公任賢與趙衰舉賢	城濮之役，先且居之佐軍也善	趙衰	論說
39	〈晉語四〉胥臣論教誨之力	臣聞昔者大任娠文王不變，少溲於豕牢而得文王，不加病焉。文王在母不憂，在傅弗勤，處師弗煩，事王不怒，孝友二虢，而惠慈二蔡，刑于大姒，比於諸弟。	胥臣	論說
40	〈晉語六〉趙文子冠	先王疾是驕也。	范文子	論說
		成、宣之後，而老為大夫，非恥乎？成子之文，宣子之忠，其可忘乎！夫成子導前志以佐先君，導法而卒以政，可不謂文乎！夫宣子盡諫於襄、靈，以諫取惡，不憚死進，可不謂忠乎！吾子勉之，有宣子之忠，而納之以成子之文，事君必濟。	智武子	論說
41	〈晉語六〉范文子論勝楚必有內憂	昔韓之役，惠公不復舍；邲之役，三軍不振旅；箕之役，先軫不復命	欒武子	論說
42	〈晉語六〉韓獻子不從欒中行召	昔者吾畜於趙氏，孟姬之讒，吾能違兵。	韓獻子	論說
43	〈晉語七〉悼公即位	邲之役……鄢之役……昔克潞之役	晉悼公	論說

編號	事件	稱引近、當代史內容	徵引者	備註
44	〈晉語七〉悼公使韓穆子掌公族大夫	厲公之亂，無忌備公族，不能死。	晉悼公	論說
45	〈晉語八〉陽畢教平公滅欒氏	欒書實覆宗弒厲公以厚其家 / 欒書立吾先君	陽畢 / 平公	論說
46	〈晉語八〉叔孫穆子論死而不朽	魯先大夫臧文仲	叔孫穆子	論說
47	〈晉語八〉范宣子與和大夫爭田	昔隰叔子違周難於晉國……世及武子……是以受隨、范……及文子成晉、荊之盟……是以受郇、櫟。	訾祏	論說
48	〈晉語八〉訾祏死范宣子勉范獻子	昔者吾有訾祏也	范宣子	
49	〈晉語八〉叔向諫殺豎襄	昔吾先君唐叔射兕於徒林，殪以爲大甲，以封於晉。	叔向	論說
50	〈晉語八〉叔向論比而不別	昔者此其父始之，我終之；我始之，夫子終之，無不可。	叔向	
51	〈晉語八〉叔向論務德無爭先	昔成王盟諸侯於岐陽	叔向	論說
52	〈晉語八〉趙文子稱賢隨武子	夫陽子行廉直於晉國，不免其身，其知不足稱也。……夫舅犯見利而不顧其君，其仁不足稱也。其隨武子乎！納諫不忘其師，言身不失其友，事君不援而進，不阿而退。	叔向 / 趙文子	論說
53	〈晉語八〉叔向論憂德不憂貧	昔欒武子無一卒之田，其宮不備其宗器，宣其德行……及桓子驕泰奢侈，貪慾無藝……而賴武之德以沒其身。及懷子改桓之行，而修武之德，可以免於難，而離桓之罪，以亡於楚。	叔向	論說
54	〈晉語九〉范獻子戒人不可以不學	不爲具、敖乎？ / 先君獻、武之諱也。	范獻子 / 魯人	
55	〈晉語九〉郵無正諫趙簡子無殺尹鐸	昔先主文子少釁於難……及景子長於公宮	郵無正	論說

編號	事 件	稱引近、當代史內容	徵引者	備 註
56	〈晉語九〉智伯國諫智襄子	夫郤氏有車轅之難，趙有孟姬之讒，欒有叔祁之愬，范、中行有函冶之難	智伯	論說
57	〈楚語上〉子囊議恭王之謚	失先君之業，覆楚國之師	楚恭王	
58	屈建祭父不薦芰	夫子承楚國之政，其法刑在民心，而藏在王府，上之可以比先王，下之可以訓後世，	屈建	
59	〈楚語上〉蔡聲子論楚材晉用	昔令尹子元之難，或譖王孫啓於成王……之伐楚。至于今為患，則申公巫臣之為也。	蔡聲子	論說
60	〈楚語上〉伍舉論臺美而楚殆	先君莊王為匏居之臺……故先王之為臺榭也	伍舉	論說
61	〈楚語上〉范無宇論國為大城未有利	昔鄭有京、櫟，衛有蒲、戚，宋有蕭、蒙，魯有弁、費，齊有渠丘，晉有曲沃，秦有徵、衙……古之制也。	范無宇	論說
62	〈楚語上〉左史倚相儆申公子亹	昔衛武公年數九十有五矣，猶箴儆於國，……《周書》曰：『文王至於日中昃，不皇暇食。惠於小民，唯政之恭。』文王猶不敢驕。	左史倚相	論說
63	〈楚語上〉白公子張諷靈王宜納諫	昔殷武丁能聳其德，至於神明，以入於河，自河徂亳，於是乎三年默以思道。……齊桓、晉文，皆非嗣也，還軫諸侯，不敢淫逸，心類德音，以德有國。	白公子張	論說
64	〈楚語上〉左史倚相儆司馬子期唯道是從	昔先大夫子囊違王之命謚；子夕嗜芰，子木有羊饋而無芰薦……芋尹申亥從靈王之欲，以隕於乾谿。	左史倚相	論說
65	〈楚語下〉觀射父論祀牲	古者先王日祭月享、時類歲祀……天子徧祀羣神品物，諸侯祀天地三辰及其土之山川，卿、大夫祀其禮，士、庶人不過其祖。	觀射父	制度
66	〈楚語下〉子常問蓄貨聚馬鬬且論其必亡	夫古者聚貨不妨民衣食之利……昔鬬子文三舍令尹……成王聞子文之朝不及夕也……故莊王之世滅若敖氏……成不禮於穆，願食熊蹯，不獲而死。靈不顧於民，一國棄之，如遺迹焉。	令尹子常	論說

編號	事　件	稱引近、當代史內容	徵引者	備　註
67	〈楚語下〉藍尹亹避昭王而不載	自先王莫墜其國……昔瓦唯長舊怨，以敗於柏舉	藍尹亹	論說
68	〈楚語下〉葉公子高論白公勝必亂楚國	昔齊騶馬繻以胡公入於貝水，邴歜、閻職戕懿公於囿竹，晉長魚矯殺三郤於榭，魯圉人犖殺子般於次	葉公子高	論說
69	〈吳語〉越王句踐命諸稽郢行成於吳	昔者越國見禍，得罪於天王。	越王	論說
70	〈吳語〉夫差伐齊不聽申胥之諫	昔天以越賜吳，而王弗受……昔楚靈王不君，其臣箴諫以不入。乃築臺於章華之上，闕為石郭，陂漢，以象帝舜。罷弊楚國，以閒陳、蔡。不修方城之內，踰諸夏而圖東國，三歲於沮、汾以服吳、越。其民不忍饑勞之殃，三軍叛王於乾谿。王親獨行，屏營仿偟於山林之中，三日乃見其涓人疇。王呼之曰：『余不食三日矣。』疇趨而進，王枕其股以寢於地。王寐，疇枕王以樸而去之。王覺而無見也，乃匍匐將入於棘闈，棘闈不納，乃入芋尹申亥氏焉。王縊，申亥負王以歸，而土埋之其室。	申胥	論說
71	〈吳語〉申胥自殺	昔吾先王體德聖明……先王之鍾鼓，寔式靈之。敢告於大夫。　/ 昔吾先王世有輔弼之臣……吾先君之得之也，必有以取之；其亡之也，亦有以棄之。	吳王 / 申胥	論說
72	〈吳語〉吳欲與晉戰得為盟主	孤欲守吾先君之班爵，進則不敢，退則不可　/ 孤以下密邇於天子，無所逃罪，諆讓日至，曰：昔吳伯父不失春秋，必率諸侯以顧在余一人。	吳王 / 董褐	外交
73	〈吳語〉夫差退于黃池使王孫苟告于周	昔者楚人為不道，不承共王事，以遠我一二兄弟之國。吾先君闔廬不貰不忍，被甲帶劍，挺鈹搢鐸，以與楚昭王毒逐於中原柏舉。天舍其衷，楚師敗績，王去其國，遂至于郢。……夫差豈敢自多，文、武寔舍其衷。　/ 昔周室逢天之降禍，遭民之不祥，余心豈忘憂恤，不唯下土之不康靖。	王孫苟 / 周王	外交

編號	事件	稱引近、當代史內容	徵引者	備註
74	〈吳語〉句踐滅吳夫差自殺	日臣嘗卜於天，今吳民既罷，而大荒薦饑，市無赤米，而囷鹿空虛，其民必移就蒲蠃於東海之濱。天占既兆，人事又見，我蔑卜筮矣。王若今起師以會，奪之利，無使夫悛。夫吳之邊鄙遠者罷而未至，吳王將恥不戰，必不須至之會也，而以中國之師與我戰。	越大夫種	論說
75		昔不穀先委制於越君，君告孤請成，男女服從。孤無奈越之先君何，畏天之不祥，不敢絕祀，許君成，以至於今。／昔天以越賜吳，而吳不受；今天以吳賜越，孤敢不聽天之命，而聽君之令乎？	吳王／越王	外交
76	〈越語上〉句踐滅吳	昔者夫差恥吾君於諸侯之國，今越國亦節矣，請報之！／昔者之戰也，非二三子之罪也，寡人之罪也。如寡人者，安與知恥？請姑無庸戰	越人／句踐	論說
77	〈越語下〉范蠡諫句踐勿許吳成卒滅吳	昔者上天降禍於吳，得罪於會稽。今君王其圖不穀，不穀請復會稽之和。／昔者上天降禍於越，委制於吳，而吳不受。	王孫雒／范蠡	外交
78		先人有言曰：『無助天為虐，助天為虐者不祥。』／昔吾先君固周室之不成子也，故濱於東海之陂，黿鼉魚鱉之與處，而鼃黽之與同渚。	王孫雒／范蠡	論說
79	〈越語下〉范蠡乘輕舟以浮於五湖	昔者君王辱於會稽	范蠡